Das große Rügen-Buch

Das große

Rügen-Buch

Georg Jung

Ellert & Richter Verlag

Inhalt

Erlebnis einer Inselfahrt

++ HABE STRALSUND ERREICHT ++ REISE WEITER NACH RUEGEN ++ KOMME AN IN BINZ 10 UHR 58 ++

Der Intercity „Caspar David Friedrich" hat soeben den Bahnhof „Rügendamm" verlassen und rollt nun mit gedrosselter Geschwindigkeit auf die Zugbrücke, die das Festland mit dem Inselchen Dänholm verbindet. Dann geht es über den 2540 Meter langen Rügendamm. Gleich wird der Zug drüben sein – drüben auf der Insel Rügen.

Man möchte die Zeit etwas strecken, am liebsten einen Moment lang anhalten, um den Augenzauber, den der Blick über den Strelasund bietet, auf sich einwirken zu lassen. Diese flussartig gewundene Meeresstraße zwischen dem vorpommerschen Küstenland und Rügen ist an ihrer engsten Stelle kaum einen Kilometer breit, doch an beiden Ausgängen weitet sie sich zu ansehnlichen Wasserflächen aus. Wasser und Himmel gehen nahtlos ineinander über im Blau eines herrlichen Ostseesommertages. Schaut man in Richtung des westlichen Sundufers, richtet sich das Augenmerk auf die Skyline der Stadt Stralsund mit den Türmen ihrer mächtigen Backsteinkirchen. Auf der gegenüberliegenden Seite macht der Blick auf die Küste Rügens neugierig, wo aus einer hohen Uferböschung der Kirchturm von Altefähr emporsteigt und sich zwischen mattgrünen Wiesen die sonnengelben Getreidefelder dehnen. Ein großartiger Blick nur für einen flüchtigen Moment!

Wie schön, denkt der eine. Wehmutsvoll stimmt es den anderen, für den das Übersetzen mit dem Schiff zum spannenden Erlebnis einer Inselreise gehört. Er wird an die Zeit zurückdenken, bevor es diesen Damm gab, der die Anreise nach Rügen zwar erleichtert, für den Zeitgewinn aber ein Stück Poesie vergangener Inselfahrten geopfert hat. Damals nämlich, vor 1936, verkehrte zwischen Stralsund und Altefähr noch eine Fähre, die die Eisenbahnwaggons zum anderen Ufer übersetzte. Dort stand eine andere Lokomotive bereit, an die der Zug gekoppelt wurde, und weiter ging die Reise über Bergen bis nach Sassnitz.

„Lächeln muss ich", schrieb Wolfgang Rudolph in seinem 1953 erschienenen Rügenbuch, „wenn ich mich daran erinnere, was ich mir unter der ‚Insel Rügen' vorstellte, als ich zum ersten Male hierher kam. Das war vor beinahe 25 Jahren. Damals schwamm unser Eisenbahnzug auf einem Fährschiff über das weite blaue, im Sonnenglanz schimmernde Wasser – ein unsagbar schönes Erlebnis, d a s Erlebnis für einen kleinen Kerl, der seine erste Ferienreise macht. Die Wagen unseres Zuges wurden auf den Dampfer geschoben, und endlich hörte das Stillsitzen auf dem harten, von dicken Damen eingeengten Bankplatz auf. Das Schiff war Freiheit, die Nacht der stundenlangen Bahnfahrt war zu Ende. Im Morgenlicht des Sommertages lag der Hafen: Masten, Rauch und kühler Seewind. Drüben, am anderen Ufer, war es mit meiner Ruhe aus. Diesem Erlebnis musste ja, vielleicht schon in wenigen Minuten, die Entdeckung des noch nie gesehenen ‚ganz großen' Meeres folgen – denn Rügen war doch eine Insel!"

Man mag darüber philosophieren, wie das gelegentlich auf literarischer Ebene auch getan wurde, ob Rügen angesichts der festen Verbindung mit dem Festland noch eine Insel ist, zumal der alte Rügendamm seit Herbst 2007 mit der neuen, parallel zu ihm verlaufenden Hochbrücke eine weitere Verstärkung erfahren hat. Hier soll aber der Gedanke über den Inselstatus nicht weiter verfolgt, auch nicht infrage gestellt werden. Seit der Loslösung vom Festland am Ende der Eiszeit, als der Meeresspiegel deutlich anstieg, i s t Rügen eine Insel – sogar die größte Deutschlands. Mit einer Fläche von 926 Quadratkilometern ist sie etwa zehnmal größer als das nordfriesische Sylt. Viele behaupten, dass sie auch die schönste Insel Deutschlands sei. Wie aber will man die Reize zweier Landschaften gegeneinander abwägen, wenn diese so grundverschieden sind? Rügen lässt sich nicht vergleichen, es ist anders als andere Inseln und in seiner Gestalt einzigartig.

Schon ein Blick auf die Landkarte macht neugierig. In ihrer Form gleicht die Insel einem Greifvogel mit ausgebreiteten Schwingen, der von der pommerschen Küste ins Blau der Ostsee entschwebt. „Faszinierend", schrieb Elizabeth von Arnim in ihrem erstmals 1904 erschienenen Roman einer Rügenreise, „eine Insel voller Windungen und Kurven, mit kleinen Inlandmeeren, Bodden genannt. Seen und Wäldchen und viele Fährschiffe; vor den Küsten kleinere Inseln, wie hingetupft; zahllose Buchten und ein riesiger Wald, augenscheinlich großartig, der sich an der Ostküste entlangzieht und ihren Windungen folgt, der an manchen Stellen bis zum Meer hinabreicht, an anderen hinaufsteigt bis zu den Kalkfelsen, die er mit der besonderen Pracht der Buchen krönt."

Rügen: Zuerst denkt man an die Kreidefelsen, an bizarr geformte Klippen und rauschende Wälder hoch über dem steil abfallenden Ufer – ein Motiv, das Caspar David Friedrich in seinem berühmten Gemälde „Kreidefelsen auf Rügen" zum Symbol der deutschen Romantik gemacht hat. Die weißen Kreidefelsen mit dem 117 Meter hohen Königsstuhl haben das Rügenbild geprägt und sind zum Markenzeichen für die ganze Insel geworden. Sie gehören zu den großen Wundern der Natur und sind ein charakteristisches wie auch augenfälliges

Erlebnis einer Inselfahrt in früherer Zeit: Hier schien der Kapitän beide Augen zugedrückt zu haben, als er die Passagiere an Bord seines Schiffes ließ. Soviel man sehen kann, ist auf der „Liebe Stralsund" kein einziger Stehplatz mehr frei. Im Jahre 1927, als dieses Foto entstand, waren bereits viele Schiffe dem Ansturm des Reiseverkehrs nach Rügen nicht mehr gewachsen, sodass sich schon damals ein „Verein zur Förderung des Rügendammbaues " gebildet hatte.

Merkmal; dennoch bilden sie nur einen Baustein in der vielförmigen Gestalt der Insellandschaft.

Ein für Rügen ebenso eigentümliches Merkmal ist das vielfach aufgegliederte, förmlich zerstückelte und zerklüftete Küstenbild, das man in dieser Art auf keiner anderen deutschen Insel wiederfindet. Das Wasser ist immer in der Nähe. Es gibt keine Stelle auf Rügen, die mehr als acht Kilometer vom offenen Meer oder von einem Boddengewässer entfernt ist. Verstärkt wird das Bild der zerrissenen Gliederung noch durch eine Reihe von Inseln und Inselchen wie Hiddensee, Öhe, Ummanz, Heuwiese oder Vilm, die der rügischen Küste vorgelagert sind.

Zwischen Kap Arkona im Norden und der Halbinsel Zudar im Süden, zwischen Schaprode im Westen und der äußersten Landspitze des Mönchguts im Osten offenbart die Insel ihre zauberhafte Vielfalt. Am Kap Arkona, wo zwei Leuchttürme verschiedener Generationen stehen, fällt das Land steil und schroff zum Meer ab. Von wilder Schönheit sind die Uferschluchten der Kleinen und der Großen Stubbenkammer sowie der Wissower Klinken mit ihren verwitterten Kreidefelsen. Ebenes, von Feldern und Wiesen bedecktes Land charakterisiert die Halbinsel Wittow im Norden. Ihr stehen die Buchenwaldungen von Jasmund und der Granitz gegenüber. An das Aroma südlicher Länder erinnern die harzduftenden Kiefernhaine entlang der Dünenstrände von Mönchgut.

Der Hauptkern der Insel, das eigentliche Rügen mit Bergen als Mittelpunkt, steigt von Westen nach Osten allmählich an und bildet mit zunehmender Höhe eine teils bucklige, teils sanft hügelige Landschaft. Uralte Linden, Eichen, Kastanien, Ebereschen oder Ahornbäume säumen die Straßen und bilden bisweilen regelrechte Blättertunnel, die von Ortschaft zu Ortschaft führen. Backsteinkirchen, von denen manche fast so alt sind wie das Christentum auf der Insel selbst, weisen spitztürmig und weithin sichtbar den Weg.

Zu der Schönheit dieses vielfältigen Landschaftsbildes gehören die blühenden Raps- und wilden Mohnfelder ebenso wie die strohgedeckten Fischerdörfer und die Badeorte mit der eigentümlichen Architektur des Fin de siècle, die ausladenden Meeresbuchten mit ihren bernsteinfarbenen Sandstränden und die weiten Uferwiesen an den Boddengewässern. Wie vor hundert Jahren dampft durch die ostrügische Landschaft fahrplanmäßig eine Schmalspurbahn, die liebevoll „Rasender Roland“ genannt wird. Sie hält an kleinen Feldbahnhöfen ebenso wie in den großen Seebädern Binz, Sellin oder Göhren. Wer möchte, kann den Zug an einer Waldhaltestelle in der Granitz verlassen, um zum Jagdschloss, das zur alten Herrschaft von Putbus gehörte, hochzusteigen.

Putbus erscheint wie eine kleine Welt für sich: „Die weiße Stadt am Meer“, wie man sie nennt, ist ein architektonisches Kleinod. Mit ihren klassizistischen Bauten, den großzügig angelegten Plätzen und einem märchenhaften Landschaftspark wirkt die Stadt wie eine Insel auf der Insel. Ganz in der Nähe steht, mit Blick auf den rügischen Bodden und die Insel Vilm, ein Badehaus aus vergangener Zeit, das Fürst Malte von Putbus für seine Gäste hatte erbauen lassen.

Über die ganze Insel verstreut liegen Hünen- und Hügelgräber als Zeugen der vorgeschichtlichen Zeit; alte Burgwälle erinnern an die slawische Besiedlung und markieren die Plätze, wo deren Heiligtümer verehrt wurden. Hier und da stehen noch die alten Schlösser und Herrensitze, die an die feudale Vergangenheit erinnern.

Eine geologische Besonderheit sind die Feuersteinfelder in der Schmalen Heide, wo Millionen und Abermillionen weiß und grau schimmernde Gesteinsknollen mehrere Strandwälle bilden, auf denen sich das sparsame Pflanzenkleid einer Heidelandschaft mit Birken, Wacholderbäumen, mit Rosen- und Schlehenbüschen ausgebreitet hat.

Immer wieder aber kehrt der Blick zurück auf das eigentlich Charakteristische der Inselnatur – die amphibische Landschaft von Bodden und Wieken. Diese flachen, tief in das Kernland der Insel reichenden Meeresbuchten und -arme haben meistens nur einen schmalen Zugang zur offenen See. Sie lösen die kompakte Landmasse auf und zergliedern sie in eine Reihe von Halbinseln, die wie ein Kranz das Kernland umschließen. Wittow, Jasmund, Mönchgut und Zudar sind nur die größten unter ihnen. Zusammen mit unzähligen Landzungen und Vorsprüngen, mit Haken und Nehrungen gestalten sie den Küstenverlauf, der rund 570 Kilometer Länge misst.

Ein Bauwerk der Superlative: 180 000 Tonnen Beton und 22 000 Tonnen Stahl wurden für die neue, 4,1 Kilometer lange Rügenbrücke verarbeitet. Sie ist ein architektonisches Meisterwerk und soll Reisende jetzt noch schneller und ohne Verzögerung auf Deutschlands größte Insel bringen. „Nicht stauen, sondern staunen“, so hieß es während der Eröffnungsfeierlichkeiten am 19. Oktober 2007.

Blick in die Schöpferwerkstatt der Natur

Als Gott die Welt erschuf und sein Werk schon fast vollendet hatte, stand er eines Abends kurz vor Sonnenuntergang auf der Insel Bornholm und schaute zur pommerschen Festlandküste hinüber. Während seine Blicke über das Wasser wanderten, da schien ihm der gegenüberliegende Küstenstreifen allzu kahl zu sein. So nahm er den letzten noch übrig gebliebenen Klumpen Lehm und schleuderte ihn hinüber. Aufspritzend blieb er ungefähr eine Meile vor der Küste im Meer liegen. Der Herrgott strich nun die Uferkanten schön glatt und rund. Inzwischen war die Sonne fast untergegangen, und der Schöpfer wollte sein Werk beschließen. Er kratzte also die restlichen Erdbrocken zusammen und warf sie ebenfalls hinüber. So entstanden neben dem Hauptkern die Halbinseln Jasmund und Wittow. Das sah zwar noch ein bisschen unfertig aus, doch der Herrgott dachte: „Es ist Feierabend, und es soll so bleiben wie es ist", oder, wie die alten Mönchguter Fischer von Thiessow, von denen diese Schöpfungsgeschichte überliefert ist, in Plattdeutsch gesagt hätten: „T'is Fierabend, un nu lat' man so wesen, as 't is!"

Nun mag die Vorstellung, dass Rügen ein unvollendetes Feierabendprodukt der Erderschaffung sein soll, wenig poetisch anmuten. In ihrer einfachen Symbolik aber weist die Geschichte darauf hin, wie sehr das rügische Küstenbild von Zufälligkeit und scheinbarer Regellosigkeit bestimmt wird und dass der Gestaltungsprozess auch heute noch nicht abgeschlossen ist.

Schon geringfügige Schwankungen des Meeresspiegels, so die Meinung der Geologen, würden die Gestalt der Insel grundlegend verändern. Eine Senkung des Ostseespiegels um nur zehn Meter hätte eine fast vollständige Verlandung sämtlicher Boddengewässer rund um die Insel zur Folge, und man könnte trockenen Fußes von Rügen zum vorpommerschen Festland gehen. Umgekehrt würde eine Anhebung des Meeresniveaus um etwa fünf Meter ausreichen, dass die neun Kilometer lange nehrungsartige Landbrücke der Schaabe, die die beiden Inselkerne Jasmund und Wittow verbindet, fast vollständig verschwindet. Gleiches würde im Südosten mit dem flachen Landstreifen der Schmalen Heide bis nach Binz hin geschehen, und der Kleine Jasmunder Bodden hätte eine breite Verbindung zum offenen Meer, in dem nur die jetzige, bis zu 48 Meter hohe Halbinsel Thiessow als kleine Insel zurückbliebe. Verschwunden wären ferner die Dünen und Moorweidengebiete von Mönchgut sowie weite Teile der Baaber Heide. Im Westen – um nur die wichtigsten Veränderungen zu nennen – bliebe von Hiddensee nur der nördliche Teil, der 72 Meter hohe Dornbusch, übrig. Das heutige Rügen würde also in einen durch breitere und engere Meeresstraßen durchzogenen inselreichen Archipel zerfallen, dessen Hauptinseln durch das zentrale Rügen, die fünf Inselkerne von Mönchgut sowie durch Jasmund, Wittow und den Dornbusch von Hiddensee repräsentiert wären.

Die Oberflächengestalt Rügens wird besonders durch zwei landschaftliche Merkmale bestimmt. Dem flachen, nur wenige Meter über dem Meeresspiegel liegenden und gebietsweise von sanften Bodenwellen modellierten Land des südlichen und westlichen Inselteils stehen die hügelreichen Gebiete im Osten und Nordosten gegenüber. Die höchste Erhebung ist mit 161 Metern der Piekberg auf Jasmund. Dort, an den meerseits gelegenen Steilküsten wie auch am Kap Arkona der Halbinsel Wittow, treten die Kreidevorkommen sichtbar zutage.

Insel aus einem Kreidemeer geboren

Die häufig benutzte Bezeichnung „Rügener Schreibkreide" stammt noch aus der Zeit, als man den weißen Kalkstein zur Herstellung von Schultafelkreide verwendet hat. Deren Grundmaterial besteht mittlerweile aber nur aus gebranntem Gips.

Der Stoff, aus dem sich die berühmten Felsen der Rügener Küste zusammensetzen, ist ein weicher, leicht löslicher Kalkstein von feinerdiger Beschaffenheit. In reinem Zustand weiß, nimmt er unter Beimengung von Ton und Eisenverbindungen eine graue oder gelbe bis rötliche Färbung an. Unter dem Mikroskop werden seine eigentlichen Substanzen sichtbar. Sie bestehen aus einem Konglomerat winziger Schalen, Gehäuse und Kalkplättchen von Meerestierchen, die in der Kreidezeit gelebt haben. Die geologische Entwicklung der Erde durchlief zu dieser Zeit gerade das jüngste Stadium des erdgeschichtlichen Mittelalters. Ganz Nordeuropa war von einem flachen Meer überflutet, in dem sich kleine und kleinste marine Lebewesen wie Seeigel, Muscheln, Korallen, Kalkalgen, Moostierchen und viele andere Arten Ablagerungen bildeten. In Verbindung mit anderen kalkhaltigen Sedimenten entstand daraus im Verlauf von mehreren hunderttausend Jahren eine bis zu 500 Meter mächtige Schicht, aus der schließlich vor 70 bis 80 Millionen Jahren die Schreibkreide Rügens hervorging.

Man mag beim Anblick des Königsstuhls ins Staunen kommen, umso mehr, wenn man bedenkt, dass in jedem Kubikmillimeter seiner Masse Zigtausende winziger Kalkscheibchen enthalten sein können. Unvorstellbar ist die Menge kleinster Meeresorganismen, die mit ihren gepanzerten Körperchen den Baustoff für diesen 117 Meter hohen Felskegel wie für den Aufbau der gesamten Kreideküste geliefert haben.

Charakteristisch für die Kreidefelsen ist die Einlagerung von Feuersteinen. Wie an den Steilufern sehr schön zu sehen ist, bilden sie in regelmäßigen Abständen perlschnurartige Ketten, die sich vom weißen Grund

Das Ozeaneum in Stralsund ist seit Juli 2008 die neue Attraktion der alten Hansestadt. Es lädt zu einer einzigartigen Reise durch die Unterwasserwelt der nördlichen Meere ein. Schon die äußere Architektur stimmt den Besucher auf Maritimes ein: Die weißen Elemente der Fassadenkonstruktion erinnern an windgeblähte Segel.

deutlich abheben. Aus dem Verlauf dieser Gesteinsschnüre lassen sich Lagerung und Schichtung der Kreide ablesen. Feuerstein, auch Flint genannt, ist ebenfalls organischen Ursprungs. Er bildete sich aus den Skelettresten von kieselsäurehaltigen Kleinstlebewesen wie Kieselalgen und Kieselschwämmen. Im Kreideschlamm lösten sich die Organismen auf und versteinerten schließlich zu oftmals bizarr geformten, dunklen Knollen. Wenn unter der Einwirkung von Regen, Frost, Wind oder Meer die Kreide an den Hochufern abbröckelt, werden auch die darin eingelagerten Feuersteine herausgelöst und am Strand abgelagert.

Die Kreide tritt nur an wenigen Stellen anstehend, das heißt an der Erdoberfläche sichtbar, in Erscheinung, so an der östlichen Küste Jasmunds zwischen Sassnitz und Stubbenkammer und in der Umgebung des Kap Arkona. Im Innern der Insel aber finden sich Entblößungen mit Ausnahme jener Orte, wo Kreide gebrochen wurde, nur selten. Dort liegt sie unter einer mächtigen Decke eiszeitlicher Ablagerungen verborgen. In Thiessow auf Mönchgut zum Beispiel stieß man bei Bohrungen erst in 40 Meter Tiefe auf Kreideschichten.

Die der Kreidezeit folgende Periode des Tertiärs hat auf Rügen kaum Spuren hinterlassen. Erst im Quartär, als sich die Eismassen des Diluviums bzw. Pleistozäns mehrmals von Norden her über das Ostseegebiet schoben, nahm Rügen seine heutige Gestalt an. Aufgrund der Ablagerungen konnten dort drei Vereisungsphasen nachgewiesen werden. Bei jedem Vorstoß des Eispanzers wurde die Insel gedrückt, gestaucht und gehobelt. Die bis zu 1000 Meter dicken Gletscherströme führten gewaltige Mengen an Gesteinsgut aus den skandinavischen Gebirgen mit sich, darunter auch zahllose erratische Blöcke, die sogenannten Findlinge. Diese „Wanderer aus dem Norden“, wie man sie gelegentlich auch nennt, liegen heute noch überall dort, wo sie das Eis einst abgeladen hat – auf Äckern, in Wäldern und an Stränden. Der größte unter ihnen ist der „Buskam“ bei Göhren, der ein Volumen von 600 Kubikmetern hat und 1626 Tonnen wiegt. Der größte Teil des mitgeschleppten Gerölls aber wurde durch den enormen Druck des Eispanzers zerbröckelt und zu Kies, Sand und Geschiebemergel zerrieben. Was unter dem Eis transportiert wurde oder darin eingeschlossen war, blieb nach dem Abschmelzen der Inlandeismassen als Grundmoräne zurück. Aus den Schuttschichten aber, die der Eisstrom an seinen Rändern schob und drückte, bildeten sich die girlandenförmigen Hügelreihen der Endmoränen.

Beide Ablagerungsformen, Grund- und Endmoränen, gestalteten die Oberfläche Rügens. Aber nicht allein, denn man geht davon aus, dass einzelne Inselteile, etwa Jasmund und Arkona oder der Rugard bei Bergen, durch Bewegungen in der Erdkruste emporgehoben wurden. Bei diesen tektonischen Vorgängen zerbrach der alte Kreidegrund und faltete sich auf. Das nach Süden vorstoßende Eis prallte nun gegen dieses Hindernis, drückte es hoch und schob sich darüber. Als gegen Ende der Eiszeit die zurückweichenden Gletscherströme durch Klimaschwankungen vorübergehend nochmals vorstießen, entstand die wellenförmige, bucklige Landschaft Ostrügens. Im Süden und Westen der Insel, dort, wo das Eis bewegungslos liegenblieb und ungestört abtaute, bildeten Ablagerungen wie Sand, Ton und Steine eine sanft gewellte Grundmoränenlandschaft.

Für viele Besucher stellen die Kreidefelsen Rügens ein wunderbares Bauwerk der Natur dar. Geologisch gesehen sind sie eine Masse, die zu 98 Prozent aus Kalziumkarbonat, auch kohlensaurer Kalk genannt, besteht. Doch auch die nüchterne Betrachtung versetzt in Erstaunen, wenn man bedenkt, dass jeder Kubikmillimeter Kreide die abgestorbenen Reste einer Unmenge winziger Urtierchen enthält. Marine Kleinstlebewesen – überwiegend von der Art der Geißelalgen – waren es, die auf dem Grund eines während der Kreidezeit über Nordeuropa ausgedehnten Meeres mit ihren kalkhaltigen Schuppen, den sogenannten Coccolithen, eine dicke, sich im Laufe von Jahrmillionen verfestigende Sedimentschicht bildeten. Die Abbildung zeigt den Königsstuhl.

Durch die schürfende Wirkung des Eises entstanden ferner die Becken des Kleinen und Großen Jasmunder Boddens.

Die nordische Sintflut

Die geologische Forschung weist auf drei wichtige Vorgänge hin, die sich am Schluss der Glazialzeit vor etwa 10 000 bis 12 000 Jahren auf dem Boden Rügens ereignet haben: die Abtrennung der Insel vom Festland, die Bildung der Steilküsten und der

Kreidegewinnung 1932: Nachdem man das Abbruchmaterial in Wasser gelöst und die Kreide von sämtlichen Fremdstoffen und Verunreinigungen befreit hatte, wurde die breiige Masse zu handlichen Fladen geformt, die man schließlich in riesigen Gestellen zum Trocknen lagerte. Wenn ihr Feuchtigkeitsgehalt nur noch etwa fünf Prozent betrug, war die Kreide transportfertig.

Zuwachs neuen Landes, durch den die Inselkerne zu der heutigen Gesamtinsel zusammenwuchsen.

Mit zunehmender Erwärmung schmolz das letzte Inlandeis ab. Die Gletscher zogen sich in die hohen Gebirge Skandinaviens zurück, und das vom Eis befreite Ostseebecken füllte sich wieder mit Wasser. Noch lag der Meeresspiegel weit unter seinem heutigen Niveau. Je weiter er aber unter dem Zufluss des Schmelzwassers allmählich anstieg, umso mehr wurden die Voraussetzungen dafür geschaffen, dass sich Rügen als Insel vom Festland abgliedern konnte. Erst damit formte sich das Küstenbild zu seiner jetzigen Gestalt.

Die Entstehung des Inselumrisses ist demnach eng verknüpft mit der Geschichte der Ostsee, die im Verlauf ihrer Entwicklung mehrfach einen grundlegend anderen Charakter angenommen hat. Diese durch beträchtliche Schwankungen des Meeresspiegels gekennzeichneten Phasen wurden nach zeitlich begrenzt vorkommenden Muscheln und Schnecken als die Zeit der Yoldia, der Ancylus und der Litorina bezeichnet. Für die Entwicklung des rügischen Küstenbildes war die Litorinazeit zwischen 5500 und 2500 v. Chr. entscheidend. In dieser Periode stieg der Wasserspiegel um etwa 40 Meter an, sodass alle tiefer gelegenen Landstriche wie Niederungen, Becken und Hohlformen überflutet wurden. Rügen zerfiel nun in eine Reihe von Inseln: Wittow, Jasmund und Mönchgut standen mit dem Kerngebiet nicht mehr in Verbindung.

Die Ursachen dieser Überflutungskatastrophe sind nur in groben Zügen bekannt: Die Eismassen des Pleistozäns – etwa elf Prozent der Erdoberfläche waren eisbedeckt, heute sind es drei Prozent – banden einen großen Teil der Wassermenge, sodass der

Meeresspiegel etwa 80 bis 100 Meter tiefer lag als heute. Als das Klima sich änderte und die Temperaturen anstiegen, schmolz das Inlandeis, was zur Anhebung des Meeresspiegels führte. Hinzu kamen vertikale Bewegungen größerer Erdkrustenstücke. So hat man festgestellt, dass Skandinavien seit der Eiszeit eine beträchtliche Hebung erfahren hat, die mit großer Wahrscheinlichkeit in ursächlichem Zusammenhang steht mit der Entlastung nach Verschwinden des Eispanzers, während gleichzeitig der südliche Ostseeraum absank.

Mit Anhebung des Meeresspiegels kamen auch die Kreideschichten auf Jasmund und Arkona in den Wirkungsbereich der Brandungswellen. Unaufhörlich nagte das Meer an den Ufern und schuf mit Unterstützung von Abtragungsprozessen durch Sickerwasser, Wind und Spaltenfrost eine Steilküste. Wie weit das Ufer durch solche Vorgänge versetzt wurde, lässt sich nur schätzen. Man nimmt an, dass die Ostküste Jasmunds in den vergangenen 5000 Jahren etwa einen Kilometer zurückgewichen ist. Auch heute noch vollzieht sich an den Steilufern das Zerstörungswerk durch dieselben Kräfte, die in früherer Zeit an der Umformung des Küstenbildes gearbeitet haben. Mittlerweile dürfte aber der Landverlust durch die Einwirkung des Meeres geringer sein, denn anstelle der abrasierten Uferstücke hat sich eine bis zu 20 Meter breite, von Feuersteinen bedeckte Brandungsterrasse gebildet, die die Gewalt des hereinbrechenden Meeres abfängt.

Während die höher aufragenden Ufer der Inselkerne mehr und mehr abbröckelten und zurückwichen, vollzog sich gleichzeitig an den flacheren Küstenstrichen ein Zuwachs neuen Landes durch Ablagerung von Seesand und Schwemmmaterial. Dabei häuften sich Dünen an, und es entstanden sandige Haken sowie die nehrungsartigen Landbrücken der Schaabe und der Schmalen Heide, die die Inseln Wittow, Jasmund und Mönchgut wieder miteinander verbanden. Solche Küstenversetzungen in Verbindung mit Neulandgewinnung finden auch heute noch statt. Besonders auffällig ist die Anschwemmung neuen Landes auf der Insel Hiddensee. Die Hakenbildung nach Nordosten begann erst vor etwa 80 Jahren. Inzwischen hat sich der sandige Fortsatz zu einer 3300 Meter langen zungenförmigen Halbinsel herausgebildet. Das Baumaterial stammte von dem nur wenige Kilometer entfernten Steilufer des Dornbuschs.

Die Anlandungsgebiete geben Einblicke in die Schöpferwerkstatt der Natur. Hier lassen sich ihre Wunder nachvollziehen, wie angeschwemmte Sandbänke zu Dünenstreifen emporwachsen und wie aus ersten Pionierpflanzen einer Spülsaumgesellschaft ganze Pflanzengemeinschaften hervorgehen. Man wird beobachten können, dass es nicht lange dauert, bis diese primäre Pflanzendecke anderen Vegetationsarten weicht und sich in den älteren Dünenbereichen ein mit Flechten durchsetzter Trockenrasen bildet, wo ausgedehnte Krähenbeerenpolster sich ansiedeln. Im Windschatten der vollständig bewachsenen Düne gedeihen auf der Humusschicht abgestorbener Pflanzen die ersten Kiefernschößlinge. Es werden dann ein bis zwei Jahrhunderte vergehen, bis diese zu einem stattlichen Küstenwald herangewachsen sind.

Gigantische Architektur der Natur: die Kreidefelsen an der Ostküste Jasmunds. Von schmalen Klüften und Schluchten unterbrochen, steigen die Wände aus einem schrägen Abhang senkrecht empor. Das Material, aus dem sie gebaut sind, entstand vor rund 70 Millionen Jahren auf dem Grund eines längst verschwundenen Meeres. Die Abbildung zeigt den Blick auf die Hohen Ufer bis zum Küstenvorsprung des Kollicker Orts.

Immer wieder überrascht die Steilküste Jasmunds mit zauberhaften Ausblicken auf die Ostsee. Besonders schön ist es dort in den frühen Morgenstunden, wenn die Sonne über dem Meer emporsteigt und durch das lichte Grün der Uferbewaldung schimmert.

Zu den landschaftlichen Spielarten der Inselnatur gehören vor allem die Boddengewässer. Diese flachen, teils tief in das Inselland eingreifenden Buchten lösen die kompakte Landmasse auf und schaffen einen vielfach gegliederten Küstenverlauf. Wie ein riesiger blinkender Spiegel liegt der Große Jasmunder Bodden ausgebreitet. Er trennt die nördlichen Inselkerne Wittow und Jasmund vom Kernland Rügens.

Alleen, die nicht für den modernen Verkehr geschaffen wurden: Hochbetagte Eichen, stellenweise mit Kastanien durchsetzt, säumen die historische „Alte Bäderstraße" bei Nadelitz. Überall auf der Insel gibt es noch solche prächtigen Chausseen wie diese. Ihr Baumbestand ist geschützt, doch das holprige Kopfsteinpflaster musste inzwischen einem Asphaltbelag weichen.

Während mehrmals täglich Intercity-Züge durch Rügen rasen, zockelt auf einer Nebenstrecke immer noch, wie vor hundert Jahren, eine Schmalspurbahn durch die ostrügische Landschaft. Der „Rasende Roland“, wie man sie liebevoll nennt, verkehrt fahrplanmäßig zwischen Putbus und Göhren und hält bei Bedarf auch an kleinen Feldbahnhöfen.

Dampflokfans können sich einen Kindheitstraum erfüllen und sich auf der „Rügischen Kleinbahn“ zum Lokführer ausbilden lassen – selbstverständlich nur ehrenhalber.

Prachtvolle Villen im Stil der Bäderarchitektur schmücken das Ostseebad Sellin (oben). Charakteristisch für diese Bauart, in der verschiedenartige Stilrichtungen miteinander vermischt wurden, sind die hölzernen und teils verglasten Verandavorbauten mit arabeskenhaft gestalteten Ornamenten.

Das Ostseebad Binz (rechts) knüpft an seine alte Tradition an: Einst als „das elegante Bad von Weltruf" gepriesen, gehört es heute längst wieder zu den beliebtesten Reisezielen an der Ostseeküste. Ein Hauch von Noblesse umgibt die Strandpromenade, wo die alten, frisch renovierten Villen vom Badeleben aus der Zeit zwischen dem 19. und 20. Jahrhundert erzählen.

FRIGGA
Imperial

Ganzer Stolz des Ostseebades Sellin ist die im Frühjahr 1998 eingeweihte Seebrücke. Sie reicht 400 Meter weit auf das Meer hinaus und hat als besonderes architektonisches Merkmal einen Pavillon, der mit seinen Türmchen, Giebelchen und verglasten Fassaden an die historischen Vorbilder von 1906 und 1925 erinnert. In den abendlichen Dämmerstunden, wenn unzählige Glühbirnen seine Fassaden zum Leuchten bringen, scheint er, vom Hochufer aus betrachtet, wie ein zauberhaftes Märchenschloss über dem Wasser zu schweben.

Meterhohe Stockrosen schmücken im Sommer den Vorgarten des Pfarrwitwenhauses in Groß Zicker auf Mönchgut. Das zwischen 1720 und 1723 gebaute Haus war eine soziale Einrichtung der Kirche, die damals der mittellosen Witwe eines verstorbenen Pfarrers ein neues Zuhause bot.

Eine Landschaft, die zum Träumen verführt: Sanfte Hügel mit blühenden Rapsfeldern, ein schattiges Wäldchen, ein paar Büsche entlang den Ackerwegen – und immer ist das Meer in der Nähe. So zeigt sich der südöstliche Inselteil Rügens.

Blick durch die Uferbäume der Stubnitz auf den Meeressaum. Die Trübung des türkisfarbenen Wassers nahe der Mündung des Kieler Bachs macht deutlich, dass hier Kreide von den Felsen abgetragen und aufgeschlämmt wird.

Reise durch die Geschichte

Präludium in der Vorzeit

Dass Rügen schon in vorgeschichtlichen Zeiten den Menschen in seinen Bann zog, dafür spricht die Vielzahl von Spuren, die frühe Siedler in Form von Geräten, Werkzeugen und Waffen aus Stein und Knochen zurückgelassen haben. Die prähistorischen Funde weisen auf Bewohner hin, die hier vielleicht Jahrtausende hindurch gelebt haben. Wer sie waren und woher sie kamen, lässt sich nicht mit Bestimmtheit sagen. Auch bleibt ungewiss, wann genau zum ersten Mal eines Menschen Fuß den Boden Rügens betreten hat. Man darf aber annehmen, dass bald nach Zurückweichen des mächtigen Eispanzers, den die Gletscherströme Skandinaviens während der letzten Glazialzeit weit über das Gebiet des südlichen Ostseeküstenraums geschoben hatten, sich erste Siedlungsgemeinschaften auf der Insel niederließen. Das Wasser stellte damals keine Barriere dar, denn zu dieser Zeit war Rügen zunächst noch mit dem Festland verbunden.

Die ältesten gesicherten Spuren menschlicher Präsenz auf Rügen reichen in die Zeit des Mesolithikums, also der mittleren Steinzeit, zurück. Die Faustkeile von Wittow, zwei von Menschenhand behandelte Geweihstangen eines Rentieres, die bei Garz entdeckt wurden, sowie eine bei Venz gefundene Harpune mit Widerhaken und der sogenannte Vogelpfeil, der aus Moorschichten am Nonnensee bei Bergen zutage trat, zählen zu den bislang ältesten Funden. Sie belegen, dass Menschen hier vor etwa 10 000 bis 11 000 Jahren als Jäger, Sammler und Fischer lebten. Manche der hinterlassenen Zeugnisse ihrer Kultur weisen darauf hin, dass man bereits die Verwendung von Feuerstein zur Geräte- und Waffenherstellung kannte. Dieser begehrte Werkstoff stand zunächst allerdings nur eingeschränkt zur Verfügung, denn die Kreidefelsen an der Küste Rügens mit den darin eingelagerten Feuersteinen waren noch nicht freigelegt.

Mit den landschaftlichen Veränderungen am Ende der Eiszeit war auf Rügen auch für den Menschen eine neue Ära angebrochen. Zu einer wirklichen Siedlungswelle kam es erst später, etwa zwischen 4000 und 3000 v. Chr. Unter dem Einfluss eines feucht-warmen Klimas wuchsen stattliche Eichenwälder heran, in denen jagdbares Wild wie Reh, Hirsch, Wildschwein und Bär rasch Verbreitung fand. Die nördlichen Gletscherströme hatten sich weitgehend zurückgezogen. „Erst jetzt“, so schrieb der Prähistoriker W. Petzsch, „geraten auch die Kreideschichten auf Jasmund und Wittow in den Bereich der Meeresbrandung, werden freigespült und abgetragen (…). Damit werden aber auch ihre massenhaften Bestände an Feuersteinknollen sichtbar und zugänglich und für den Menschen verwertbar.“ Dieses schwarze Gestein bildete den Reichtum, der den Menschen damals Anreiz bot, sich auf Rügen in großer Zahl niederzulassen und sesshaft zu werden.

Bevorzugte Wohnplätze boten sich vor allem an den Küsten der geschützten Binnengewässer zwischen den Inselkernen an. Zu einem Siedlungsschwerpunkt kam es in Lietzow, einem Ort auf dem Landvorsprung zwischen dem Kleinen und Großen Jasmunder Bodden. Hier fanden die Archäologen etwa 30 000 aus Feuerstein hergestellte Werkzeuge wie Schaber, Beile, Lanzenspitzen, Meißel und Bohrer. Die massenhafte Häufung neolithischer Funde an diesem Ort spricht dafür, dass hier eine Art „steinzeitliches Industriezentrum" bestanden haben muss. Mit dem für den damaligen Menschen so wertvollen Material wurde Handel getrieben, und vieles weist darauf hin, dass Rügen ein wichtiger Rohstofflieferant von Feuersteinen für Mitteleuropa war.

Die der Lietzow-Kultur zugeordneten Werkzeuge sind roh behauen und zeigen noch keine feinere Verarbeitung wie Schliff oder Ornament. Dennoch kannte man bereits die Kunst der Verzierung, wie eine aus Knochenmaterial gefertigte Gürtelplatte zeigt. Diese wurde, ebenso wie einer der wenigen Schädelfunde jener Epoche, aus dem Augustenhofer Moor geborgen.

Mit dem Wechsel der Wirtschaftsverhältnisse durch die Einführung von Ackerbau und Tierhaltung vollzog der Mensch einen grundlegenden Wandel seiner Lebensweise, die ihn als Angehörigen der Jungsteinzeit ausweist. Auch auf Rügen begann er, seinen Lebensraum zu verändern, indem er Wälder rodete, Äcker anlegte und den Boden kultivierte. Seine Bindung an die Scholle schuf eine bäuerliche Sesshaftigkeit, die mit dazu führte, die vorhandenen Technologien weiterzuentwickeln und handwerkliche Fähigkeiten zu vervollkommnen. Bald hatte er gelernt, den Stein zu schleifen und zu polieren. Die Herstellung eines auf diese Weise bearbeiteten Werkzeugs setzte gründliche Erfahrungen mit verschiedenen Gesteinsarten voraus und erforderte eine genaue Kenntnis ihrer Härte und Verwendungsmöglichkeit. Schließlich sollte die Axt beim Hacken nicht auseinanderbrechen oder zu schnell verschleißen. Während viele Gebrauchsgeräte aus Feuerstein gefertigt wurden, bevorzugte man für Lochhämmer und Äxte oftmals den dafür geeigneteren Granit oder Diorit. Mit solchen verbesserten Steinwerkzeugen war man damals in der Lage, auch größere Bäume zu fällen und Bretter zu zimmern, die für den Haus- oder Bootsbau benötigt wurden. Auch die Töpferei erlebte damals ihre erste Blütezeit. Es entstanden wunderschön verzierte Gefäße, wie der Trichterbecher von Venz oder die Amphora und die Trichterrandschüssel von Gingst belegen.

Die eindrucksvollsten Zeugen dieser Epoche aber sind die Großsteingräber, auch Megalithgräber oder Hünengräber genannt. Diese aus eiszeitlichen Findlingen errichteten Bestattungsanlagen entstanden auf Rügen in einer relativ kurzen Bauperiode zwischen 3000 und 1800 v. Chr. In der anschließenden Bronzezeit wurden sie unter dem Einfluss weiterer Völkergruppen, die aus Mittel- und Westdeutschland in das Ostseegebiet zuwanderten, durch die Kultur der Hügelgräber abgelöst. Von diesen beiden Grabtypen wird in einem späteren Kapitel noch ausführlich die Rede sein.

Die reich verzierte Trichterrandschüssel gehört zu einer Reihe von Tongefäßen, die zusammen mit anderen prähistorischen Funden beim Torfstechen in einem Moor bei Gingst zutage gebracht wurden. Das fein gearbeitete Muster ist der Flecht- und Webtechnik entlehnt.

Der ägyptische Geograf, Mathematiker und Astronom Claudius Ptolemäus (85–160 n. Chr.) aus Alexandria hatte um 140 n. Chr. auf einen Ort namens Rugium im Nordosten Germaniens hingewiesen (Miniatur in einer Handschrift aus dem 14. Jahrhundert).

Von antiken Schriftstellern erwähnt: die Rugier

Vergeblich wäre der Versuch, nach historischen Überlieferungen zu suchen, die auf das Volk der Hünen- und Hügelgräber aufmerksam gemacht hätten. Kein geschriebenes, nicht einmal ein mündlich überliefertes Wort, etwa ein Heldenlied oder eine Sage, berichtet über die frühen Bewohner, die auf Rügen etliche Jahrtausende lang gelebt haben. Nur die stumme Sprache der materiellen Dinge, wie der bearbeitete Stein oder das gegossene Metall, weist auf ihr vorgeschichtliches Dasein hin und vermittelt die dürftigen Kenntnisse, die wir über ihre Kultur besitzen.

Ein Name aber reicht in die alte Zeit, der die damaligen Bewohner Rügens als Angehörige eines ostgermanischen Stammes ausweist. In seinem Werk über die germanische Frühzeit erwähnte der römische Geschichtsschreiber Tacitus um 97 n. Chr. die Rugier, ein Volk, das im Nordosten Germaniens am Meer ansässig gewesen sein soll. Auch die älteste griechische Nordlandkunde will Germanen im Ostseeraum gefunden haben. Im 4. Jahrhundert v. Chr. entdeckte der griechische Seefahrer, Geograf und Astronom Pytheas von Massalia eine germanische Bevölkerung im Ostseeraum und sprach von Guttonen und Goten als Bewohnern der Bernsteinküste. Die Nachricht wurde später von Plinius dem Älteren in seinem Werk über das „Bernsteinland" wiedergegeben. Etwa ein halbes Jahrhundert nachdem Tacitus von den Rugiern gesprochen hatte, nannte der ägyptische Geograf Claudius Ptolemäus in jener Gegend einen Ort Rugium. Keine Spur führt auf die Vorzeit der Rugier zurück. Nur die gotische Sage, nach der sie von den Goten, die von den nordischen Inseln gekommen waren, mit fortgerissen wurden, sodass man auch sie für Goten hielt, gibt noch einen kleinen Hinweis.

„Eine schwarze Nacht liegt über den Geschichten der alten Rügier", bedauerte schon Karl Nernst, als er vor rund 200 Jahren seine „Wanderungen durch Rügen" schrieb. „Nur äußerst selten schimmert ein leitender Lichtstrahl durch das biestrige Dunkel. Selbst die Tradition verstummt."

Auch heute weiß man nicht viel mehr über sie, als dass sie ursprünglich in den Gebieten der unteren Weichsel und Pommerns ansässig waren und in den letzten Jahrhunderten vor Beginn der christlichen Zeitrechnung Rügen besiedelten. Etwa ab dem 4. Jahrhundert n. Chr. verließen sie die Insel wieder und wanderten nach Süden ab. Was sie dazu veranlasste, ihre Wohnstätten aufzugeben und sich anderen wandernden Völkern anzuschließen, ob Abenteuerlust sie dazu getrieben hat oder ob sie einem Einwanderungsdruck von Osten her nachgeben mussten, ist nicht bekannt.

Schriftliche Quellen über die germanische Frühzeit auf Rügen gibt es nicht. Alles Wissen darüber stützt sich vornehmlich auf Ausgrabungsfunde und Vermutungen.

Ins Reich der Legende gehört auch die aus antiken Überlieferungen abgeleitete Erzählung vom Hertha-Kult auf Rügen, nach dem der Herthasee im Stubnitzwald benannt wurde. Darüber wird noch an anderer Stelle berichtet.

Slawische Einwanderung

Als im 6. und 7. Jahrhundert die slawische Völkerwelle über die Gebiete zwischen Oder und Elbe schwappte, begann auch für Rügen eine neue Epoche. Dort ließ sich der wendische Stamm der Ranen, auch Rujanen genannt, nieder. Nach Abwanderung der Rugier war die Insel nur noch dünn besiedelt. Man darf annehmen, dass nicht alle ursprünglichen Bewohner die Insel verlassen hatten. Die Zurückgebliebenen – Alte, Gebrechliche, Frauen mit Kleinkindern sowie Männer, die zu deren Schutz abgestellt waren – kamen nun in Abhängigkeit der neuen Einwanderer, die dem Land ihr eigenes Gepräge gaben. Sie bauten Häuser und legten Dörfer an, denen sie Namen ihrer Sprache gaben. Orts- und Flurbezeichnungen mit Endungen auf -itz, -ow und -in deuten heute darauf hin, dass sie slawischen Ursprungs sind. Viele dieser Namen geben Hinweise auf die landschaftlichen Merkmale, die für ein Gebiet charakteristisch waren. So geht z. B. der Ortsname „Sassnitz" aus dem slawischen Wort „sosna" hervor, das „Kiefer" bedeutet und vermutlich auf eine entsprechende Bewaldung hinweist.

Wo Slawen beteten und kämpften

Bald war die Insel slawisch, das heißt wendisch geworden. Die Wenden bildeten den mit der Völkerwanderung am weitesten nach Westen vorgedrungenen Stamm der großen slawischen Völkerfamilie. Zu den auffälligsten Zeugen ihrer Kultur gehören vor allem die mächtigen Burgwälle, die auch heute noch gut zu erkennen sind, wie z. B. am Kap Arkona, bei Garz, auf dem Rugard bei Bergen oder am Herthasee auf Jasmund. Die ehemals mit Zinnen und Palisaden befestigten Anlagen dienten nicht allein als Zufluchtsort bei drohender Gefahr von außen, sie waren auch Mittelpunkt des politischen, wirtschaftlichen und kultischen Lebens. Ihre Wehrhaftigkeit deutet darauf hin, dass man häufig mit feindlichen Angriffen rechnen musste. Aber auch die Ranen scheinen nach Aussagen von zeitgenössischen Chronisten kriegerische Berührungen keineswegs gescheut zu haben, wenn sie mit ihren Schiffen die benachbarten Inseln aufsuchten. Die Insel Møn lag in Sichtweite und lockte natürlich zu einem Besuch, der nicht immer in friedlicher Absicht abgestattet wurde. Die Dänen ihrerseits fanden es ebenso spannend, die Küsten ihrer Nachbarn zu umsegeln, und kam es dabei zum Kontakt, schienen Feindseligkeiten unvermeidbar gewesen zu sein. Über Ursache und Wirkung, Recht und Unrecht solcher nachbarlichen Reibereien lässt sich schwer entscheiden, und man muss berücksichtigen, dass die frühen Chronisten – unter ihnen Adam von Bremen, der Holsteiner Helmold von Bosau und der Däne Saxo Grammaticus – keine vorurteilsfreien Berichter-

Nerthus war die germanische Göttin der Erde und Fruchtbarkeit. Einem Bericht von Tacitus zufolge wurde sie in einem heiligen Hain auf einer Insel im Ozean verehrt. Lange Zeit glaubte man, diesen Ort an einem kleinen Waldsee von Jasmund gefunden zu haben, der seitdem – in Abwandlung des Wortes Nerthus – den Namen Herthasee führt.

statter waren. Das Bild, das sie von der damaligen slawischen Bevölkerung entworfen haben, dürfte stellenweise durch eigene gesellschaftliche, religiöse und politische Anschauungen gefärbt sein. Schließlich schrieben sie über die verhassten wie gefürchteten Barbaren und Heiden. Zwei Tugenden aber werden den Wenden von allen Chronikschreibern jener Zeit zugeschrieben: ihre Tapferkeit, die sie als glänzende Krieger erscheinen ließ, und ihre Gastfreundschaft. Der Fremde hatte es in der Regel nicht nötig, um Aufnahme zu bitten; sie wurde ihm wetteifernd angetragen. Man bot an, was durch Ackerbau, Fischfang und Handel erworben war. Freigebigkeit galt als Maß für Ansehen und Selbstwert; Knauserei hingegen war so ruchbar, dass derjenige, der einem Fremden das Gastrecht versagte, befürchten musste, Haus und Hof zu verlieren.

Eine besondere Rolle im Stammesverband der Ranen spielte im 9. und 10. Jahrhundert die Tempelburg von Arkona, die eines der bedeutendsten religiösen Zentren der Slawen westlich der Oder war. Hier wurde das Götzenbild des Swantevit verehrt; man brachte ihm Opfer dar und empfing von ihm Orakel über den Ausgang kriegerischer Operationen oder den Erfolg der nächsten Ernte. Der Geschichtsschreiber Saxo Grammaticus hatte die Tempelanlage wahrscheinlich mit eigenen Augen gesehen. Entsprechend ausführlich ist seine Schilderung, die er 1168 im Zusammenhang mit der Vernichtung der Kultstätte durch die Dänen gegeben hat. „Sie liegt hoch auf einem Felsenkap und ist im Osten, Süden und Norden durch die natürlichen Steilhänge geschützt, deren Höhenrand ein Geschützpfeil unten vom Meere her nicht erreichen kann. Im Westen aber wird sie durch einen Wall von 50 Ellen Höhe abgeschlossen. (…) Mitten in der Burg ist eine ebene Fläche, dort steht das Heiligtum, aus Holz in feiner Arbeit ausgeführt, mit einem hochheiligen Götterbilde und einem reichen Kulte. Außen herum war es geziert mit unbeholfenen Bildern verschiedener Art. Es hatte nur einen Eingang. Das Heiligtum selbst hatte zwei Einhegungen, außen die festen Wände, die ein purpurnes Dach trugen, innen aber vier Pfosten, durch Vorhänge verbunden (…). Hier im Innersten stand das Götterbild, eine riesige Holzfigur, weit über Menschenmaß, mit vier Köpfen und vier Hälsen, die nach den vier Himmelsrichtungen sahen. Der Bart war so rasiert und das Haar so geschnitten, wie die Rugianer es für gewöhnlich tragen. In der Rechten hielt die Figur ein Trinkhorn aus verschiedenen Metallen gebildet. Das hat der Priester jedes Jahr neu zu füllen und weissagt aus dem, was im Laufe des Jahres verschwunden ist, auf die kommende Ernte. Der linke Arm war in die Seite gestemmt, sodass er einen Bogen bildete. Der Rock reichte bis zu den Schienbeinen, die, aus verschiedenem Holze gebildet, so fein in die Knie eingezapft waren, dass man die Fuge nur bei genauem Zusehen erkennen konnte (…).“

Einmal im Jahr, nach der Erntezeit, versammelte sich die Bevölkerung vor dem Tempel zu einem großen Fest. Dabei wurden Tiere geopfert, die man beim anschließenden Festgelage verschmauste. Am Tag zuvor musste der Priester das Heiligtum, zu dem nur er allein Zutritt hatte, sorgfältig reinigen. Dabei durfte er innerhalb des Tempels nicht ein- oder ausatmen, damit die Gottheit nicht durch menschlichen Hauch entweiht würde. Wollte er Luft holen, so musste er vor die Tür treten. Am Festtage nahm er der Götterstatue das Trinkhorn aus der Hand und kontrollierte die verbliebene Menge des im Vorjahr eingefüllten Mets. War die Flüssigkeit verdunstet, weissagte er ein dürres Jahr und riet, mit den Vorräten sorgfältig hauszuhalten, war sie aber erhalten geblieben, so prophezeite er ein gutes Jahr. Dann goss er den alten Inhalt zu Füßen der Statue aus und füllte das Horn mit frischem Met. Er trank es aus, und bevor er es erneut füllte, um es dem Götzenbild wieder in den Arm zu geben, erflehte er in feierlicher Rede den Segen für Land und Volk.

Zum Unterhalt des Kults wurde jedem Festteilnehmer ein Geldstück als Opfergabe abverlangt. Zusammen mit Weihgeschenken und einem Teil der Erträge aus Beutezügen, die der Gottheit zugeteilt wurden, verfügten die Swantevit-Priester über einen beachtlichen Schatz. Außerdem stand ihnen eine Reiterschar zur Seite, die das, was sie erstritten hatte, ebenfalls in den Besitz der Gottheit und unter die Obhut der Priester brachte. So war der Swantevit-Kult nicht allein durch die Stärke des Glaubens gefestigt, sondern auch auf Besitz und Macht gegründet.

Das Heiligtum zu Arkona war um die Mitte des 12. Jahrhunderts der letzte geistige und politische Mittelpunkt der bereits von allen Seiten arg bedrängten Slawen. Die Völker Europas hatten sich längst der christlichen Religion zugewandt, als die Bewohner Rügens noch hartnäckig am Heidentum festhielten. Arkona wurde zum Symbol für den Widerstand gegen das herannahende Christentum, hinter dessen Banner sich dänische und deutsche Expansionsbestrebungen verbargen. Zuvor hatten die wechselseitigen Scharmützel zwischen Ranen und benachbarten Völkern den Charakter von Raub- und Plünderungszügen, denen in der Regel Vergeltungsschläge folgten. Diese ständigen Auseinandersetzungen waren zwar lästig und erschwerten auf die Dauer ein ruhiges Leben, sie waren aber nicht auf den Umsturz religiöser und politischer Verhältnisse gerichtet. Das änderte sich erst unter König Waldemar I. von Dänemark (1157–1182), dessen Ziel es war, seine Macht über Rügen und Pommern auszudehnen, das Heidentum niederzuwerfen und die Bevölkerung zu christianisieren. Wenn Arkona, das letzte Bollwerk der heidnischen Wenden, zerstört, der Swantevit-Kult und die Macht der Priesterschaft gebrochen würden, so sagte man sich, wäre das übrige Rügen in seiner Grundfeste erschüttert und würde von selbst zerfallen.

Nach einigen zuvor wenig erfolgreich verlaufenen Eroberungszügen fielen am Pfingsttag 1168 dänische Truppen unter Waldemar I. und seinem Feldherrn, Bischof Absalom von Roskilde, auf Rügen ein und kesselten die Feste Arkona ein. Im Verlauf der Belagerung steckte man das einzige Zugangstor der Burg in Brand. Den Belagerten blieb keine Chance; sie gaben auf und waren zu Verhandlungen bereit. Schließlich einigte man sich auf Übergabe der Burg, Ausliefe-

Darstellung von Swantevit, dem obersten Gott der Rügenslawen. Der Name setzt sich zusammen aus swante (= heilig oder stark) und vit (= Sieg bzw. Lichtgott). Die Abbildung entstand frei nach der Beschreibung des dänischen Chronisten Saxo Grammaticus, der die Götzenstatue bei der Eroberung der Tempelburg vermutlich mit eigenen Augen gesehen hatte.

Granitfindling mit der Reliefdarstellung eines Mannes in slawischer Tracht, der ein Trinkhorn in den Händen hält. Der Stein – die Forschung erkennt darin den Grabstein des Ranenfürsten Tezlaw – ist in der Außenmauer des südlichen Seitenschiffs der Altenkirchener Pfarrkirche eingelassen.

rung der Swantevit-Statue, Annahme des Christentums und Anerkennung der dänischen Oberhoheit. Knapp einen Monat später wurde der Stützpunkt Arkona übergeben, das Heiligtum vernichtet und die Götterstatue verbrannt.

Kurz darauf musste auch die zweite Hauptburg der Ranen, die Charenza – das heutige Garz –, die unter der Führung von Fürst Tezlaw und dessen Bruder Jaromar stand, den Dänen übergeben werden. Damit waren Macht und Selbstständigkeit des Wendentums auf Rügen beendet. Die Chroniken berichten von keinerlei Widerstand seitens der Ranen, loben hingegen den Eifer ihres Fürsten Jaromar, der sich bald auf die Seite der Sieger stellte und in vorbildlicher Weise die Sache des Christentums vertrat, wohl in der Hoffnung, mit diesem Schritt das Beste für sein Land und seine Leute bewirken zu können. Und für sich selbst, denn als Fürst Jaromar I. war er zum Lehnsträger der Insel bestimmt worden.

Mit Hilfe dänischer und deutscher Geistlicher begann nun die schrittweise Christianisierung Rügens. Organisatorisch gehörte die Insel von nun an zum Bistum Roskilde, dem sie bis zur Reformation verbunden blieb. Hier und da entstanden die ersten Kirchen, bei denen es sich allerdings nur um einfache Holzbauten gehandelt haben dürfte, von denen jede Spur verlorenging. Die erste urkundlich gesicherte Nachricht über den rügenschen Kirchenbau stammt aus dem Jahre 1193. Sie bezieht sich auf die Einweihung eines von Jaromar gestifteten Nonnenklosters in Bergen, das damals slawisch noch „Gora" hieß. Ursprünglich von Ordensfrauen aus Roskilde bezogen, die nach den Grundsätzen des heiligen Benedikt lebten, nahm das Stift später die Regeln der Zisterzienser an. Zu den klösterlichen Anlagen gehörte eine Kirche, die, wie man in den Urkunden ausdrücklich betonte, aus Ziegeln errichtet wurde. Sie bildete den Ursprungsbau, aus dem im 13. Jahrhundert die heutige Marienkirche hervorging.

Zunächst blieb Rügen ein überwiegend von Wenden besiedeltes Gebiet. Dänemark, dem die Insel staatsrechtlich unterstand, konnte es sich wegen eigener Bevölkerungsknappheit nicht leisten, Kolonisten in größerer Zahl zu entsenden. Die aber brauchte das von Natur her noch öde und durch andauernde Kriege verwüstete Land, dessen Bevölkerungsdichte mit der Zeit ziemlich ausgedünnt war.

Deutsche Besiedlung

Seit dem 13. Jahrhundert setzte dann im Zuge der deutschen Ostexpansion eine Kolonisierung der Insel ein, die im Vergleich zu der in den Festlandgebieten zunächst nur zögernd begann. Die einheimischen Fürsten, der Adel und die Kirche unterstützten die Einwanderungsbewegung deutscher Bauern, von deren landwirtschaftlichen Erfahrungen und Produktionsmethoden sie sich Nutzen versprachen. Denn jene, die über Grundbesitz verfügten, waren daran interessiert, dass ihr Boden ertragreich bewirtschaftet würde. Die neuen Siedler kamen aus Niedersachsen, Westfalen und vom Niederrhein. Neben ihrem Know-how in agrarischen Belangen brachten sie deutsche Sitten und die deutsche Sprache mit und gaben der Insel bald ein deutsches Gepräge. Die alte Bevölkerung wurde dabei zwar nicht verdrängt, vielmehr ging sie in der neuen auf. Da die Kolonisierung auf Rügen nicht so massiv verlief wie auf dem Festland, konnte sich hier das Slawentum länger halten. Zuletzt waren die Slawen freilich das unterdrückte Volk, wie Ernst Moritz Arndt schrieb, „das heißt, sie herrschten nicht mehr, wurden aber nach deutschem Recht behandelt, was natürlich war, da die Fürsten von Rügen und Pommern und viele Edelleute slawischen Stammes waren". Die letzte auf Rügen noch wendisch sprechende Person soll 1404 gestorben sein.

Der fortschreitende Germanisierungsprozess wurde besonders von den Klöstern und Kirchen unterstützt, die nicht nur missionarisch im Sinne der christlichen Lehre wirkten, sondern auch die Einwanderung förderten und deutsche Kultur verbreiteten. Ebenso nahmen auswärtige geistliche Einrichtungen Einfluss auf die Geschicke Rügens, indem sie die Ansiedlung deutscher Einwanderer begünstigten. In diesem Sinne wirkte besonders das Zisterzienserkloster von Eldena bei Greifswald, dem 1252 von Fürst Jaromar II. die Rügener Gebiete von Reddevitz mit der Baaber Heide verliehen worden waren. Nachdem das Kloster 1360 auch den südlichen Landesteil um Zicker erworben hatte, nannte man die ganze Halbinsel „dat Mönike Guedt", das Mönchgut. Auch das festländische Kloster Neuenkamp (Franzburg) hatte auf die geistige und kolonisatorische Entwicklung der Insel einen prägenden Einfluss. 1296 gründete es auf Hiddensee ein Zisterzienserkloster, das dem heiligen Nikolaus, dem Patron der Schiffer, geweiht wurde.

Nach der Eroberung Rügens 1168 durch die Dänen waren keineswegs Ruhe und Frieden auf der Insel eingekehrt. Während die Germanisierung allmählich voranschritt, wurde das Land in etliche Kriege hineingezogen, bei denen es um Herrschaftskonflikte zwischen dem Dänenkönig und dem Pommernfürsten ging. Bei allen diesen Unruhen standen die rügischen Regenten auf dänischer Seite. Sie hielten treu zu ihren Lehnsherren, die ihrerseits die Loyalität ihrer Untertanen zu schätzen wussten. Die dänischen Herren gewährten den Fürsten von Rügen eine verhältnismäßig große Selbstständigkeit und Handlungsfreiheit.

Fürst Jaromar I. herrschte bis 1218 über die Insel und den dazugehörigen pommerschen Festlandteil. Seine Regierungszeit war mit der Christianisierung und Germanisierung Rügens sowie mit Kriegen an dänischer Seite ausgefüllt. Nach seinem Tod übernahm sein jüngerer Sohn Wizlaw I. (1218–1249) – der älteste Sohn, Barnuta, hatte auf das Herrscheramt verzichtet – die Regierungsverantwortung. Ihm folgten Jaromar II. (1249–1260) und Wizlaw II. (1260–1302). Wizlaw III., der in der Zeit zwischen 1302 und 1325 herrschte, ist nicht nur unter Historikern bekannt. Mit seinen Liederdichtungen, die der Fürst in Jugendjahren schrieb, ging er, der Spross eines alten Wendengeschlechts, als deutscher Minnesänger in die Literaturgeschichte ein. Sein politisches Amt aber war alles andere als Poesie. Die Teilnahme am Krieg gegen Stralsund, der wachsende Einfluss des Adels, der sich im Bestreben nach Selbstständigkeit gegen das Herrscherhaus stellte, sowie die Sorge um die Erbfolge überschatteten die Zeit seiner Regentschaft. Mit seinem Tod am 8. November 1325 – knapp sieben Monate zuvor war sein einziger Sohn gestorben – erlosch das rügische Fürstenhaus, das über mehrere Jahrhunderte die Geschicke der Insel gelenkt hatte. Durch die getroffenen Abkommen fiel Rügen nun an das Herzogtum Pommern-Wolgast.

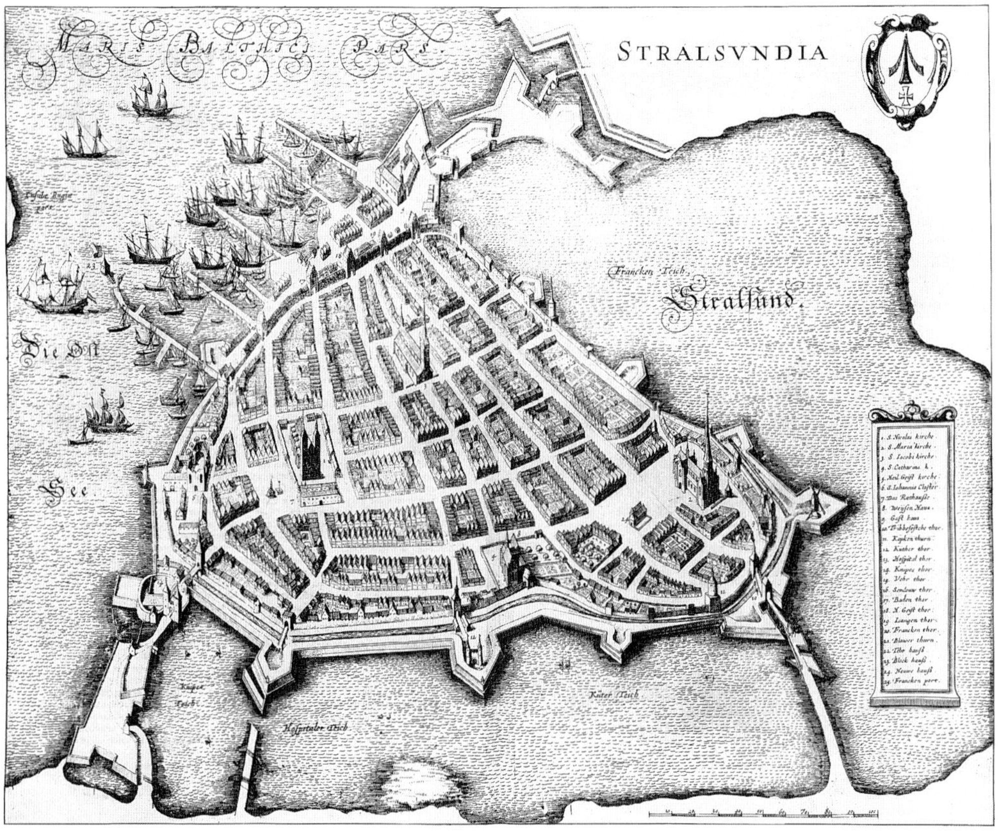

Blick auf Stralsund um 1650. Jahrhundertelang war die Hansestadt der wirtschaftliche und kulturelle Mittelpunkt der Region. Auch auf Rügen wirkte der Einfluss ihrer politischen und geistigen Macht. Die enge Verbindung brachte es mit sich, dass der Inselnachbar des Öfteren an Streitigkeiten und kriegerischen Auseinandersetzungen teilnahm, in die Stralsund im Laufe seiner wechselvollen Geschichte verwickelt war.

Über die Situation der bäuerlichen Bevölkerung jener Zeit ist nicht viel bekannt. Die bischöflichen Güter wurden von einem Landpropst verwaltet, der in Ralswiek seinen Sitz hatte. Seit der Christianisierung der Insel mussten zahlreiche Gemeinden und Höfe den sogenannten Bischofsroggen entrichten, den der Bischof von Roskilde durch seine Beauftragten einziehen ließ. Die Menge dieser Naturalabgabe wurde mit einem Scheffel aus Ralswiek bestimmt, der das Maß des Landesscheffels etwas übertraf. „Thue Recht, scheue niemand", mahnte eine Schrift auf dem Einstreichbrett.

Ablösung von Dänemark

Obwohl die Insel auch weiterhin als dänisches Lehen galt, lockerte sich die Verbindung allmählich, und bald war von Dänemark staatsrechtlich kaum noch die Rede. Nur die kirchliche Zugehörigkeit zum Bistum Roskilde erinnerte noch an die alte Abhängigkeit. Im Laufe des 14. und 15. Jahrhunderts löste sich Rügen schließlich vollständig von dem Land, mit dem es mehrere Jahrhunderte lang verbunden gewesen war. Eine förmliche Ablösung der Lehnspflicht gegenüber Dänemark erfolgte aber nicht.

Rügen blieb dem Herzogtum Pommern angeschlossen, auch nach mehreren Erbfolgekriegen, die ab 1326 einsetzten und in deren Verlauf Mecklenburg wiederholt Herrschaftsansprüche gegenüber Pommern geltend zu machen versuchte.

In wirtschaftlicher Hinsicht wurde die Verbindung Rügens zum aufblühenden Stralsund, das eine führende Rolle im hanseatischen Städtebund einnahm, immer enger. Die Stadt erwarb auf der Insel großen Landbesitz, sodass ein nicht unbeträchtlicher Teil Rügens unter ihrem Einfluss stand. Auch die Adelsgeschlechter, die sich zuvor noch gegen die Städte gestellt hatten, als diese 1361 gegen

Dänemark rüsteten, knüpften Beziehungen zu Stralsund. Solche Interessengemeinschaften, die sich in der nachfolgenden Zeit mal freundlicher und mal feindlicher gestalteten, brachten wechselweise beiden Parteien Nutzen.

Niedergang des Bauernstandes

Während die Herzöge immer weniger im Land zu sagen hatten, waren die rügischen Adelsfamilien, von denen einige dem alten slawischen Herrscherhaus entstammten, wie die von Putbus oder von Lancken, sehr selbstständig und unabhängig geworden. Mit den seit dem 14. Jahrhundert sich bildenden Gutsherrschaften setzte der allmähliche Niedergang des Bauernstandes ein. Während die Situation der rügischen Bauern im 15. Jahrhundert noch erträglich erschien, weil die Abhängigkeit nicht so groß und die Pflichten akzeptabel waren, verschlechterten sich die Bedingungen bereits im darauffolgenden Jahrhundert durch das sogenannte „Bauernlegen“: Der Adel verfügte über großen Grundbesitz, den er jetzt erweiterte, indem er Bauernland aufkaufte und es zu seinen Gütern legte. Dadurch wurde mancher Bauer genötigt, in den Dienst der adligen Besitzer zu treten. Diese Umgestaltung, die sich in wirtschaftlicher, sozialer und siedlungspolitischer Hinsicht für die Landbevölkerung als nachteilig herausstellen sollte, führte im 17. Jahrhundert zur Erbuntertänigkeit und Leibeigenschaft. Nach Darstellung von Ernst Moritz Arndt waren die Bauern schlimm betroffen, weil die „alte Einfalt und Schlichtheit der Sitten“ sich verlor, weil die Fürsten anfingen, nach „Gewalt, Mündigkeit und Pracht“ zu trachten und der Adel sie in diesen Bestrebungen nachahmte. Schon damals wurden viele Bauerndörfer zerstört und in adlige Höfe umgewandelt.

Rügen unter schwedischer Krone

Das 17. Jahrhundert brachte mit dem Dreißigjährigen Krieg allgemeines Unglück, Verwüstung, Gesetzlosigkeit und Verarmung. Zusätzliche Verwirrung stiftete 1637 der Tod Bogislaws XIV., mit dem das alteinheimische Fürstengeschlecht Pommerns ausstarb. Im Friedensvertrag von 1648 wurde Pommern geteilt: Vorpommern mit Rügen und Stettin fiel in schwedischen Besitz, während Hinterpommern und verschiedene andere Landesteile an Brandenburg gingen.

Nach Kriegsende setzte sich der Prozess des „Bauernlegens“ und des Zusammenziehens von Höfen zu großen Gütern verstärkt fort. Was im 17. Jahrhundert begonnen hatte, das brachte das 18. Jahrhundert zur Vollendung. Die Leibeigenschaft wurde, nachdem sie offiziell anerkannt worden war, planmäßig und im großen Stil betrieben. Wie menschenunwürdig die Lage der leibeigenen Bauern war, die wie eine Ware gekauft und verkauft werden konnten, blieb einsichtigen Menschen auch damals nicht verschlossen. Mit seinem 1803 erschienenen Buch „Versuch einer Geschichte der Leibeigenschaft in Pommern und Rügen“ erzielte Ernst

Moritz Arndt, der selbst aus einer rügischen Bauernfamilie stammte und die Probleme der Leibeigenschaft aus dem eigenen Elternhaus kannte, große Aufmerksamkeit und Betroffenheit. Die Schrift mag mit dazu beigetragen haben, dass der schwedische König 1806 die Leibeigenschaft in Schwedisch-Pommern abschaffte.

Schweden war nun die Aufgabe zugefallen, das durch den Krieg verwahrloste Land wieder aufzubauen. Bergen und Garz, die beiden Städte Rügens, hatten ihren urbanen Charakter, der schon vor dem Krieg nur mäßig ausgeprägt gewesen war, gänzlich verloren. Das mittlerweile völlig verarmte Kloster von Bergen kämpfte um seine Existenz, die erst nach langen Verhandlungen 1720 durch Bereitstellung von Fördermitteln eine neue Chance bekam. Es gab also viel zu tun; doch immer wieder wurde die Arbeit in der nachfolgenden Zeit durch kriegerische Auseinandersetzungen gestört, in die Schweden verwickelt war: die Kriege gegen Polen, Dänemark und Brandenburg. Verschiedentliche Niederlagen gegen die Dänen und Preußen hatten zunächst noch keine länger anhaltenden Besitzverschiebungen oder Machtwechsel zur Folge. Am 13. September 1678 landete der brandenburgische Kurfürst Friedrich Wilhelm mit seinen Truppen auf Rügen, und zwar bei Neukamp südlich von Putbus. Zur Erinnerung an dieses Ereignis, das in Literatur und Malerei vielfach Beachtung fand, ließ König Friedrich Wilhelm IV. 1854 dort ein Denkmal errichten. Die Insel war erobert, doch nach den Friedensabkommen von St. Germain mussten Rügen und andere pommersche Eroberungen wieder an Schweden zurückgegeben werden.

Alles in allem wurde die schwedische Herrschaft als erträglich empfunden. Sie gewährte ihren Untertanen weitgehende Freiheit und strapazierte sie nicht mit allzu großen Belastungen. Man sah auch die deutsche Identität nicht gefährdet, da die Schweden nicht an eine Kolonisierung dachten. Hier und da erwarben schwedische Beamte auf der Insel Grundbesitz, wie etwa der Feldmarschall Graf Carl Gustav von Wrangel, der 1649 die Herrschaft Spyker erhielt, nachdem die dort ansässige Familie Jasmund ausgestorben war. Auf Rügen scheint man daher besonders schwedenfreundlich gewesen zu sein. „Unter den drei Kronen ließ sich's gemächlich wohnen", sang 1815 der Dichterpfarrer Ludwig Theobul Kosegarten. Das stille, gemächliche Leben abseits der Schauplätze des geistigen Lebens wirkte allerdings verzögernd auf Fortschritt und Entwicklung.

Der Kupferstich von 1632 stellt die Landung Gustavs II. Adolf von Schweden auf Rügen dar. Der König hatte die Insel am 25. Juni 1630 nur für kurze Zeit betreten, ihr Schicksal aber durch sein Eingreifen in den Dreißigjährigen Krieg für lange Zeit bestimmt. Das Gebet, das er bei seiner Ankunft gesprochen haben soll und auf das sich die Abbildung bezieht, ist historisch allerdings nicht belegt.

Die Belagerung Rügens durch den Großen Kurfürsten Friedrich Wilhelm. Am 13. September 1678 gelang es dem brandenburgischen Herrscher, seine Truppen bei Neukamp südlich von Putbus auszuschiffen und das schwedische Heer zum Rückzug zu zwingen. Das historische Ereignis wurde auf dem Wandteppich von Pierre Mercier um 1695 dargestellt.

Gotthard Ludwig Theobul Kosegarten (1758–1818) war Theologe, Schriftsteller und Professor für Geschichte und Literatur an der Universität Greifswald. Heute in Vergessenheit geraten, waren seine dichterischen Werke einst viel beachtet und gern gelesen. Seine Bewunderung für Napoleon brachte ihn allerdings in Widerspruch zur Meinung vieler Zeitgenossen.

Französische Besetzung

Mit der Ruhe und der milden Führung unter schwedischem Zepter war es vorbei, als 1807 Franzosen in das Land einfielen. Bei nur schwacher Gegenwehr konnten sie ungehindert vordringen, und bald war ganz Rügen von napoleonischen Truppen besetzt, während die schwedischen Streitkräfte sich zurückgezogen hatten. Die Übergabe der Insel war am 7. September in Stralsund zwischen dem schwedischen General Baron von Toll und dem französischen Reichsmarschall Brune beschlossen worden. Mehr als je zuvor hatte jetzt die rügensche Bevölkerung unter Fremdherrschaft, Einquartierungen und Abgabenleistungen zu leiden. Wie aus einer Chronik der Stadt Bergen hervorgeht, betrug die Zahl der Anfang Oktober 1807 auf Rügen stationierten Franzosen und Rheinbundtruppen 16 000 bis 18 000 Mann, die von der Bevölkerung versorgt werden mussten. Bedenkt man die erschwerenden Umstände wie schlechte Ernteerträge, Teuerung der lebensnotwendigen Mittel und die geringe Zahl von 24 000 Einwohnern, kann man sich vorstellen, wie groß die Belastung gewesen sein muss. Ein Bericht im Heimat-Kalender von 1908 erinnerte an diese unglückliche Zeit: „Es fehlte an Saatkorn, an Zeit zum Dreschen und Säen. Auch mancherlei Krankheiten, besonders Nervenfieber und Durchfall, stellten sich ein und rafften viele hin. Die meisten Häuser in Bergen hatten acht Mann Einquartierung, die stets vom Besten verlangten."

Ernst Moritz Arndts Kampf gegen Napoleon

Als ein geistiger Streiter im Befreiungskampf gegen Napoleon trat besonders Ernst Moritz Arndt hervor. Mit der bereits 1805 vorgelegten zeitkritischen Analyse „Geist der Zeit", einer Kampfschrift gegen das „erhabene Ungeheuer" Napoleon, erregte er allgemeines Aufsehen. Gefühle von Hass und Rache, die er mit dieser und weiteren Veröffentlichungen schürte – Kritiker der Arndt-Verehrung sehen heute darin einen Schatten im Lebenswerk des Patrioten und werfen ihm Kriegsbegeisterung und antifranzösische Stimmungsmache vor –, hatten ihre Wurzeln im Eroberungskrieg Napoleons. Als dessen Truppen nach der Niederlage Preußens in der Schlacht von Jena und Auerstedt im Oktober 1806 nach Norden vordrangen, zog es Arndt angesichts der ihm drohenden Gefahr vor, seine Heimat vorübergehend zu verlassen und nach Schweden auszuwandern. „Ich hatte nicht Lust, mich allenfalls einfangen und wie einen tollen Hund von den Welschen (Franzosen) totschießen zu lassen", schrieb er später in seinen „Erinnerungen". Drei Jahre lang blieb der Emigrant in Stockholm; dann kehrte er im Herbst 1809 nach Pommern zurück und zog unter dem

Decknamen „Sprachmeister Allmann" umher. Als Napoleon später in der Völkerschlacht bei Leipzig geschlagen wurde, triumphierte Arndt und bejubelte die Erfolge der deutschen Waffen: „Das war ein Klang, der das Herz erfreut!/ Das klang wie himmlische Zimbeln hell!"

Es gab damals aber auch Intellektuelle, die mit der französischen Besetzung weniger Probleme hatten. Zu ihnen gehörte der Altenkirchener Pfarrer Kosegarten, bei dem Arndt vom Herbst 1796 bis zum Frühjahr 1798 als Hauslehrer angestellt war. Die freundschaftlichen Gefühle, die beide füreinander empfanden, kühlten sich später ab; Ursache waren die politischen Standpunkte der beiden Männer, die sich im Laufe der Zeit in unterschiedliche Richtungen entwickelt hatten. Arndt warf Kosegarten, der als ein Bewunderer Napoleons galt, vor, er sei von den „sogenannten liberalen Ideen der Franzosenzeit befangen gewesen". 1808 wurde Kosegarten durch den Vertreter der französischen Verwaltung zum Professor für Geschichte und griechische Literatur an die Greifswalder Universität berufen. An diesem Lehrstuhl, für den ursprünglich Arndt nominiert gewesen war, bemühte er sich um ein franzosenfreundliches Klima. Ein Jahr nach seiner Berufung hielt er anlässlich des Geburtstags von Napoleon am 15. August 1809 eine Rede, die bei vielen seiner Landsleute auf großes Unverständnis stieß.

Die durch die französische Besetzung geschaffenen Verhältnisse besserten sich erst 1810. Nach dem Friedensvertrag zwischen Schweden und Frankreich am 6. Januar zogen sich die französischen Truppen von der Insel zurück; Rügen kam wieder unter schwedische Obhut. Wenig später aber erfolgte wie aus heiterem Himmel, ohne vorherige Kriegserklärung oder Verhandlungen, die erneute französische Besetzung von Schwedisch-Pommern. Der Grund war Napoleons Russlandfeldzug, für dessen Sicherung er Stützpunkte an der Küste brauchte. Der Marsch nach Russland endete für die Franzosen letztlich in einem Desaster. Napoleon konnte zwar in Moskau einziehen, musste aber bald den Rückweg antreten, auf dem sein Heer im Winter 1812 fast völlig aufgerieben wurde. Das bedeutete auch das Ende der Franzosenzeit in Schwedisch-Pommern. Im Februar 1813 zogen die letzten feindlichen Truppen von Rügen ab, während wenig später unter großem Jubel der Bevölkerung die Rückkehr schwedischer Einheiten gefeiert wurde. Der letzte Rest noch verbliebener Zweifel, ob die Wiederherstellung der alten Ordnung von Bestand wäre, wurde endgültig zerstreut, als Napoleon im Herbst 1813 in der Leipziger Völkerschlacht geschlagen wurde und sich zurückziehen musste.

Zwei Jahre später, nach dem Wiener Kongress, kam es schließlich zur Trennung von Pommern und Schweden, die 167 Jahre lang verbunden gewesen waren. Am 23. Oktober 1815 erfolgte in Stralsund die feierliche Übergabe von Schwedisch-Pommern und Rügen an die Krone Preußens.

Ernst Moritz Arndt (1769–1860). Der patriotische Dichter wurde als Sohn eines ehemaligen Leibeigenen des Fürsten von Putbus auf Rügen geboren. In seinen politischen Schriften setzte er sich mit der Unterdrückung der Bauern auseinander und trat später als geistiger Befreiungskämpfer gegen Napoleon hervor.

Einer der größten Grundbesitzer und Bauherren Rügens: Fürst Wilhelm Malte I. von Putbus (1783–1854). Sein Stammbaum geht auf eine Nebenlinie des alten slawischen Fürstengeschlechts zurück.

Preußische Herrschaft

Die neuen Regenten verhielten sich zunächst sehr vorsichtig und nahmen Rücksicht auf althergebrachte Einrichtungen und Gepflogenheiten. Rügen erkannte bald die Vorteile, die sich aus dem Anschluss an den preußischen Staat mit seiner straffen Führung ergaben. Als gleichberechtigter Partner in den Vertretungen des Land- und später des Reichstags übernahm es Verantwortung für die eigene politische Entwicklung. Unter den fördernden Maßnahmen der Regierung erfuhr auch das geistige Leben neuen Aufschwung. Kirchen wurden instand gesetzt und kunstgeschichtlich untersucht, neue Schulen entstanden, die Qualifikation der Lehrer wurde verbessert und die allgemeine Schulpflicht eingeführt. Mit der Zeit entwickelte man zu den Hohenzollern eine Art Sympathiebeziehung, die sich etwa darin äußerte, dass der Besuch Friedrich Wilhelms III., der 1819 mit seinen Söhnen auf die Insel kam, stürmisch begrüßt wurde. Der Kronprinz wiederholte später seinen Besuch und hielt sich 1836 mit seiner Gemahlin längere Zeit beim Fürstenpaar von Putbus auf, mit dem er in freundschaftlicher Beziehung stand. Als König Friedrich Wilhelm IV. kehrte er mehrere Male nach Rügen zurück. Auch Bismarck war zu Gast in Putbus; während eines Erholungsaufenthalts nach dem Krieg von 1866 arbeitete er dort an den Entwürfen für die Verfassung des Norddeutschen Bundes.

Im Laufe der vergangenen Jahrhunderte war Rügen zu einem ertragreichen Land geworden, das man gern als die Kornkammer Pommerns bezeichnete. Jedoch waren die Bauern durch die vorangegangene Leibeigenschaft besitzlos geworden. Die neue Regierung versuchte nun – leider ohne großen Erfolg – den Bauern wieder eine Chance zu geben, indem sie ihnen die Möglichkeit bot, eigenes Land zu erwerben. Nach einer Erhebung von 1907 nahmen Großbetriebe, also Güter mit mehr als 100 Hektar Land, über drei Viertel der gesamten agrarisch genutzten Fläche ein, während auf bäuerliche Kleinbetriebe nur knapp sieben Prozent entfielen.

Mittlerweile hatten sich die Erwerbsverhältnisse etwas gebessert. Im 19. Jahrhundert begann sich – wenn auch in sehr bescheidenem Rahmen – Industrie anzusiedeln. Mit Unterstützung von Fürst Wilhelm Malte I. wurden einige Unternehmen gegründet, etwa eine Papiermühle, eine Kreideschlämmerei und eine Zuckerfabrik. Es entstanden auch neue Verkehrswege. 1883 wurde die Eisenbahnverbindung Altefähr-Bergen eröffnet. Weitere Strecken folgten: 1889 Bergen-Putbus, 1890 Putbus-Lauterbach, 1891 Bergen-Sassnitz. Ab 1895 fuhr die erste Kleinbahn, der „Rasende Roland“, von Putbus zu den südostrügischen Seebädern, und ein Jahr später konnte die Schmalspurlinie Bergen-Wittow in Betrieb genommen werden. Ab 1897 nahm eine Postdampferlinie zwischen Sassnitz und Malmø ihren Betrieb auf, die zwölf Jahre später durch eine Eisenbahnfähre nach Trelleborg abgelöst wurde. Mit der Entwicklung des rügischen Badewesens brach gegen Ende des 19. Jahrhunderts eine neue Zeit an, die nicht nur die wirtschaftlichen Verhältnisse umgestaltete, sondern das gesamte Aussehen der Insel veränderte.

Das fröhliche Badeleben, mit dem so große Hoffnungen für das Wohlergehen des Landes verbunden waren, fand mit Ausbruch des Ersten Weltkriegs zunächst einmal ein jähes Ende. Rügen blieb zwar von feindlicher Berührung verschont, doch das Leid machte auch vor der Insel nicht halt. In Sassnitz, wo verwundete deutsche Soldaten aus den Kriegsgebieten eintrafen, bekam man die Schrecken des Krieges besonders zu spüren. Nach einer kurzen Erholungspause brach dann der Zweite Weltkrieg herein, der auf Rügen mit alliierten Luftangriffen, die den Hafen- und Bahnanlagen von Sassnitz galten, seinen Höhepunkt hatte. Auch der Rügendamm, der 1945 noch keine zehn Jahre alt war, wurde durch ein deutsches Sprengkommando zerstört. Nach der Kapitulation Deutschlands musste Pommern in seiner Geschichte eine erneute Teilung erdulden: Hinterpommern kam zu Polen, Vorpommern zu Mecklenburg. Im Rahmen der Verwaltungsneugliederung von 1952 wurden die Länder des DDR-Gebiets in Bezirke aufgeteilt. Der nördliche Teil Vorpommerns mit Rügen ging in den Bezirk Rostock ein, während der südliche Landesteil Neubrandenburg zugeordnet wurde.

Badeleben in Binz um 1900. Die Ortschaft hatte zu diesem Zeitpunkt bereits die Führung unter den rügischen Seebädern übernommen. Die Abbildung zeigt das Familienbad, eine für damalige Verhältnisse recht moderne Einrichtung. Alleinstehenden Damen oder Herren aber war der Zutritt hier streng untersagt.

Mit Friedensandachten und Protestveranstaltungen äußerte auch die rügensche Bevölkerung ihren Verdruss über die SED-Regierung. Am 3. Dezember 1989 wurde im Zuge landesweiter Demonstrationen für mehr Freiheit und demokratische Veränderungen eine Menschenkette gebildet. Die Fotografie zeigt Teilnehmer dieser Aktion am Ortsausgang von Sassnitz.

Entwicklung nach dem Zweiten Weltkrieg

Mit Kriegsende begann für Rügen als Teil des sozialistischen Deutschland eine neue Entwicklung, die grundlegende Veränderungen der wirtschaftlichen und sozialen Struktur mit sich brachte. Die Gutsbesitzer wurden enteignet und ihre Äcker ab 1952 schrittweise den Landwirtschaftlichen Produktionsgenossenschaften (LPG) zur Bewirtschaftung zugeführt. Ähnlich erging es auch Handels- und Industrieunternehmen sowie Dienstleistungsbetrieben. Im Rahmen der Enteignungskampagne „Aktion Rose" verloren 1953 die letzten noch verbliebenen Inhaber von Pensionen und Hotels ihr Eigentum.

Neben der Landwirtschaft, die weiterhin die Hauptlebensgrundlage der Bevölkerung bildete und die nach einer Statistik von 1966 knapp 30 Prozent aller Erwerbstätigen des Kreises Rügen mit Arbeit versorgte, war es nötig, eine eigene leistungsfähige Hochseefischerei aufzubauen. Denn vor dem Zweiten Weltkrieg war der größte Teil des deutschen Fischfangs von Nordseehäfen aus betrieben worden. 1949 entstand das Fischkombinat Sassnitz, das zusammen mit den Fischverarbeitungsbetrieben bald zu einem Hauptarbeitgeber für die rügische Bevölkerung wurde. 1966 verfügte es über eine Flotte von 107 Fangfahrzeugen.

Im Herbst 1989 kam es im Zuge der großen Protestbewegung gegen die SED-Regierung auch auf Rügen zu Demonstrationen. Wie an vielen anderen Orten der ehemaligen DDR wurde die Kirche zum Zentrum des Widerstands. In der Marienkirche von Bergen fanden unter großer Beteiligung der Bevölkerung „Friedensandachten" statt.

Mit der Wiedervereinigung am 3. Oktober 1990, in die die Bevölkerung so große Hoffnungen gesetzt hatte, kamen zunächst einmal neue Sorgen und Probleme. Die Haupterwerbszweige Rügens, Landwirtschaft und Fischerei, stürzten auf dem Weg von der sozialistischen Planwirtschaft zur freien Marktwirtschaft in eine tiefe Krise. Die Zahl der Arbeitslosen nahm drastische Ausmaße an. Rechnet man die ABM-Beschäftigten mit dazu, so war 1993 jeder Dritte auf Rügen ohne sicheren Arbeitsplatz. Auch die Tourismusbranche musste in der ersten Zeit nach der Wende erhebliche Umsatzeinbußen hinnehmen. Die Ferienheime des ehemaligen Freien Deutschen Gewerkschaftsbundes (FDGB) standen zunächst überwiegend leer; überall gab es Häuser oder Einrichtungen, die auf neue Besitzer warteten und meistenteils auch darauf, instand gesetzt zu werden. Viele noch ungeklärte Ansprüche von Alteigentümern behinderten eine zügige Entwicklung. Schon klagte man, dass die alten Seebäder Binz, Sellin oder Göhren, die vor dem Ersten Weltkrieg die Adresse der feinen Gesellschaft waren, jetzt wie ausgestorben wirkten, und man sprach bereits von einer „Nullsaison".

Und die Gegenwart? Die „Geisterstunde auf Rügen", wie man sie damals in den Medien heraufbeschwor, war schnell verstrichen. Rügen ist zu attraktiv, als dass man es in Ruhe gelassen hätte. Die vorübergehende Lethargie wich rasch einer Stimmung, die an Goldgräberzeiten erinnerte. Kapitalkräftige Investoren,

Baukonzerne, Grundstücksmakler, Hotelgesellschaften und Freizeitunternehmen witterten ihre große Chance. In den touristisch erschlossenen Regionen begann ein Wettrennen um lukrativen Grund und Boden.

Man schmiedete Pläne, und bald standen Großprojekte wie Golfplätze, Jachthäfen, 5-Sterne-Hotels oder Ferienparks zur Debatte. Schon damals gehörte ein weiterer Brückenschlag zum Festland mit Anbindung an die Autobahn zu den Visionen der eifrigen Planungsstrategen. Überall wurde gebaut, saniert und spekuliert. Was jetzt im Zuge des Wiederaufbaus und der Revitalisierung entstand, fand nicht immer die uneingeschränkte Zustimmung der Inselbevölkerung. Doch es gab auch Vorhaben, die man allgemein begrüßte, wie etwa die Verbesserung der Straßen, die Restaurierung der historischen Bausubstanz, zu der auch die hübschen alten Strandvillen in den Badeorten gehören, oder die Wiedererrichtung der Seebrücke in Binz, Sellin, Göhren und Sassnitz.

In den Badeorten entstanden neue Hotels, Ferienwohnungen und kurörtliche Einrichtungen, während sich an den Ausfallstraßen der Städte und größeren Orte Tankstellen, Gewerbebetriebe, riesige Einkaufszentren und Supermärkte ansiedelten. Nicht alles, was jetzt erblühte, war eine Bereicherung für die Schönheit der Insel. So gerieten bald die Bemühungen der Umwelt- und Naturschützer mit den Bestrebungen der „Architekten des Fortschritts“ in Konflikt. Schon kurze Zeit nach der Wende hatte sich der Verband „Insula Rugia e.V.“ gebildet, der die Gefahr kommen sah, dass sich Rügen zu einem Eldorado für Immobilien-Spekulanten entwickeln könnte, und der es sich zur Aufgabe gemacht hat, die Natur und die Schönheit Rügens zu bewahren. Einen „sanften Tourismus“, von dem so oft die Rede ist, wird es sicherlich nicht geben, doch es bestehen hoffnungsvolle Ansätze für eine kontrollierte und sinnvolle Entwicklung, damit der große Anteil natürlicher und manchenorts auch urwüchsiger Landschaft, über die Rügen noch verfügt, erhalten bleibt.

Ein wichtiger Schritt auf diesem Wege war die Einrichtung großräumiger Schutzzonen unter Einbeziehung der schon vorhandenen Landschafts- und Naturschutzgebiete. Weite Teile der Insel sind inzwischen einem der drei Großschutzgebiete zugeordnet: Der westrügische Küstenstreifen mit den Boddengewässern und den Inseln Ummanz und Hiddensee ist Teil des Nationalparks Vorpommersche Boddenlandschaft; die Waldungen der Stubnitz mit den Kreidefelsen gehören zum Nationalpark Jasmund, während der gesamte südöstliche Inselteil mit 17 Naturschutzgebieten dem Biosphärenreservat Südost-Rügen zugeteilt wurde.

Wenige Jahre nach der Wiedervereinigung begann man, in den Seebädern die historischen Gebäude zu restaurieren und den vergangenen Glanz des Fin de siècle wiederherzustellen. Die Abbildungen zeigen links ein Beispiel der Bäderarchitektur in Sellin und rechts die Strandvilla „Sirene“ in Binz.

Zu der kostbaren Ausstattung der Marienkirche von Bergen gehören die über 700 Jahre alten Freskenmalereien. Gegenüber dem Paradies sind auf der südlichen Chorwand die Qualen der Hölle geschildert. Der Bildausschnitt zeigt Szenen, in denen die Verdammten von kleinen Teufeln gegeißelt und geschunden werden: So muss sich der Geizhals das Eintrichtern von Goldstücken gefallen lassen, während dem Spielsüchtigen die Augen ausgestochen werden.

Eingemauert in die westliche Außenwand von St. Marien: der Grabstein von Jaromar I., dem ersten Fürsten von Rügen. Er war der Gründer dieser Kirche und Stifter des angeschlossenen Benediktiner- bzw. späteren Zisterzienserklosters. Der Fürst starb um 1218.

Hünengräber – Denkmäler einer vergangenen Zeit

Hünengrab unter Eichen

„Hünengrab unter Eichen“ heißt eine Radierung, die der Maler Friedrich Preller d. Ä. im Anschluss an einen Rügenaufenthalt im Sommer 1837 angefertigt hat. Ein wenig dramatisierend, trotzdem aber realistisch, zeigt das Bild ein Landschaftsmotiv, das für die Insel charakteristisch ist: Auf einer sanften Anhöhe liegt im Schutz knorriger Eichen ein steinzeitliches Hünengrab. Dahinter dehnen sich Strand und Meer zu einem fernen Horizont; dunkelschattige Wolken treiben über das Wasser und verstärken die ernste und mystische Stimmung des Bildes.

Der Maler war – wie übrigens auch die meisten seiner Kollegen – fasziniert von diesem Motiv: „Ganze Tage“, so berichtete er, „brachte ich (…) auf alten Hünengräbern zu.“ Wiederholt verwertete er das Thema in seiner Kunst als Sinnbild von Schöpfung und Vergänglichkeit.

Zu Prellers Zeiten gab es auf Rügen eine Vielzahl solcher vorgeschichtlicher Denkmäler. Der auf verschiedenen wissenschaftlichen Gebieten autodidaktisch arbeitende Friedrich von Hagenow (1797–1865) verzeichnete in seiner Bestandsaufnahme, die er zwischen 1825 und 1829 im Rahmen der Vorarbeiten zu seiner Rügenkarte vorgenommen hatte, noch 229 Großsteingräber. Obwohl davon heute nur noch etwa ein Viertel erhalten ist, gehören die Hünengräber immer noch zu den charakteristischen Merkmalen der rügenschen Landschaft und bestimmen das Bild der Insel ebenso wie die Kreidefelsen, die Feuersteinstrände, die Bodden und die Wieken. Sie stehen da, mal einzeln, mal in Gruppen, wie stumme Zeugen einer versunkenen Zeit. Sie liegen geschützt im Wald oder frei auf hohem Uferrand, den Winden des Meeres ausgesetzt; umstellt von Bäumen oder Büschen treten sie aus den Feldern hervor – im Frühjahr umgeben vom blühenden Raps und während des Sommers umwogt vom reifen Getreide. Hoch aufgetürmt und weithin sichtbar erwecken sie beim Betrachter ein Gefühl des Wunderbaren und Geheimnisvollen. Sie sind das mystische Erbe von Menschen, die hier in einer Jahrtausende zurückliegenden Zeit gelebt haben und die von ihrem Dasein und ihrer Kultur mit Ausnahme von steinernen Utensilien des täglichen Gebrauchs und Tongefäßen nichts anderes hinterließen als eben diese Grabkammern.

„Die ältesten Annalen wissen nichts von ihnen, noch von den Namen derer, die darunter liegen, und von ihrer Entstehung ist selbst nicht einmal eine vernünftige Tradition vorhanden. Von allen Jahrhunderten, die über sie hinweggezogen sind, hat jedes etwas von ihrer Geschichte hinweggenommen. Sie liegen jetzt da als unbekannte Wesen der Vergangenheit“, bedauerte Johann Jacob Grümbke in seinem 1805 erschienenen Buch „Streifzüge durch das Rügenland“.

Obwohl die Fortschritte in der archäologischen Forschung mittlerweile neue Erkenntnisse gebracht haben, sind noch längst nicht alle Geheimnisse um die megalithische Grabkultur unserer vorgeschichtlichen Ahnen gelüftet. Wer waren diese Menschen, welche Gedanken bewegten sie, und welche Gefühle rührten sie? Was hat sie veranlasst, für ihre Toten Monumente zu bauen, die für die Ewigkeit geschaffen zu sein scheinen? Fragen, auf die es nur vage Vermutungen und eine Fülle weiterer Fragen gibt.

Zu allen Zeiten haben sich Menschen unabhängig von ihrer Kulturzugehörigkeit Gedanken gemacht über den immerwährenden Zyklus von Geburt und Tod, von Schöpfung und Vergänglichkeit. Die Großsteingräber mögen ein Hinweis darauf sein, dass auch für die Angehörigen dieser Kulturstufe der Sinn ihres Lebens, die Frage nach dem Woher und Wohin, ein dringendes Problem gewesen sein muss. Die mächtigen erratischen Blöcke des skandinavischen Urgesteins schienen wie geschaffen, dem flüchtigen Moment irdischen Daseins ein Stück Ewigkeit entgegenzusetzen. Da man an ein Fortleben nach dem Tode glaubte, gab man dem Verstorbenen für seine lange Reise in das Unbekannte die Dinge mit, die ihm im Leben so viel bedeutet hatten, wie Arbeitsgeräte und Waffen, auch Tongefäße, die den Proviant enthielten.

Die Art der Gräber sowie die wissenschaftliche Einordnung der Grabbeigaben lassen Rückschlüsse auf den Zustrom und das Einwirken fremder Kulturträger zu. Der Altertumsforscher W. Petzsch vertrat die Auffassung, dass die ersten Angehörigen der jungsteinzeitlichen Epoche vermutlich aus Mitteldeutschland nach Rügen kamen. Belegt wird diese Theorie unter anderem durch ein bei Altensien entdecktes unterirdisches Steinkistengrab, das mit der Bestattungsart einer mitteldeutschen Kulturgruppe übereinstimmt. Gleichzeitig macht sich aber auch die dänische Nachbarschaft durch die Übernahme der nordischen Steingeräteformen bemerkbar.

Die neuen Zuwanderer hatten aus ihrer Heimat die Sitte mitgebracht, Großsteingräber zu bauen. Eine der frühen Formen ist das Ganggrab, bei dem eine steingedeckte Grube in die unter einem Erdhügel liegende Grabkammer hineinführt. Eine rügensche Variante dieser Art repräsentiert das Steinpackungsgrab, wie es bei Venz zum Vorschein gekommen ist: Die Leiche wurde hier mit einer Schicht von Feldsteinen bedeckt.

Auf Rügen fand aber nicht das Ganggrab allgemeine Verbreitung, sondern der Großdolmen, eine Form, die sich aus dem einfachen Dolmen entwickelt hat: Dabei handelt es sich um eine Kammer auf einer Grundfläche von etwa vier bis zwölf Quadrat-

„Hünengrab unter Eichen“ (Radierung von Friedrich Preller d. Ä.). „Ganze Tage“, schrieb der Maler, „brachte ich (…) auf alten Hünengräbern zu.“ Das Bild entstand um 1837, nachdem Preller zum ersten Mal die Insel besucht hatte.

metern, die von zwei bis vier Tragsteinen auf jeder Seite und ebenso vielen Decksteinen gebildet wird. Sie erfüllten nicht nur den Zweck eines Bestattungsraumes für die Angehörigen, sondern dienten auch der Ahnenverehrung im Sippenkult und wurden über Jahrhunderte für Totenfeiern und Nachbestattungen benutzt.

Überall auf der Insel findet man diese Art von Großsteingräbern. Das Herzogsgrab im Mönchguter Forst, der Pfennigkasten und das Fürstengrab auf Jasmund, das Hünenbett von Nobbin, die Ziegensteine bei Dummertevitz sowie die Gräber bei Lauterbach, Silvitz, Nadelitz und bei der Waldhalle in der Stubnitz sind nur einige der sehenswerten Beispiele. Besondere Beachtung verdient auch das Gräberfeld bei Lancken-Granitz. Von Baumgruppen umgeben und inselartig aus einem Getreidefeld hervortretend, bildet das Ensemble von fünf Großsteingräbern eine Art prähistorischen Friedhof. Es stammt aus der Zeit um 2300 v. Chr. und wurde von Ackerbauern und Viehzüchtern angelegt.

Obwohl die meisten neolithischen Grabanlagen auf Rügen nicht mehr ihren ursprünglichen Zustand aufweisen – häufig fehlen z. B. die Decksteine –, zeigen sie in beeindruckender Weise die erstaunlichen Fähigkeiten eines Volkes, das noch kein Metall kannte und keine Maschinen zur Verfügung hatte, aber in der Lage war, mit einfachsten technischen Verfahren solche monumentalen Anlagen zu bauen. Die Bezeichnung „Hünengräber" stammt vermutlich aus einer Zeit, in der sich die einfache Landbevölkerung nicht vorzustellen vermochte, wie solche gewaltigen Steinblöcke jemals durch die Kraft normal gebauter Menschen hätten bewegt werden können. Nur Hünen, Menschen von riesenhaftem Wuchs, seien, so glaubte man, dazu imstande gewesen.

Es steht außer Frage, dass die steinzeitlichen Baumeister mit der Errichtung dieser Großsteingräber eine bewundernswerte Leistung erbracht haben, die die Menschen auch heute noch in Staunen versetzt. Wie der Bau vonstatten ging, lässt sich nur in Vermutungen schildern: Zunächst einmal mussten geeignete Steinblöcke ausgesucht werden. Man fand sie unter den Findlingen am Strand und wählte solche aus, bei denen eine Seite bereits glattgeschliffen war; andernfalls mussten sie mit Werkzeugen aus Feuerstein nachgemeißelt werden. Mit Hilfe von gefällten und gehobelten Baumstämmen, die als Rollen dienten, zog oder schob man die viele Tonnen schweren Blöcke an den Ort, wo das Grabmal stehen sollte und platzierte sie so in einer ausgehobenen Grube, dass die flachen Seiten den Innenraum der Kammer bildeten. Die Fugen zwischen den Trägersteinen wurden mit flachen Steinen sorgfältig ausgefüllt. Nun kam der schwierigste Teil der Arbeit: Die mächtigen Decksteine, von denen manche mehr als 20 bis 30 Tonnen wogen, mussten an ihren Platz gebracht werden. Mit unglaublicher Kraftanstrengung zog und schob man sie Zentimeter für Zentimeter auf einer angeschütteten Erdrampe über die Trägersteine. Nachdem die Kammer von oben abgedeckt war, legte man die Toten hinein, meist auf dem Rücken ausgestreckt, mitunter auch in seitlicher Hocklage. Abschließend wurde der Kammereingang geschlossen und das Grab rundum mit einem Erdhügel aufgeschüttet, den man mit einem Kreis größerer Steine säumte. Bisweilen fügte man auch – wie bei Nobbin schön zu sehen ist – auffallende Wächtersteine hinzu, die die Funktion hatten, die Begräbnisstätte zu schützen.

Mit zunehmender Größe der Begräbnisstätten entwickelten sich aus den Hünengräbern die Hünenbetten, bei denen der Bestattungsraum mitunter in eine Anzahl von Einzelkammern aufgeteilt war. Sie dienten als Kollektivgrab einer ganzen Sippe. Das Hünenbett von Nobbin und das Herzogsgrab im Mönchguter Forst sind beachtenswerte Beispiele solcher Anlagen.

Zeit der Hügelgräber

In den dem Neolithikum folgenden Metallepochen, der Bronze- und später auch der Eisenzeit, wechselte die Bestattungsweise grundlegend. Zwischen 1800 und 500 v. Chr. finden sogenannte Hügelgräber weite Verbreitung. Das sind aufgeschüttete Erdhügel, in deren Innern man Urnen beisetzte. Die beigefügten Gegenstände und Geräte aus Bronze deuten auf eine Zeit kultureller Blüte. Heute bestehen noch etwa 250, knapp ein Sechstel der Anfang des 19. Jahrhunderts von Hagenow erfassten Anlagen. Sie liegen meistenteils in Gruppen zusammen und sind vielerorts mit Bäumen oder Büschen bewachsen. Ein besonders augenfälliges Beispiel solcher prähistorischer Großfriedhöfe sind die „Woorker Berge", die aus 14 bronzezeitlichen Hügelgräbern bestehen.

Das größte auf Rügen noch existierende Hügelgrab ist der Dobberworth bei Sagard: Hier wurde die Erde zehn Meter hoch aufgeschüttet. Andere bekannte Grabhügel sind der „Speckbusch" neben der Kirche von Göhren sowie der „Semkors" bei Lauterbach. Zwischen Rambin und Samtens erheben sich rechts der Bundesstraße in Richtung Sassnitz die sagenhaften „Neun Berge"; sagenhaft, weil in ihrem Innern – so die Volksüberlieferung – nicht Grabesstille herrsche. Man glaubte, dass diese Berge von Zwergen bewohnt seien, die hier, wie auch in anderen unterirdischen Orten, ein lustiges Leben mit Musik, gutem Essen und Trinken führten. In seinen gesammelten „Märchen und Jugenderinnerungen" erzählt Ernst Moritz Arndt von den „kleinen Unterirdischen", die in den Rambiner Bergen hausten und die Angewohnheit hatten, hübsche Knaben und Mädchen in ihr Reich zu entführen. Sie behielten die Menschenkinder allerdings nur für gewisse Zeit, und nach fünfzig Jahren gaben sie sie wieder frei. Und das Merkwürdige dabei war, dass die Kinder während dieser Zeit nicht wesentlich gealtert waren, dass keines von ihnen, wenn es wieder das Tageslicht erblickte, älter geworden war als zwanzig Jahre. Auch sollen die meisten Menschen, die mit den Zwergen gelebt haben, nachher auf der Erde viel Glück gehabt haben.

So märchenhaft das auch klingen mag, das Sagengut war zu tief in der Volksseele verankert, als dass die Menschen es ignorieren konnten. Verschwand ab und zu ein unschuldiges Kind im Dorf, so munkelten die Leute, dass die Unterirdischen ihre Finger mit im Spiel hätten.

Solche Geschichten mögen bewirkt haben, dass viele einen großen Bogen um die Grabstätten machten. Es gab allerdings auch Überlieferungen, die eher das Gegenteil bewirkten, solche nämlich, die von vergrabenen Schätzen erzählten. Sie führten dazu, dass viele alte Grabstätten auf der Suche nach kostbaren Metallen, nach Schmuck oder Bernstein entweiht und zerstört wurden. Schatzsuche und Plünderung sind aber nicht der hauptsächliche Grund für das Verschwinden so zahlreicher Gräber, wie sie Hagenow noch gesehen hat.

Leider erkannte man den kulturhistorischen Wert der vorchristlichen Grabanlagen erst sehr spät. Sie waren – wie in der Vergangenheit einmal gesagt wurde – „Denkmäler einer dem Volke völlig entfremdeten Zeit". Viele der von Hagenow aufgelisteten Gräber mussten Anfang des 19. Jahrhunderts den Maßnahmen einer landwirtschaftlichen Reform weichen. Ausgedehnte Weideflächen, die nur geringen Ertrag erbrachten, kamen damals unter den Pflug und wurden in Getreideland umgewandelt. Zahlreiche Feldbüsche, in deren Schatten alte Gräber ruhten, wurden abgeholzt, während die Grabsteine für den Haus-, Straßen- und Wegebau Verwendung fanden. Aber nicht überall auf Rügen fielen die Gräber einer massenhaften und planlosen Zerstörung zum Opfer. So haben die alten Grabanlagen in den Besitzungen des Fürsten von Putbus mehr Schonung erfahren als in anderen Gebieten.

Bericht über eine Ausgrabung

Es existieren nur spärliche Berichte über die Ausgrabung und Erforschung von Hünengräbern. Auch sind von den wenigsten Gräbern die Funde erhalten. Umso wertvoller erscheinen heute die Aufzeichnungen von den Ausgrabungen, die Friedrich von Hagenow im Südosten der Insel bei Dumsevitz vorgenommen hat. Dumsevitz gehörte zur Herrschaft Putbus und liegt eine halbe Stunde östlich der Stadt Garz. Im Osten des Gutshofes lagen – ziemlich nahe beieinander – acht Großsteingräber, alle von ähnlicher Bauart. Lange schon hatte Hagenow den Wunsch gehegt, eines dieser Gräber zu öffnen, doch immer wieder verschob er den Plan, da er sich des Erfolgs dieses Vorhabens nicht sicher war. Anfangs zweifelte er daran, dass eine Öffnung der Gräber möglich wäre, ohne die schweren Steine sprengen zu müssen; überdies versprach er sich auch keine arbeits- und kostenlohnende Ausbeute. „Endlich aber, nach drei oder vier Jahren, im Jahre 1819", so heißt es in seinen Aufzeichnungen, „begann der damalige Dumsevitzer Pächter, Herr Ewert, den Bau einer neuen Scheune, und da keine anderen Steine vorhanden waren, so sollten nun diese Steingräber zerstört und dadurch zum Fundament geeignete Steine gewonnen werden. Auf meine Bitte hin erhielt ich sofort Erlaubnis von Herrn Ewert, die Gräber zuvor durchsuchen zu dürfen, und ich begann also die Arbeit zu Ende des Jahres 1819."

Besonders interessant verlief die Ausgrabung des fünften Grabes, bei dem Hagenow eine überraschende Entdeckung machte. Darüber schrieb er: „Etwa tausend Schritte nordöstlich von diesen Gräbern lagen noch zwei dicht nebeneinander. Von dem einen waren die Decksteine bereits gesprengt und man war eben mit dem zweiten beschäftigt, als wir dazu kamen und nun anfingen, die Steinstücke abzuräumen und die obere Erde abzugraben. Das Grab war wie das erstbeschriebene konstruiert, nur lag es tiefer in der Erde. Ich war dann am folgenden Tage abgehalten, indes war mein Vetter hinausgegangen und hatte gegraben. Bald aber kehrte er zurück und sagte, es seien nur Knochen zu finden. Ich erstaunte bei dieser Mitteilung, denn Skelette waren mir noch in keinem Grabe vorgekommen. Ich eilte am folgenden Morgen sofort dahin und fand zu meinem

Rügenkarte aus dem Jahre 1835 von Friedrich von Hagenow. Der Name dieses Mannes ist eng verbunden mit der wissenschaftlichen Erforschung der rügischen Urgeschichte. Zu seinen wichtigsten Arbeiten zählt auch eine Spezialkarte, die nicht nur die Geografie und Topografie der Insel akkurat darstellt, sondern auch ein Bild der archäologischen Verhältnisse wiedergibt.

größten Verdruss alle Knochen zerbrochen. Der Schädel lag in Stücke zerschlagen gleich obenauf. Ich bedauerte dies am lebhaftesten, da mir an diesem am meisten gelegen war. Ich suchte zusammen, was ich irgend noch zusammenfinden konnte und trocknete alles an der Sonne, worauf die Knochen wieder sehr fest wurden. Wie gern hätte ich die Stelle des Mundes näher untersucht, ob man dem Toten eine Münze darin mitgegeben hatte, wie es der Brauch war. Es war mein Suchen aber leider vergebens, ich fand nichts. Von Waffen und Geräten fand ich in diesem Grabe sehr wenig, u. a. eine schöne lange Streitaxt, ganz dünn und schmal, ferner einige Feuersteinmesser, Urnenscherben und ein Stück Bernstein."

Archäologie mit Leidenschaft

Abschließend noch ein Wort zu dem Mann, dessen Name mit den Anfängen der urgeschichtlichen Erforschung Rügens untrennbar verbunden ist: Friedrich von Hagenow. Von ihm sind mehrere Abhandlungen zur Altertumskunde seiner norddeutschen Heimat überliefert. Um 1830 entwarf er eine Spezialkarte von Rügen, die nicht nur die geografischen und topografischen Eigenheiten der Insel wiedergab, sondern auch deren archäologische Merkmale berücksichtigte. Als Autodidakt war er in verschiedenen wissenschaftlichen Zweigen mit Erfolg tätig, so etwa auch auf dem Gebiet der Geologie. Er verfasste eine „Monografie der Kreideversteinerungen Neuvorpommerns und Rügens" und legte damit den Grundstein zur modernen Kreideforschung. Von Haus aus war Hagenow Landwirt. Er hatte ein Gut bei Schaprode gepachtet, war aber schon zu dieser Zeit intensiv mit Fragen zur Vorgeschichte, zur Geologie und Ornithologie beschäftigt. Als er mit 26 Jahren das Pachtgut aufgab, konzentrierte er sich ganz auf seine historischen und naturwissenschaftlichen Studien. Für die Universität Greifswald, die ihm 1830 die Ehrendoktorwürde verlieh, entwickelte er verschiedene optische Geräte, unter anderem auch einen Zeichenspiegel. 1832 siedelte Hagenow nach Greifswald über, wo er eine nach eigenen Entwürfen errichtete Kreideschlämmerei in Betrieb nahm. Mit den im Schlämmprozess anfallenden Fossilien begründete er die Anlage einer beachtenswerten Sammlung, die bedauerlicherweise im Zweiten Weltkrieg verloren ging. Seine archäologischen Ausgrabungsfunde aber blieben erhalten; sie gehören heute zu den wertvollsten Sammlungen des Kulturhistorischen Museums von Stralsund. Dieses Museum war 1858 von Rudolf Baier, einem Altertumsforscher, der mit Hagenow zusammengearbeitet und später dessen Werk weitergeführt hatte, zum Zweck gegründet worden, die archäologischen Funde der Region zu sammeln und aufzubewahren. Damals hieß die Einrichtung noch „Provinzial-Museum für Neuvorpommern und Rügen". Er und viele seiner wissenschaftlich arbeitenden Nachfolger haben mit dazu beigetragen, dass heute ein besseres Verständnis für den Schutz des kulturgeschichtlichen Erbes besteht und dass der Erhalt von Bodendenkmälern schließlich zu einem Bestandteil des politischen Programms wurde.

Besondere Anerkennung gebührt auch denen, die sich ohne professionelle Ambitionen der lokalen Altertumsforschung gewidmet und mit seltenen Funden die prähistorischen Sammlungen der örtlichen Museen bereichert haben. Zu ihnen gehörte Heino Putbrese (1910–2004) aus Garz, der durch jahrelange und systematische Geländeerforschung an einer Aufzeichnung der frühgeschichtlichen Besiedlung des Garzer Gebiets mitgearbeitet hat. Der Freizeitarchäologe wurde in Puddemin geboren, wo sein Vater einen gepachteten Bauernhof bewirtschaftete. Seine Vorfahren waren Bauern oder Schiffer.

Während sein jüngerer Bruder dazu bestimmt war, einmal die Bewirtschaftung des elterlichen Hofes zu übernehmen, besuchte Heino Putbrese zunächst die Mittelschule in Stralsund und absolvierte anschließend eine Ausbildung zum landwirtschaftlichen Beamten.

Mit 17 Jahren machte er seinen ersten archäologischen Fund: Beim Pflügen stieß er auf ein Griffangelschwert aus der Bronzezeit. Damals war er noch Schüler, hatte Ferien und half seinem Vater bei der Arbeit auf dem Felde. „Ich fand das Stück", so erklärte er später die näheren Umstände der Entdeckung, „weil ich beim Pflügen, wie es damals üblich war, in der Furche hinter den Pferden ging und sehen konnte, was die Pflugschar beim Wenden der Scholle freilegte." Der etwa dreitausend Jahre alte Fund ist heute im Ernst-Moritz-Arndt-Museum in Garz ausgestellt. Er mag dem jungen Finder Antrieb gegeben haben, sich im Verlauf seines weiteren Lebens neben der Tätigkeit als Landwirt intensiver mit der Altertumskunde zu beschäftigen. Er studierte Fachliteratur, knüpfte Kontakte zu Fachleuten und nahm an archäologischen Exkursionen teil. Es ist schon beeindruckend, wenn man ihn über prähistorische Artefakte, über Mahl-, Reibe- und Schlagsteine oder retuschierte Rundschaber reden hörte. Und er wusste, wann und wo er sie finden konnte. Die Hell-Dunkel-Färbung eines frisch gepflügten Ackers verriet ihm, ob an der betreffenden Stelle einmal eine Siedlung bestanden haben könnte. In der Beschaffenheit des Bodens, ob die Erde etwa krümelig, mehlig oder lehmig ist, sah er Indizien, die darüber Aufschluss geben, aus welcher Zeit die Besiedlung stammt. Auch in der jüngeren Vergangenheit waren seine archäologischen Feldbegehungen erfolgreich. 1988 machte er eine außergewöhnliche Entdeckung: In der Gemarkung Renz fand er eng beieinanderliegend zwei Feuersteinsicheln sowie eine bronzene Knopfsichel und in geringer Entfernung davon eine weitere Feuersteinsichel. Das Überraschende daran war nicht nur, dass stein- und bronzezeitliche Werkzeuge offensichtlich zusammen aufbewahrt wurden, sondern auch die Beobachtung, dass die Feuersteinsicheln unbenutzt schienen, denn sie wiesen keinerlei Gebrauchsspuren auf. In seinem für das Garzer Heimatbuch 1994 geschriebenen Beitrag „Von Land und Leuten um die alte Stadt Garz" äußerte Putbrese die Vermutung, „dass die ungebrauchten Flintsicheln schon für den Menschen der Bronzezeit ein Hortfund waren". Bei einer anderen Gelegenheit stieß er auf „sein zweites Schwert", ein sogenanntes Griffzungenschwert. „Diesen Fund", so erklärte er, „verdanke ich der mit der Großflächenbewirtschaftung verstärkt einsetzenden Bodenerosion durch Wind und Wasser und der damit verbundenen weiteren Abtragung eines ehemaligen Hügelgrabes. Das Schwert lag nur etwa 30 Zentimeter unter der Erdoberfläche auf einer flach eingehöhlten Steinpackung, es war in mehrere Stücke zerbrochen."

Jungsteinzeitliches Großsteingrab mit Blick auf das Meer: Einen schönen Platz für die ewige Ruhe hatten die Toten in diesem Hünenbett bei Nobbin. Überall auf Rügen findet man solche Grabanlagen der urgeschichtlichen Siedlungsperiode. Mal liegen sie auf freiem Feld, mal im Wald oder – wie hier – auf hohem Uferrand, den Winden des Meeres ausgesetzt. Sie sind die stummen Zeugen einer versunkenen Zeit und belegen, dass die Insel schon vor etwa 4000 bis 5000 Jahren „dicht" besiedelt war.

Ein Hügelgrab von stattlichen Dimensionen: Der südöstlich von Sagard gelegene Dobberworth ist mit einem Umfang von rund 150 Metern und einer Höhe von zehn Metern Rügens größte Grabanlage dieser Art (links). Hügelgräber entstanden von 1800 bis 500 v. Chr. und kennzeichnen die Bestattungsweise der Bronze- und auch der nachfolgenden Eisenzeit.

Auf Rügen kennt man verschiedene Arten von Hünengräbern der Steinzeitkultur. Allgemein verbreitet war der Großdolmen. Schöne Beispiele dieses Typs sind die Großsteingräber im Stubnitzwald (oben) und bei Lancken-Granitz (unten).

Von Dichtern und Malern entdeckt

Jakob Philipp Hackert
(1737–1807)

Im Sommer 1762 kam ein junger Maler aus Berlin nach Rügen. Er hieß Jakob Philipp Hackert, war knapp 25 Jahre alt und hatte lange gewartet, bis sich ihm die erste Reisegelegenheit bot: Auf Empfehlung des Philosophen Johann Georg Sulzer war er einer Einladung des Regierungsrates Baron Adolf Friedrich von Olthoff, der als Mäzen aufstrebende Künstlertalente mit Auftragsarbeiten förderte, nach Stralsund und später nach Rügen gefolgt.

In Berlin, wo Hackert die Königliche Akademie der Künste besucht und unter dem Einfluss des damaligen Direktors der Schule, des Malers und Kupferstechers B. N. Le Sueur, seine Neigung zur Landschaftsmalerei entdeckt hatte, war er kein Unbekannter mehr. Mit zwei Bildern, die den Goldfischteich im Tiergarten darstellten, hatte er in der Kunstszene für Aufmerksamkeit gesorgt. Er verkehrte in Kreisen, die ihn mit der geistigen Elite Berlins und mit einflussreichen Persönlichkeiten in Kontakt brachten. Sein Leben war farbig und abwechslungsreich, und eigentlich hätte er mit sich und seinem Dasein zufrieden sein können. Doch ihm stand der Sinn nach neuen Eindrücken. So zog es ihn in die Ferne, und Stralsund wurde die erste Station seines beginnenden Wanderlebens.

Als der Baron von Olthoff das Gut Boldevitz auf Rügen erworben hatte, durfte Hackert dort eine Weile wohnen und arbeiten. Die Insel mit ihrer urwüchsigen, in weiten Teilen noch unberührten Natur bot dem jungen Künstler ein Erlebnisspektrum, das er sich nie zuvor hätte träumen lassen. Hier fand er eine Fülle von Motiven, die seine Sinne ansprachen und die in ihm Bilder von einer idealen Landschaft entstehen ließen. Er war begeistert von den schroffen Felsen, den hohen, knorrigen Bäumen und dem Blick aufs Meer. Immer wieder konnte er dem ungezügelten Kräftespiel der Naturelemente neue Eindrücke abgewinnen. Und er war ergriffen von dem archaischen Idyll, das die strohgedeckten Hütten der Fischer und Bauern umgab. Eifrig ging er an die Arbeit und schuf innerhalb von zwei Jahren neben einigen Aquarellen und Gemälden zahlreiche Zeichnungen und Radierungen. Anfänglich noch einem barocken Stil zugeneigt, löste er sich mit der Zeit mehr und mehr von dessen Gestaltungsprinzip und stellte die Landschaft so dar, wie er sie sah. Dabei entstanden keine naturgetreuen Abbildungen, sondern Kompositionen, die trotz des pathetischen Ausdrucks und der gestalteten Dramatik einen deutlichen Bezug zur Wirklichkeit erkennen lassen. So geben etwa seine Radierungen „Rügenlandschaft“ die charakteristischen Elemente der Insel wieder, ohne dass sich die dargestellten Motive mit einer ganz bestimmten Lokalität decken würden.

Jakob Philipp Hackert war der erste bekannte Maler, der die landschaftliche Schönheit Rügens als Motiv für die bildende Kunst entdeckte. Freilich gab es auch schon vorher Rügendarstellungen, wie etwa die berühmten Historienbilder, die die Landung des Großen Kurfürsten auf Rügen und dessen Sieg über die Schweden im September 1678 feierten. Diese richteten das Interesse aber nicht auf den malerischen Reiz der Insel, sondern stellten die geschichtlichen Ereignisse und militärischen Großtaten in den Vordergrund.

Die Bilder, die Hackert auf Rügen schuf, waren seinerzeit bei Kunstsammlern hoch geschätzt. Auch in

Rügenlandschaft mit Kreideküste, um 1763 (Radierung von Jakob Philipp Hackert). Er war der erste bekannte Maler, der mit Landschaftsdarstellungen auf die Schönheit der Insel aufmerksam machte.

literarischen Kreisen fanden sie großen Beifall, und selbst in Weimar beschäftigte man sich mit ihnen. Sie waren in der Sammlung Goethes zu finden, sie schmückten die Wände im großen Festsaal des Boldevitzer Guts und hingen im Altenkirchener Pfarrhaus bei Gotthard Ludwig Kosegarten. Sie trugen mit dazu bei, dass man nach Rügen blickte und sich für die Insel zu interessieren begann. Einige Jahrzehnte aber sollten noch verstreichen, bis andere Maler dem Beispiel Hackerts folgten.

Caspar David Friedrich

(1774–1840)

Mit den Romantikern erreichte die Malerei auf Rügen ihre erste Blütezeit. Die Insellandschaft bot Eindrücke, die dem Unendlichkeitsdrang des Menschen jener Zeit entgegenkamen. Sie hat besonders die künstlerische Entwicklung Caspar David Friedrichs geprägt. In Begleitung seines Greifswalder Lehrers, Johann Friedrich Quistorp, reiste er im Sommer 1801 nach Rügen, um dort auf Wanderungen ein intensives Naturstudium zu betreiben. Vermutlich war ihm die Insel, deren Küstensaum er bei klarem Wetter von seiner Heimatstadt Greifswald aus sehen konnte, schon von Jugend an vertraut. Belegt sind ferner seine Inselreise im Jahre 1802 sowie die Wanderung 1806, die er zusammen mit Philipp Otto Runge unternahm. Auch 1809, 1818 und

Selbstporträt des 36jährigen Caspar David Friedrich. „Eine recht scharfgezeichnete norddeutsche Natur mit blondem Haar und Backenbart, einem bedeutenden Kopfbau und (…) einem eigenen melancholischen Ausdruck in seinem meist bleichen Gesicht“, so beschrieb ihn sein Freund Carl Gustav Carus.

zum letzten Mal 1826 war Friedrich auf Rügen.

In zahlreichen Skizzen und Aquarellen hat er vor Ort die weiträumige Landschaft mit dem hohen Himmel und den Wolkenbildungen festgehalten; er zeichnete die Hünengräber, die steinigen Küsten mit den Kreidefelsen und immer wieder das Meer mit seinen mannigfachen Stimmungen. Er liebte die Dämmerung, und viele seiner Studien entstanden vermutlich früh im ersten Morgenlicht oder abends bei und nach Sonnenuntergang. Für die einheimische Inselbevölkerung muss er eine sonderbare Erscheinung gewesen sein: ein hagerer, blonder Mann mit bleichem Gesicht, melancholischen Augen und buschigen, ebenfalls blonden Augenbrauen, der bei Wind und Wetter über die Klippen kletterte. Sein Freund, der Naturforscher und Philosoph Gotthilf Heinrich von Schubert (1780–1860), der ihn von seiner Dresdner Zeit her kannte, hat Friedrich auf Rügen geschildert: „Die stille Wildnis der Kreidegebirge und der Eichenwaldungen seiner vaterländischen Insel (…) waren im Sommer, noch mehr aber in der stürmischen Zeit des Spätherbstes und im angehenden Frühling, wenn auf dem Meer an der Küste das Eis brach, sein beständiger, sein liebster Aufenthalt. In Stubbenkammer, wo damals noch kein modernes Gasthaus stand, verweilte er am öftesten, dort sahen ihn die Fischer manchmal mit Sorge um sein Leben, ja, wie einen, der freiwillig in der Flut sein Grab suchen wollte, auf und zwischen den Zacken der Bergwand und ihren ins Meer hineinragenden Klippen herumklettern. Wenn der Sturm am kräftigsten war und die Wogen, mit Schaum bedeckt, am höchsten heranschlugen, da stand er, von dem heranspritzenden Schaume oder auch von einem plötzlichen Ergusse des Regens durchnässt, hinschauend wie einer, der sich an solcher gewaltigen Lust der Augen nicht satt sehen kann. Wenn ein Gewitter mit Blitz und Donner über das Meer daherzog, dann eilte er ihm, wie einer, der mit diesen Mächten den Freundschaftsbund geschlossen, entgegen, auf den Felsensaum der Küste oder ging ihnen nach in den Eichenwald, wo der Blitz den hohen Baum zerspaltete, und murmelte da sein halblautes ‚wie groß, wie mächtig, wie herrlich‘.“

Später, zu Hause in seinem Atelier, fertigte Friedrich nach den rasch hingeworfenen Skizzen sorgfältig ausgearbeitete Sepia-Zeichnungen an oder gestaltete Kompositionen in Öl, wie etwa das um 1810 entstandene Gemälde „Landschaft mit Regenbogen“. Dieses Bild – es illustriert Goethes Gedicht „Schäfers Klagelied“ – zeigt die typischen Landschaftsmerkmale des südöstlichen Rügen: Der Blick geht von einer Anhöhe über gelbe und grüne Felder zu einer vielfach gegliederten Meeresbucht, an deren grasigen Ufern ein von Büschen und Bäumen umgebenes Gehöft steht. Ein anderes Bild, das den Titel „Frau am Meer“ trägt und um 1818 gemalt wurde, zeigt im Hintergrund die Kreideküste am Kap Arkona. Etwa zur gleichen Zeit schuf Friedrich das Rügen-Gemälde, das zum Symbol für die dramatische Schönheit der Insellandschaft wurde: Es stellt den berühmten Blick durch die Kluft der Kreidefelsen von Stubbenkammer dar; am Kliffrand sieht man außerdem drei Gestalten, in denen man Fried-

Inselromantik in Reinkultur: „Kreidefelsen auf Rügen“ (um 1818) von Caspar David Friedrich. Das Bild – es entstand nach der Hochzeitsreise des Malers auf Rügen – zeigt den Blick durch die Schlucht der Großen Stubbenkammer. An der Abbruchkante sind drei Gestalten zu sehen: die Dame in Rot ist die frisch Vermählte; Friedrich selbst erkennt man liegend über den Abgrund gebeugt, während rechts sein Bruder Christian steht.

rich selbst, seine Frau und seinen Bruder Christian erkennen kann. Das Bild entstand im Zusammenhang mit der Hochzeitsreise des Malers, die er im Sommer 1818 nach Greifswald unternahm und die ihn auch nach Rügen führte.

Aber schon die ersten Sepia-Zeichnungen, die als Ausbeute seiner Rügenaufenthalte von 1801 und 1802 entstanden, fanden beim Publikum großen Anklang. Ebenso wie die nachfolgenden Arbeiten machen sie deutlich, wie sehr Friedrich mit der Insellandschaft verbunden und vertraut war. „Man könnte diese Periode in Friedrichs Malerleben überall die rügische nennen“, schrieb 1828 der Jurist und spätere Kunstschriftsteller Karl Schildener, „so viel und mannigfaltig hat er damals den poetischen Charakter der Insel (besonders in Sepia) dargestellt, ja wenn man Kosegarten den Sänger Rügens nennt, könnte Friedrich mit Recht der Maler Rügens heißen.“

Caspar David Friedrich arbeitete fast nur als Landschaftsmaler. Das stille Erleben der Natur war für ihn religiöse Erfahrung, die in ihm die Hoffnung auf ein anderes Leben viel größeren Inhalts erweckte. Die Vergänglichkeit der eigenen Existenz stets vor Augen, liebte er Übergangsstimmungen wie Auf- und Untergang von Sonne und Mond. Wie seine Bilder auf den Betrachter wirken, bringt der berühmte Ausspruch des französischen Bildhauers David d'Angers (1788–1856) mit einem Satz zum Ausdruck: „Voilà un homme qui a découvert la tragédie du paysage“ (Da ist einer, der das Tragische in der Landschaft entdeckt hat). Aus seinen Bildern spricht oft die düstere Stimmung der Ossian-Gesänge. Diese angeblichen Übersetzungen keltischer Volksdichtung durch den Schotten James Macpherson hatten seinerzeit großen Einfluss auf Dichter und Maler. Selbst Goethe, Herder und Ingres waren fasziniert von den melancholischen bis tragischen Naturschilderungen, die vorzugsweise nächtliche, nordische Landschaftsmotive zum Inhalt hatten. Wenn Friedrich im Dämmerlicht die Hünengräber aufsuchte, dann war ihm die ganze ossianisch geprägte Stimmungswelt besonders lebendig.

Allen Landschaftsdarstellungen Friedrichs ging ein gewissenhaftes Naturstudium voran, doch malte er nicht die Natur selbst, sondern die eigenen Empfindungen, die durch seine mystisch-religiös gestimmte Weltanschauung bestimmt waren. Er vertrat die Auffassung, dass der Maler nicht bloß malen sollte, was er vor sich sieht, sondern auch, was er in sich sieht, und arbeitete nach seinem Grundsatz: „Schließe dein leibliches Auge, damit du mit dem geistigen Auge zuerst sehest dein Bild.“ Dabei entstanden weniger objektive Naturdarstellungen als „Traumbilder einer unbekannten Welt“, wie sein Freund, der norwegische Maler Johann Christian Dahl, bemerkte. Oft wurde Friedrich die Frage gestellt, warum er zum Gegenstand der Malerei so oft den Tod und die Vergänglichkeit gewählt habe. Seine Antwort darauf war: „Um ewig einst zu leben, muss man sich oft dem Tod ergeben.“

Carl Gustav Carus
(1789–1869)

Von der eigenartigen Persönlichkeit Friedrichs, seinen Bildern und seiner malerischen Sprache fühlte sich besonders der Dresdner Arzt, Naturforscher und Maler Carl Gustav Carus angezogen. Die beiden Männer hatten sich um das Jahr 1818 näher kennengelernt und standen danach über weite Strecken ihres Lebens in freundschaftlicher Verbindung. Als Friedrich im Jahre 1818 wieder einmal Rügen durchwanderte und von dort zahlreiche Studien mitbrachte, bekam auch Carus Lust, die Insel kennenzulernen. Im darauffolgenden Jahr gelang es ihm, sich diesen Wunsch zu erfüllen. „Wie so ein recht einfaches, aber tief empfundenes Gedicht hat diese Ostseenatur auf mich gewirkt“, so berichtete er später von seinem Aufenthalt auf Rügen und setzte fort: „Man muss sich still und treu dieser monotonen Natur überlassen, einsam an den hallenden Buchten die anrollende Meereswoge beobachten, den Flug der Möwen, der Kraniche und Schwäne verfolgen, dem Rauschen oder Donnern der Brandung horchen, in den dichten Buchenwäldern um die Denkmäler alter nordischer Vorzeit schweifen und von den gewaltigen Kreideklippen dann wieder die fernhin segelnden Schiffe über die stets farbewechselnde Meeresflut mit Blicken begleiten, und dann, glaube ich, regt dieses Leben in uns mancherlei auf, wovon die Früchte noch in späten Tagen erfreulich sind!“

Die Eindrücke der Rügenreise haben bei Carus zeitlebens eine eigentümliche Tiefe und Schönheit bewahrt und zum umfassenderen Verständnis der Bilder seines Freundes geführt. So wie Friedrich fand auch er in der Meeresbrandung und den Wäldern, den Hünengräbern und den Eichen am Meeressaum Motive, die seinen romantischen Empfindungen entsprachen. Obwohl sich seine Malerei mit der Zeit dem Stil Friedrichs annäherte, hielt sie doch stets an der genauen Erfassung der realen Gegebenheiten fest. Denn auch als Maler blieb er seiner eigentlichen Bestimmung treu und betrachtete die Dinge mit den Augen des Naturwissenschaftlers.

Philipp Otto Runge und die Uferkirche von Vitt
(1777–1810)

Neben Caspar David Friedrich gehörte der aus Wolgast stammende Maler Philipp Otto Runge zu den bedeutendsten norddeutschen Romantikern. Trotz der Verschiedenartigkeit ihrer künstlerischen Absicht zeigten sie in ihrem geistigen Habitus mancherlei Übereinstimmung. Runge schätzte die Arbeiten seines um drei Jahre älteren Kollegen und erwarb von ihm zwei der ersten Sepiazeichnungen mit rügischen Landschaftsmotiven. In einem Brief an seinen Bruder Daniel berichtete er darüber: „Hier ist der junge Friedrich aus Greifswald, ein Landschafter, der hat ein paar Ansichten von Stubbenkammer ausgestellt, in Sepia gezeichnet und in einer ansehnlichen Größe sehr schön beleuchtet, behandelt und nett ausgeführt. Sie finden allgemeinen Beifall und verdienen es.“

Auch Runge kannte Rügen seit seiner Kindheit. Im Sommer 1788, etwa um seinen elften Geburtstag, war er anlässlich eines Verwandtenbesuches nach Mönchgut gereist, und zwar auf einem der Schiffe seines Vaters. Auch später hat er die Insel besucht und in einem Brief an Goethe von ihrer Schönheit geschwärmt. Es sind zwar keine rügischen Landschaftsdarstellungen von Runge bekannt, doch malte er im Auftrag seines Jugendlehrers Kosegarten für die Uferkapelle von Vitt das Bild „Petrus auf dem Meer". Kosegarten, der damals Prediger in Altenkirchen war, hatte den Bau einer Kapelle an der Küste bei Arkona veranlasst, an der Stelle, wo zuvor der Gottesdienst im Freien gehalten worden war, wenn der stündlich erwartete Zug der Heringe es den Fischern der Ortschaft nicht gestattete, die entfernt liegende Kirche aufzusuchen. Für die Ausstattung dieses kleinen, bescheidenen und anspruchslosen Gebäudes wünschte er sich ein Gemälde, das entweder von Friedrich oder von Runge ausgeführt werden sollte. Es war auch ein dritter Mann im Gespräch, der Maler Friedrich August von Klinkowström. Ein Honorar allerdings hatten die Anwärter nicht zu erwarten. „Denn hier gibt's für den Künstler nichts zu verdienen", schrieb Kosegarten später an Runge, und auf die Zeit verweisend, die „kein Idyll, sondern ein tumultreiches Epos, wenn nicht gar eine Tragödie" sei, fuhr er fort: „Ich leider werde für ihren Aufwand an Zeit, Kraft, Mühe (geschweige an Geist und Genie) Sie nicht im Geringsten belohnen können."

„Petrus auf dem Meer". Philipp Otto Runge malte das Bild im Auftrag Kosegartens, der sich für die Uferkapelle von Vitt einen dem Ort angemessenen Schmuck wünschte. Das Werk blieb unvollendet. Die Ölskizze ist im Besitz der Hamburger Kunsthalle, während die Kapelle in Vitt, aber auch die Altenkirchener Kirche, jeweils über eine Kopie verfügen.

Zwei Themen standen zur Auswahl: Christus, wie er den Wind bedräut, oder Petrus auf dem Meer. Der Auftrag ging an Runge, und im Juni 1806 unternahm der Maler eine kurze Reise nach Rügen, um die Örtlichkeit der geplanten Kapelle in Augenschein zu nehmen. Am 4. Dezember 1806 schrieb er aus Wolgast an Goethe: „Da ich wenigstens den Winter hier bleiben musste, jetzt vielleicht länger, so hatte ich für diesen Winter vor, eine ausführliche Skizze in Öl auszuarbeiten von einem Bild, welches in der Kapelle aufgestellt werden soll, welche Kosegarten auf Arkona angefangen: die Erscheinung Christi, wie er zu Petro sagt: ‚Du Kleingläubiger, warum zweifelst Du?' Es ist im Mondschein, und da das Ganze in einer ansehnlichen Größe im Verhältnis zum Gebäude ausgeführt werden soll, auch als das einzige Bild darin, so würden manche imposante Erscheinungen, der Wogen, des Mondscheins, des Stürzens des Schiffes, mit den nächsten Umgebungen in der Natur auf Rügen im Einklang stehend, zusammenzufassen sein."

Es erstaunt kaum, dass sich Runge für dieses Thema der biblischen Geschichte entschieden hatte. Kaum ein anderes Motiv wäre für eine Fischergemeinde und für eine Kapelle, die am hohen Kliffrand den heranstürmenden Wellen trotzt, geeigneter gewesen. Mit keinem anderen Bild hätte der ganze Sinn der christlichen Religion, wie Goethe meinte, mit Wenigem besser ausgedrückt werden können.

Im Spätsommer 1806 begann der Maler mit den Studien und fertigte zu dem geplanten Gemälde große Zeichnungen in Tusche und Sepia an. Die nachfolgende Arbeit aber wurde durch die eintretenden politischen Verhältnisse, wie die Besetzung Pommerns durch die französische Armee, abgebrochen. Das Bild blieb unvollendet. Die Skizze in Öl ist im Besitz der Hamburger Kunsthalle. Die Kapelle in Vitt, die wegen des Kriegs erst 1816 fertiggestellt werden konnte, sowie die Kirche in Altenkirchen besitzen je eine neue Kopie.

Zwischen Romantik und Realismus

Die Arbeiten der Maler um Caspar David Friedrich hatten inzwischen auch andere Künstler neugierig gemacht und dazu angeregt, ihre Motive auf Rügen zu suchen. Bald kamen Maler aus unterschiedlichen Kreisen und Schulen. Ihr besonderes Interesse galt natürlich den Kreideklippen an der Küste Jasmunds. Immer wieder wurden die Felsen der Stubbenkammer mit ihren Buchen, dem Königsstuhl und dem Blick auf das Meer gemalt. Zu nennen wären hier vor allem die Illustrationen von Johann Friedrich Rosmäsler (um 1775–1858), Wilhelm Titel (1784–1862) oder Anton Heinrich Gladrow (1785–1855). Auch Karl Friedrich Schinkel (1781–1841), der 1821 und 1835 wegen Bauaufträgen die Insel besucht hatte, malte die Stubbenkammer. Von ihm ist zudem ein Ölgemälde überliefert, das den Blick vom Rugard über die Stadt Bergen hin zur Boddenküste mit der Insel Vilm zeigt.

In den Werken der jüngeren Künstlergeneration jener Zeit machte sich bald ein Wandel von der Romantik zum Realismus bemerkbar. Man legte Wert auf naturgetreue, einfühlsam erzählende Darstellungen, wie etwa das kleine realistische Gemälde „Kreidefelsen auf Rügen" von Karl Blechen (1798–1840) zeigt, der sich 1828 auf Rügen aufgehalten hat. Auch die Arbeiten von Wilhelm Krause (1803–1864), einem Vertreter des Berliner Kunstkreises, der später die Insel zum Studienplatz seiner Schüler machte, folgten der neuen Auffassung von Landschaftsmalerei. Aus dem Düsseldorfer Malzirkel kommend, reisten 1829 Adolf Schroedter (1805–1875) und Rudolf Jordan (1810–1887) nach Rügen und fanden bei den Mönchguter Fischern die Motive für ihre Genremalerei.

Friedrich Preller d. Ä. war einer der produktivsten Rügenmaler. Nach mehreren Studienaufenthalten, vor allem in Italien, fühlte sich der Maler zur nordischen Natur hingezogen. Als er von seinem ersten Rügenaufenthalt 1837 zurückkehrte, schrieb er ganz begeistert: „Ich hatte wieder ein neues Feld gefunden, auf dem ich Neues und Interessantes zu schaffen dachte." Das Foto von 1860 zeigt den Maler als 56jährigen.

Friedrich Preller d. Ä.

(1804–1878)

Im Hinblick auf die Popularisierung der Insel durch die Kunst tritt neben Caspar David Friedrich eine weitere Malerpersönlichkeit besonders hervor: Es ist der aus Eisenach stammende Friedrich Preller d. Ä. Er war Schüler der von Goethe geförderten Weimarer Zeichenschule und hatte, bevor er Rügen kennenlernte, mehrfach Studien im Ausland betrieben. In Fachkreisen war er als Vertreter der heroischen und historischen Landschaftsmalerei bekannt. Obwohl er nach einem fünfjährigen Aufenthalt in Italien die Sehnsucht nach dem südlichen Land nie ganz verloren hatte, fühlte er sich ab 1840 mehr und mehr zur nordischen Natur hingezogen. Er begann nordische Sagen zu lesen und widmete sich der damals noch für echt gehaltenen Ossian-Dichtung.

Dass Preller sich plötzlich so intensiv mit diesem Thema beschäftigte, mag in den Erlebnissen seiner ersten Rügenreise begründet liegen, die er im Sommer 1837 unternommen hatte. „Mit dem Ossian in der Tasche trat ich meine Wanderung durch verschiedene Teile der Insel an. Ganze Tage brachte ich an den Seeufern oder auf alten Hünengräbern zu. Ich hatte wieder ein Feld gefunden, auf dem ich Neues und Interessantes zu schaffen dachte. Höheren Genuss, als in Wind und Wetter einsam durch die Heide zu streifen, kannte ich nicht, und so rückte mir der Süden immer ferner – gerade das Entgegengesetzte fing an mich zu erwärmen", beschrieb er seine Eindrücke.

Zwei Jahre später fuhr Preller erneut nach Rügen. Bei dieser Reise begleiteten ihn einer seiner Schüler sowie der Kollege Ferdinand Bellermann (1814–1889) aus Erfurt. Als Früchte der beiden Studienreisen entstand eine Reihe von Gemälden, Zeichnungen und Radierungen vorwiegend ernster Stimmungen. Im Spätsommer 1847 zog es ihn zum dritten Mal auf die Insel. In Gesellschaft mehrerer Schüler hielt er sich zunächst in Lauterbach auf und besuchte von dort die kleine Insel Vilm, die er schon bei seinen ersten beiden Reisen kennengelernt hatte und deren urwüchsige Landschaft ihn immer wieder faszinierte. Seine Skizzen von Vilm wurden so populär, dass man einen bestimmten Blick von der Insel als „Prellerecke" bezeichnete. Später zog der Maler mit seiner Gefolgschaft nach Hiddensee. In einem Brief vom 3. September 1847 an seine Gattin heißt es: „Jetzt fängt es an stürmisch zu werden, und hält es an, gehen wir bald nach Hiddensee, denn dort haben wir die Stürme aus erster Hand." Wie eine Zeichnung aus seinem Skizzenbuch, auf der die strohgedeckten Hütten von Hiddensee unter einem dunkel dräuenden Wolkenhimmel abgebildet sind, zeigt, wurde sein Wunsch nach dramatischem Wetter reichlich erfüllt.

Preller war einer der produktivsten Rügenmaler: Mehr als 100 Bilder sind von ihm überliefert. Eine Erklärung für diese überaus große Gestaltungsfreude liefert die Äußerung des Künstlers, die er einmal in einem Brief an seine Frau gemacht hat: „Ich werde in Zukunft meine Studien wohl nur hier machen, denn reicher habe ich nie ein Land gesehen, selbst Italien nicht."

„Gewitterlandschaft auf Rügen", Gemälde von Eugène Gustav Dücker, 1868. Losgelöst von spätromantischen Vorbildern, schilderte der Künstler die Landschaft mit kritischem Blick und ohne auftragende Effekte. Mit diesem Stil wies er der Düsseldorfer Malschule eine neue Richtung.

Die nachrückende Malergeneration, zu der auch Prellers Sohn Friedrich junior (1838–1901) gehörte, löste sich zugunsten einer sachlichen Schilderung endgültig von der romantischen Landschaftsdarstellung. Unverändert aber blieb die Begeisterung für Rügen. Sie zog sich wie ein roter Faden durch das 19. Jahrhundert bis in die Gegenwart. Zu nennen wären vor allem die Vertreter der Düsseldorfer Malschule, zu denen unter anderem Eugène Gustav Dücker (1841–1916), Hans Peter Feddersen d. J. (1848–1941) und Carl Rathjen (1855–1919) gehörten. Ebenso sind Malerpersönlichkeiten wie Walter Leistikow (1865–1908), von dem ein bekanntes Rügenbild mit dem Blick über Vitt auf die Landspitze von Kap Arkona überliefert ist, und Lyonel Feininger (1871–1956), der zwischen 1892 und 1907 mehrmals auf Mönchgut gearbeitet hat, in die Geschichte der rügischen Landschaftsdarstellungen eingegangen. Auch Adolph von Menzel (1815–1905) ist auf Rügen gewesen. Während einer Malerfahrt 1851 soll dort sein Bild „Frau mit Sonnenschirm in den Dünen" entstanden sein.

Malerinsel Hiddensee

Mittlerweile war Rügen ein weithin bekannter Studienplatz für Landschaftsmaler geworden und ein „Muss" für solche, die sich der Darstellung nordischer Natur verschrieben hatten. Um die Jahrhundertwende wurde auch das kleine, der Insel Rügen vorgelagerte Eiland Hiddensee für die Malerei entdeckt. Dort konzentrierte sich bald das künstlerische Geschehen um Oskar Kruse (1847–1919), einen vermögenden Kaufmann, der sich erst mit 42 Jahren der Malerei zugewandt hatte. Er ließ 1904/05 in Kloster die „Lietzenburg" bauen und machte sie zum Treffpunkt feingeistiger Menschen. Zu diesem Kreis gehörten unter vielen anderen auch der Dichter Gerhart Hauptmann (1862–1946) und die Malerin Elisabeth Büchsel (1867–1957) aus Stralsund, die ab 1904 viele Jahre lang regelmäßig nach Hiddensee kam und von der zahlreiche Aquarelle, Zeichnungen und Gemälde überliefert sind.

Es würde ein eigenständiges Werk beanspruchen, wollte man eine vollständige Darstellung all jener geben, die mit Zeichenblock, Pinsel und Palette den Spuren Philipp Hackerts folgten und mit ihren Werken Rügen bekannt machten.

Ganz schön ausgelassen und ein bisschen verrückt: Wie es scheint, hatten der Dichter Joachim Ringelnatz und die Schauspielerin Asta Nielsen am Strand von Hiddensee viel Spaß miteinander.

Solchen Spielereien scheint Gerhart Hauptmann weniger zugeneigt gewesen zu sein. Er liebte vor allem sogenannte „Produktivspaziergänge“ am Strand, bei denen er meistens einen Notizblock mit sich führte, um spontane Einfälle und Formulierungen, die sich später schriftstellerisch verwerten ließen, festzuhalten.

Gotthard Ludwig Theobul Kosegarten

(1758–1818)

Die Entdeckung Rügens für die Kunst in der zweiten Hälfte des 18. Jahrhunderts ist aber nicht allein ein Verdienst der Malerei. Lange bevor Caspar David Friedrich dort seine „Traumbilder“ verwirklichte, gab es bereits einen Mann, der die landschaftlichen Reize der Insel in empfindsamer Lyrik besang: Gotthard Ludwig Theobul Kosegarten. Der Theologe und spätere Professor für Geschichte und griechische Literatur an der Greifswalder Universität galt zu seiner Zeit als einer der bekanntesten romantischen Dichter. Als er im Jahre 1775 von einer 14tägigen Rügenwanderung ganz „begeistert und wie betrunken“ nach Hause zurückkehrte, begann er, seine Empfindungen über die reizvolle Natur Rügens in Verse zu fassen. Damals war er noch Student der Theologie in Greifswald. Verschiedene Anstellungen als Hauslehrer in rügenschen Familien führten ihn in den nachfolgenden Jahren auf die Insel zurück. Nachdem er 1781 sein theologisches Examen bestanden hatte, wirkte er zunächst sieben Jahre lang an der Knabenschule von Wolgast. 1792 zog er nach Rügen, wo er in Altenkirchen auf Wittow die schon länger ersehnte Pfarrstelle antreten konnte. Umgeben vom stillen Leben eines ländlichen Pfarrhauses konnte er sich jetzt neben den seelsorgerischen Aufgaben in aller Ruhe seiner Liebe zur Natur und der Schwärmerei für alles Schöne widmen. Er pflegte das gesellige Leben, und viele bedeutende Persönlichkeiten des geistigen und künstlerischen Lebens, mit denen er in Kontakt stand, waren im Altenkirchener Pfarrhaus zu Gast. Der Maler Philipp Otto Runge, den Kosegarten einst in Wolgast unterrichtet hatte, berichtete einmal von 96 Gästen an einem einzigen Tag.

Inzwischen waren von ihm bereits eine Gedichtsammlung, der erste Band seiner „Rhapsodien" sowie der Roman „Ewald Rosenmonde", in dem er über seine erste auf Rügen verbrachte Zeit berichtete, erschienen. Während seiner Amtszeit in Altenkirchen entstanden neben zahlreichen Gedichten auch die Erzählung „Jukunde", in der er unter anderem die Uferpredigt von Vitt schilderte, sowie das Epos „Inselfahrt", das den Leser auf einfühlsame Weise mit der bislang nur als karg und langweilig beschriebenen Halbinsel Wittow vertraut machte. Auch das damals noch ziemlich unbekannte Hiddensee wurde in diesem Werk berücksichtigt.

Die Dichtung Kosegartens hatte mitgeholfen, Rügen aus dem Dornröschenschlaf zu wecken und den Bewohnern der Insel ein neues Heimatbild ins Bewusstsein zu bringen. Seine lyrischen Hymnen auf die Schönheit der rügenschen Natur sollten von nun an ein vielfaches Echo finden. Bald meldeten sich Autoren aus unterschiedlichen Kreisen zu Wort.

Frühe Reiseschilderungen

Besonders bei den großstadtmüden Zeitgenossen traf die schwärmerische Rügen-Poesie auf ein aufmerksames Publikum. Je mehr sie bekannt wurde, desto dringlicher machte sich der Wunsch nach ausführlicher Information bemerkbar. So dauerte es nicht lange, bis die ersten literarischen Reisebeschreibungen publiziert wurden. 1797 erschien ein Werk von J. F. Zöllner mit dem Titel „Reise durch Pommern nach der Insel Rügen und einem Theile des Herzogthums Mecklenburg im Jahre 1795". Zur gleichen Zeit hatte sich auch der Berliner Unternehmer Johann Carl Friedrich Rellstab auf den Weg nach Rügen begeben. Sein Erfahrungsbericht „Ausflucht nach der Insel Rügen, durch Mecklenburg und Pommern" erschien ebenfalls 1797. Drei Jahre später wurden „Karl Nernst's Wanderungen durch Rügen" verlegt.

Die beginnende Flut von Reiseliteratur veranlasste auch den in Bergen geborenen Arztsohn und späteren Heimatforscher Johann Jacob Grümbke (1771–1849), zur Feder zu greifen. Als Einheimischer war er mit Rügen von Kindesbeinen an vertraut und kannte sich dort aus wie kein anderer aus dem Kreise seiner schreibenden Vorgänger, die in ihrer Berichterstattung unvollständig und mitunter auch oberflächlich waren. „Der Mann hat Rügen gleichsam nur im Durchfluge gesehen", so missbilligend äußerte er sich über die Ausführungen Rellstabs, „und daher ist sein Urtheil einseitig, oft unwahr, und nicht minder sind viele seiner Angaben und Ansichten unzulänglich (…). Man kann Herrn Rellstab überhaupt nachrechnen, dass er höchstens vier bis fünf Tage auf der Insel zugebracht habe, und wie wenig konnte er da sehen, hören und lernen." Mit dem Anspruch, etwas Besseres zu schaffen, wanderte und fuhr der junge Grümbke durch das Inselland. Nach sorgfältigen Recherchen schilderte er dann in den erstmals 1805 unter dem Decknamen „Indigena" veröffentlichten Reisebriefen die Landschaften und Orte seiner Heimat unter Berücksichtigung von Geschichte, Sitten und Gebräuchen.

Ernst Moritz Arndt
(1769–1860)

Wie Grümbke, so stammte auch der patriotische Dichter und politische Schriftsteller Ernst Moritz Arndt, von dessen Leben und Wirken in einem weiteren Kapitel noch ausführlich die Rede sein wird, von Rügen. Beide waren miteinander befreundet, hatten gemeinsam das Gymnasium in Stralsund besucht und gehörten später zum engeren Kreis um Kosegarten. Als Heranwachsender hatte Arndt, dessen Vater ein ehemaliger Leibeigener war, Erfahrungen gemacht, die sein soziales Empfinden und seine Weltanschauung prägten. Seine schriftstellerische Kraft stellte er in den Dienst der Unterdrückten und Entrechteten. So schrieb er historische, teils philosophische und zeitkritische Aufsätze, in denen er das Bauernlegen und die Leibeigenschaft seiner Zeit kritisierte und mit historisch fundierten Argumenten Anklage gegen die Großgrundbesitzer erhob. Im Alter von 33 Jahren schuf er mit dem „Versuch einer Geschichte der Leibeigenschaft in Pommern und Rügen" sein wichtigstes Werk. Von Kindheit an empfand Arndt eine besondere Zuneigung zu seiner Heimatinsel, die ihm auch dann noch am Herzen lag, als er bereits jahrelang in Bonn gelebt hatte. Aus vielen seiner Briefe und Schriften spricht eine enge Verbundenheit mit dem „lieblichen Eiland", so wie aus dem Gedicht „Heimweh nach Rügen", das er 1842 als 73jähriger geschrieben hat:

O Land der dunklen Haine,
o Glanz der blauen See,
o Eiland, das ich meine,
wie tut's nach dir mir weh!
Nach Fluchten und nach Zügen
weit über Land und Meer,
mein trautes Ländchen Rügen,
wie mahnst du mich so sehr!

O wie mit goldnen Säumen
die Flügel rings umwebt,
mit Märchen und mit Träumen
Erinn'rung zu mir schwebt!
Sie hebt von grauen Jahren
den dunklen Schleier auf,
von Wiegen und von Bahren,
und Tränen fallen drauf.

O Eiland grüner Küsten!
O bunter Himmelschein!
Wie schlief an deinen Brüsten
der Knabe selig ein!
Die Wiegenlieder sangen
die Wellen aus der See
und Engelharfen klangen
hernieder aus der Höh'.

Und deine Heldenmäler
mit moosgewobnem Kleid,
was künden sie, Erzähler
aus tapfrer Väter Zeit,
von edler Tode Ehren
auf flücht'gem Segelross,
von Schwertern und von Speeren
und Schildesklang und -stoß?

So locken deine Minnen
mit längst verklungnem Glück
den grauen Träumer hinnen
zu alter Lust zurück.
O heißes Herzenssehnen!
O goldner Tage Schein
von Liebe reich und Tränen!
Schon liegt mein Grab am Rhein.

Fern, fern vom Heimatlande
liegt Haus und Grab am Rhein.
Nie werd' an deinem Strande
ich wieder Pilger sein.
Drum grüß' ich aus der Ferne
dich, Eiland lieb und grün:
Sollst unterm besten Sterne
des Himmels ewig blühn!

„Das ist ja Capri …“

Als sich im 19. Jahrhundert die ersten Modebäder an den Küsten Rügens etabliert hatten, war die Insel in der Literatur bereits fest verankert. Von der Poesie und dem Symbolgehalt alter rügenscher Volkssagen bezaubert, schrieb 1828 der Dichter und Naturforscher Adelbert von Chamisso (1781–1838) die Ballade „Die Jungfrau von Stubbenkammer“. Wer die Strophen kennt, wird beim Anblick der Kreidefelsen um den Königsstuhl der Versuchung nur schwer widerstehen können, zu rezitieren:

„Ich trank in schnellen Zügen
Das Leben und den Tod
Beim Königsstuhl auf Rügen
Am Strand im Morgenrot …“

Beliebt war es auch, Rügen zum Schauplatz eines Romangeschehens zu machen. So ließ Theodor Fontane (1819–1898) in „Effi Briest“ seine Hauptdarsteller einen Sommerurlaub in Sassnitz verbringen. Er selbst war ebenfalls dort gewesen; er kannte die Stubbenkammer, den Herthasee und die Stelle bei Arkona, wo einst der Wendentempel gestanden hatte. „Alles interessant“, so schrieb er in einem Brief am 13. September 1884 an seine Tochter Martha, „am interessantesten aber, dass mich die ganze Szenerie von Lohme und Arkona beständig an Sorrent erinnerte.“ Und so ließ der Dichter auch seine Romanheldin Effi, als sie bei einem Abendspaziergang von einem Felsvorsprung auf die stille, vom Mondschein erhellte Bucht schaute, erstaunt ausrufen: „Das ist ja Capri, das ist ja Sorrent“.

Inzwischen war auch das wissenschaftliche Interesse an Rügen erwacht. Es erschienen geschichtliche Abhandlungen und Darstellungen über die Denkmäler der Vorzeit. In einem Werk von 1841 beschäftigte sich Carl Gustav Fabricius mit alten Urkunden zur Geschichte des Fürstentums auf Rügen. Alfred Haas widmete sein Interesse der Erforschung des rügischen Volkstums und sammelte zahlreiche Sagen. Rudolf Baier, der Begründer des Kulturhistorischen Museums von Stralsund, hatte sich um die Auffindung und Pflege vorgeschichtlicher Fundstücke verdient gemacht. Diese Pionierarbeiten lösten in der nachfolgenden Zeit eine Flut von Veröffentlichungen aus, die bis heute nicht verebbt ist, und die Rügen in das Bewusstsein der breiten Öffentlichkeit gerückt hat.

Ein Motiv, das an Caspar David Friedrichs Gemälde „Kreidefelsen auf Rügen“ erinnert: der Blick durch die Kluft, die man Kleine Stubbenkammer nennt. Mit ihren abenteuerlich anmutenden Felsformen, den überhängenden Ästen und der Felswand der Victoria-Sicht, die die Schlucht zur Linken abschließt, sieht sie dem berühmten Gemälde so ähnlich, dass häufig geglaubt wird, das Bild müsse an dieser Stelle entstanden sein. Da Caspar David Friedrich seine Landschaftsgemälde aber nicht vor Ort, sondern später im Atelier nach Skizzen anfertigte und die Kompositionen gerne mit Elementen verschiedener Entwürfe kombinierte, lassen sie sich nur schwer einer konkreten Lokalität zuordnen. Man nimmt an, dass der Maler das Motiv seines weltbekannten Werkes, das zum Inbegriff der Rügenromantik geworden ist, nicht an dieser Stelle, sondern an der Großen Stubbenkammer am Königsstuhl entdeckt hat.

Morgendämmerung an der Kreideküste bei Stubbenkammer. Das Meer liegt ruhig wie nach einem tiefen Schlaf. Die Felsen, das Wasser, die Bäume – alles ist in ein rosafarbenes Licht getaucht. In wenigen Minuten wird die Sonne aus dem Meer emporsteigen. Caspar David Friedrich liebte solche Übergangsstimmungen und machte sie häufig zum Motiv seiner Bilder.

Der „Inselblick“ von Hiddensee mit den Ortschaften Kloster und dem dahinterliegenden Vitte. Maler und Schriftsteller machten als erste auf die Schönheit des kleinen, der Westküste Rügens vorgelagerten Eilands aufmerksam. Ludwig Kosegarten, ein dichtender Pfarrer aus Altenkirchen, war es, der die Insel Ende des 18. Jahrhunderts literarisch „entdeckte“ und ihr Lob sang. Seine Stimme fand schnell Gehör, und bald entwickelte sich auf Hiddensee ein reges geistiges und künstlerisches Leben, das sich später vor allem um den Dichter Gerhart Hauptmann und den Maler Oskar Kruse konzentrierte.

Gerhart Hauptmann besuchte Hiddensee zum ersten Mal 1885. Danach kehrte er immer wieder auf die kleine Insel, die er das „geistigste aller deutschen Seebäder“ nannte, zurück. 1930 erwarb der Dichter in Kloster das „Haus Seedorn“ und machte es zu seinem Sommersitz. Hier verlebte er glückliche Tage. Heute ist in „Haus Seedorn“ die Gerhart-Hauptmann-Gedächtnisstätte untergebracht (oben).

Auf traditioneller Route nach Sassnitz

Viele reisen nach Rügen, um Sonne, Strand und Meer zu genießen. Wer die Insel aber nicht nur zum Zwecke eines Badeaufenthalts aufsucht, wer nicht geradewegs und ohne Unterbrechung sein Urlaubsziel ansteuert, um es dann für die Dauer seines Aufenthaltes nicht mehr zu verlassen, wird sich fragen: Wo fängt man an, die Insel zu erleben? Vor mehr als hundert Jahren hätte die Antwort gelautet: „Nach Rügen reisen heißt nach Sassnitz reisen." Auch Fontane war diesem Motto gefolgt. „Zunächst natürlich Stralsund (...). Und dann von Stralsund nach Bergen und dem Rugard, von wo man (...) die ganze Insel übersehen kann, und dann zwischen dem Großen und Kleinen Jasmunder Bodden hin, bis nach Sassnitz", so beschrieb der Dichter in „Effi Briest" die damals gängige Reiseroute. Übertragen in die Sprache des autoabhängigen Zeitgenossen heutiger Tage würde die Streckenbeschreibung etwa folgendermaßen lauten: Folge der B 96, und du kommst geradewegs nach Sassnitz. Seit ihrem Bau in der zweiten Hälfte des 19. Jahrhunderts hat diese Straße ihren Rang als Hauptverkehrsader Rügens mit Erfolg behauptet. Der mittlerweile anscheinend unaufhörlich flutende Strom von Personen- und Lastwagen kann aber die Anreise zur Strapaze werden lassen.

Es versteht sich eigentlich von selbst, dass der in Sachen „Wanderungen" vielerfahrene Fontane sich bei seiner Rügenreise nicht mit einem Aufenthalt in Sassnitz begnügte. Natürlich hat er auch die Stubbenkammer aufgesucht und einen Ausflug zum Kap Arkona unternommen. Die Nordspitze Rügens mit dem alten, von Schinkel entworfenen Leuchtturm galt bereits zu seiner Zeit als ein unerlässliches Reiseziel. Die Stätte zu betreten, wo einst der Wendentempel gestanden hat, und auf dem Wall entlangzugehen, der das slawische Heiligtum vor feindlichen Übergriffen schützen sollte, muss für Fontane, der sich schon früher mit der Geschichte der Wenden in der Mark Brandenburg intensiv beschäftigt hatte, einen unwiderstehlichen Reiz gehabt haben. Nicht minder groß aber scheint sein Bedürfnis gewesen zu sein, nach Besichtigung der historischen Anlagen in der Gastwirtschaft des alten Schilling, der damals Leuchtturmwärter von Arkona war, einzukehren. Dort verriet er mit einer Eintragung ins Gästebuch, dass er sich hier „nur zum Vergnügen" aufhielt. Wäre der märkische Dichter in beruflicher Mission unterwegs gewesen, hätte er gewiss die „Wanderungen durch Rügen" verfasst. Dann wäre seine Reiseroute anders verlaufen. Von Stralsund kommend, hätte er bereits dem ersten Inselort Altefähr seine Aufmerksamkeit geschenkt.

Wo Rügen beginnt: Altefähr

Das kleine, unmittelbar am Kliff des Strelasunds gelegene Sackgassendorf muss einer der poetischsten Plätze der Insel gewesen sein: Die vielen Segel- und Dampfschiffe, die daran vorüberzogen, aber auch der geschäftige Fährverkehr zwischen Rügen und dem pommerschen Festland boten vielfältige Eindrücke, die das Leben bunter machten und für Augenblicke den Atem der großen weiten Welt spüren ließen. Man mag sich vorstellen, wie Fontane schon beim Übersetzen mit dem Fährboot die Gelegenheit zu einer Plauderei wahrgenommen hätte – immer auf der Suche nach

Mit der Trajektfähre von Stralsund nach Rügen – so sah die Anreise aus, bevor es den Rügendamm gab. Die Abbildung auf der alten Postkarte zeigt das im Jahre 1898 in Betrieb genommene Fährschiff „Putbus“. Es war etwa 85 Meter lang und konnte bis zu vier Schnellzugwagen aufnehmen.

schriftstellerisch verwertbaren Informationen. „Guten Tag, Fährmann“, so könnte das Gespräch begonnen haben, „geht's Geschäft?“ Und der Fährmann hätte geantwortet, dass er nicht zu klagen habe. Schließlich gab es damals noch keinen Rügendamm, und sämtliche Transporte zwischen Rügen und dem Festland wurden mit Fährbooten bzw. -schiffen abgewickelt.

Wie aus einer urkundlichen Erwähnung hervorgeht, verkehrte schon im 13. Jahrhundert zwischen Altefähr und Stralsund eine „alte Fähre“, die der Siedlung auch den Namen gab. Die Ausübung des Fährbetriebs war ein Privileg, das eine bestimmte Anzahl von Fährleuten neun Jahrhunderte lang, bis 1929, besaß und das vererbt oder auch verkauft werden konnte. Ursprünglich wurde gerudert, doch wenn der Wind zu stark wehte, streikten die Fährleute. Größere Unabhängigkeit von den Wetterunbilden brachte 1856 der Einsatz eines 27 Meter langen Raddampfers – der „ollen Flunner“, wie ihn die Einheimischen wegen seiner platten Form nannten –, der schließlich die alten Riemenboote verdrängte. Aber auch diese Neuerung blieb nicht lange ohne Konkurrenz. Mit der Eröffnung der ersten rügenschen Eisenbahnstrecke zwischen Altefähr und Bergen 1883 kam auch ein Trajektbetrieb über den Strelasund zum Einsatz, der den Anschluss der Rügenbahn an die Eisenbahnlinie Berlin-Stralsund ermöglichte. „Mit Gott per Dampf quer durch die Insel“ stand an der Lokomotive des Eröffnungszuges.

Das erste Trajektschiff, die 36 Meter lange „Prinz Heinrich", konnte neben drei Eisenbahnwaggons 250 Personen übersetzen. Die Landestelle der Fähre lag nicht direkt vor Altefähr, sondern ein paar hundert Meter weiter östlich, dort, wo heute neben der Rügenbrücke noch das alte Bahnhofsgebäude steht.

Einige Jahre später ging man daran, die Eisenbahnstrecke über Bergen hinaus bis nach Sassnitz zu erweitern. Am 1. Juli 1891 konnte der erste Zug von Altefähr nach Sassnitz dampfen. Mit der nachfolgenden Einrichtung einer Postdampferlinie zwischen Sassnitz und Malmø im Jahr 1897 sowie der 1909 eröffneten Eisenbahnfährlinie von Sassnitz nach Trelleborg kam es bald zu einem rasch anwachsenden Reise- und Güterverkehr. Der vermehrte Transport zog wiederum den Einsatz weiterer Schiffe mit noch größerer Leistung für die Sund-Überquerung nach sich. Weniger glücklich über diese Entwicklung waren die Fährleute, die seit Jahrhunderten das verbriefte Vorrecht auf den sundischen Fährverkehr hatten, und die durch die neuen Bedingungen ihre Existenz gefährdet sahen. Nachdem ihnen die Reichsbahn 1888 kraft gerichtlichen Beschlusses eine einmalige Entschädigungssumme gezahlt hatte, gaben sie vier Jahrzehnte später den Fährbetrieb endgültig auf, d. h. sie verkauften ihr Fährrecht an die Stadt Stralsund. Dieser Schritt war im Hinblick auf die sich anbahnende Entwicklung verständlich.

Obwohl die Reichsbahn mit der Zeit immer mehr und immer größere Schiffe in den Dienst des Trajektverkehrs stellte – in den dreißiger Jahren bestand die Fährflotte aus sechs Schiffen, die rund um die Uhr hin und her pendelten –, konnten die Fähren den unaufhaltsam anwachsenden Verkehrsfluss kaum noch bewältigen, und es kam oft zu längeren Wartezeiten. So wurde recht bald der Plan zum Bau einer Brücke bzw. eines Damms über den Strelasund erörtert. Im März 1931 beschloss die Regierung die Umsetzung des Projekts. Noch im gleichen Jahr begannen die Arbeiten am Rügendamm, die aber bald wegen fehlender Mittel wieder unterbrochen und erst nach zweijähriger Pause – teils in Notstandsarbeit – weitergeführt wurden. Dann war es soweit: „An einem böigen, rauen Herbsttag des Jahres 1936", so berichtete Wolfgang Rudolph in seinem Rügenbuch, „gingen auf den fünf Fährschiffen der Strelasundflotte, die zum letzten Male in Kiellinie die Hafeneinfahrt passiert hatten, die Flaggen nieder, während der fahrplanmäßige Stockholmer D-Zug über den neuen Rügendamm hinwegdonnerte." Ein halbes Jahr später rollte auch der Straßenverkehr auf der dafür vorgesehenen Trasse.

Eigentlich besteht der Rügendamm, über den auch ein Fuß- und Radweg führt, aus zwei Brücken: Die erste, eine Zugbrücke, die fünfmal am Tag für jeweils 20 Minuten geöffnet ist, überspannt den Ziegelgraben und führt auf das Inselchen Dänholm, während die zweite von dort aus den Sund in einer Länge von 540 Metern überbrückt. Erst kurz vor dem rügenschen Ufer zeigt sich der Ansatz einer Dammaufschüttung.

In jüngerer Zeit erwies sich auch diese Strelasundquerung dem zunehmenden Autoverkehr, der nach Rügen rollte, nicht mehr gewachsen. Immer wieder kam es zu erheblichen Staus, vor allem dann, wenn die Klappbrücke für den Schiffsverkehr geöffnet war. So stand schon bald nach der Wiedervereinigung der Bau einer weiteren Verbindung zwischen Stralsund und Altefähr auf dem Plan. Am 19. Oktober 2007 war es dann soweit: Nach dreijähriger Bauzeit wurde die neue, dreispurige Hochbrücke eingeweiht und dem Verkehr übergeben. „Staunen statt Stauen“, so hieß es in einer Ansprache des damaligen Ministerpräsidenten Ringstorff zu dem feierlichen Anlass. Die 4,1 Kilometer lange Brücke, die parallel zum Rügendamm verläuft und Schiffen eine Durchfahrthöhe von 42 Metern ermöglicht, gilt als architektonisches Meisterwerk. Einen spektakulären Anblick bietet ihr Kernstück mit dem 127 Meter hohen Mittelpfeiler, dem sogenannten Pylon, an dem die Spannseile befestigt sind.

Altefähr, die erste Ortschaft, die den Reisenden auf der Insel begrüßt, ist heute ein ruhiges Fleckchen, an dem die Zeit in einem gemächlicheren Tempo voranzuschreiten scheint als andernorts auf der Insel. Der große Verkehrsstrom fließt in Sichtweite vorüber, und nur wenige Reisende zweigen hinter dem Rügendamm bzw. der -brücke in die holprige Kopfsteinpflasterstraße ab, die in den Ort hineinführt. Doch der kleine Umweg lohnt sich. Die Straße zieht an kleinen alten Häusern vorbei, in denen früher einmal Lotsen, Fährleute, Handwerker und Landarbeiter gewohnt haben. Von der Pfarrkirche sind es nur wenige Schritte zur Schiffsanlegestelle, von der aus immer noch eine Personenfähre nach Stralsund verkehrt. Neben dem Bootshafen schließt sich ein Sandstrand an, der als Naherholungsgebiet überwiegend von Ausflüglern aus der gegenüberliegenden Hansestadt besucht wird. Der Badegenuss im Sundwasser mag zwar nur von bescheidenem Reiz sein, hinreißend schön aber ist der Blick auf die Silhouette der Stralsunder Altstadt, die von den drei Backsteinkirchen St. Marien, St. Jakobi und St. Nikolai beherrscht wird.

Dem heiligen Nikolaus, dem Patron der Schiffer, ist auch die Pfarrkirche von Altefähr geweiht. Schon 1325 stand an dieser Stelle eine Kapelle. Der jetzige Bau aber stammt aus der zweiten Hälfte des 15. Jahrhunderts und bekam erst nach und nach durch An- und Umbauten seine heutige Gestalt. Schon von weitem sichtbar, zieht der Turm mit seinem achteckigen Helm den Blick auf sich, ganz gleich, aus welcher Richtung man sich der Ortschaft nähert. Eine Kuriosität sind die beiden Turmuhren bzw. deren seltsame Anordnung. Sie sind nicht, wie üblich, in der Mitte der Turmseiten angebracht, sondern ganz an den Rand gesetzt, sodass sie sich in einem rechten Winkel berühren. Diese ungewöhnliche Platzierung war nicht eine Frage des Geschmacks, sondern hatte den triftigen Grund, dass so die Fährleute bei der Verrichtung ihres Dienstes die Uhrzeit able-

Kurios mutet die Anordnung der beiden Kirchturmuhren von St. Nikolai in Altefähr an: Anders als sonst üblich, wurden sie an die Kante des Turms gesetzt. So konnten die Zifferblätter von den Fährleuten auf dem Strelasund aus jeder Richtung gesehen werden.

sen konnten. Denn Pünktlichkeit der Fähren war Ehrensache in Altefähr. Darüber hinaus gaben die Inschriften der beiden Zifferblätter dem Seefahrer tröstende Worte mit auf seinen Weg: „Christ Kyrie komm zu uns auf die See", steht in goldener Frakturschrift auf der einen, „Christ Kyrie ja dir gehorcht die See", so liest man auf der anderen Uhr.

Das quirlige Leben zur Zeit, als noch fast der gesamte Rügenverkehr durch Altefähr floss, muss damals auf manche Menschen einen verlockenden Reiz ausgeübt haben. Einer, der diesem Zauber nicht widerstehen konnte, war der aus Schlesien stammende Schauspieler Alexander Ettenburg, eine recht eigenwillige und mit verschiedenartigen Fähigkeiten ausgestattete Persönlichkeit. Gegen Ende des 19. Jahrhunderts ursprünglich aus gesundheitlichen Gründen an die pommersche Ostseeküste verschlagen, fand er bald Geschmack an dem alten Fährdorf und ließ sich dort nieder. Er eröffnete ein Ausflugslokal, und als ihm die Konzession entzogen wurde, so die Überlieferung, schenkte er den Alkohol auch kostenlos aus. Zwölf Jahre lang blieb er hier, bis er um 1900 nach Hiddensee übersiedelte, wo er im kulturellen Leben der Insel durch Theateraufführungen von selbstgeschriebenen Stücken ganz persönliche Akzente setzte.

Rambin und sein ehemaliges Kloster

Von Altefähr sind es nur knapp sechs Kilometer nach Rambin. Das etwa 2000 Einwohner zählende Dorf liegt inmitten der von flachen Bodenwellen geformten Grundmoränen-Landschaft Südrügens und ist weiträumig umringt von einem Dutzend verstreut liegender Ortsteile. In der älteren wie auch der jüngeren Reiseliteratur Rügens wurde Rambin bislang nur wenig Aufmerksamkeit geschenkt. Auf den ersten Blick sieht man der Ortschaft, die bereits 1246 erstmals urkundlich erwähnt worden ist, auch nicht an, dass sie einst recht bedeutend war. In slawischer Zeit existierte hier das Zentrum eines Gardvogtbezirkes.

Auch dem eilig Durchreisenden wird am östlichen Ortsausgang in Richtung Bergen eine alte Kapelle ins Auge fallen. Sie steht in einer kleinen Parkanlage, umrankt von dem weit ausladenden Geäst mächtiger Baumkronen. Mit ihren Spitzbogenfenstern, dem mehreckigen Choranbau und den verwitterten Pfannen des „Mönch- und Nonnendachs" verleiht sie der Stätte eine Spur verträumter Poesie. Das Kirchlein ist Teil des ehemaligen Klosters St. Jürgen, das der Stralsunder Ratsherr Georg von Wickede im Jahre 1334 als Heim für Aussätzige gestiftet hat, und zu dessen Besitz mehrere Güter der Umgebung gehörten. Die Bezeichnung „Kloster" mag etwas irreführend sein, denn zu keiner Zeit war die Einrichtung von Personen bewohnt, die sich einer Ordensregel verpflichtet hatten. Als die Lepra Ende des 14. Jahrhunderts allmählich zurückging, wurde das Spital in ein Altenheim umgewandelt. Was die Kapelle betrifft, so blieb von dem ursprünglichen, im 14. Jahrhundert errichteten Bau nichts erhalten. Das jetzige Kirchlein ist aber auch schon ganz schön alt, es stammt aus der Mitte des 15. Jahrhunderts. Nach der Reformation wurde das vom Chor durch eine Wand abgetrennte Schiff teils als Versammlungs-, teils als Wohnraum genutzt. Mit Gründung des „Ersten Rügenschen Kunstvereins" 1991 entstand aus der Kapelle – neben einem noch verbliebenen privat genutzten Teil – ein künstlerisches Kleinod, das kleineren Ausstellungen, Lesungen oder Musikdarbietungen den würdigen Rahmen bietet.

Wenige Kilometer hinter Rambin in Richtung Bergen lohnt sich ein Blick nach rechts, wo aus buckligen Äckern mehrere bronzezeitliche Hügelgräber, die sogenannten „Neun Berge“, herausragen. In vergangener Zeit haben diese künstlich geschaffenen Erderhebungen immer wieder die Fantasie der Menschen beschäftigt. So erzählte man sich etwa die Geschichte von dem verdrießlichen Riesen namens Balderich, der zwischen der Insel Rügen und dem pommerschen Festland einen Damm bauen wollte. Beim Transport der Erde, die er für diesen Zweck brauchte, sind ihm der Sage zufolge unterwegs mehrere Brocken aus seiner Schürze geglitten. Dort, wo sie zu Boden fielen, entstanden die „Neun Berge“. In einer anderen, von Ernst Moritz Arndt niedergeschriebenen Überlieferung, von der zuvor schon berichtet wurde, ist die Rede von den seltsamen Bewohnern dieser Hügel, den „kleinen Unterirdischen“, die den Menschen aber freundlich gesinnt sein sollen.

„Hauptstadt“ Bergen

Über die Ortschaft Samtens, wo sich die beiden Hauptverkehrsachsen Rügens, Stralsund-Sassnitz und Zudar-Garz-Gingst-Schaprode kreuzen, erreicht man bald die Kreisstadt Bergen. Mit rund 14 500 Einwohnern mitten im Herzen der Insel gelegen, ist sie das administrative und wirtschaftliche Zentrum Rügens. Die Bezeichnung „Bergen“ ist von dem slawischen Wort „Gora“ hergeleitet, das „Berg“ bedeutet. Der Name charakterisiert die Lage der Stadt: Überthront von der Marienkirche, breitet sie sich kaskadenartig an den südwestlichen Abhängen einer langgestreckten Bergkuppe aus – nicht weit entfernt vom knapp 91 Meter hohen Rugard. Bevor die Randgebiete Bergens mit einem breiten Saum von architektonisch reizlosen Wohnsiedlungen sowie Gewerbe- und Industrieanlagen bis in die Ebene vorgedrungen waren, muss das Stadtbild von Weitem gesehen einen hübschen Anblick geboten haben. Wer die Stadt aus der Ferne betrachtet, so meinte Johann Jacob Grümbke in seinen 1805 erschienenen Reisebeschreibungen, dem sei schon das Beste zuteil geworden: „In der Ferne gewährt sie dem Auge ziemlich von allen Seiten einen vorteilhaften, oft romantischen

„In der Ferne gewährt sie dem Auge ziemlich von allen Seiten einen vorteilhaften, oft romantischen Anblick (…). Sobald man aber den Ort selbst erreicht, wie sehr findet man sich getäuscht, wie verschwindet in der Nähe der Reiz, den die trügerische Ferne gewährte“, so urteilte Johann Jacob Grümbke 1805 mit kritischem Blick über seine Heimatstadt Bergen.

Das städtische Zentrum von Bergen konzentriert sich um den Marktplatz, der von repräsentativen Bauten mit schmuckvoll gestalteten Fassaden gesäumt ist. Die hier stattfindenden Wochenmärkte haben eine lange Tradition. Schon vor mehreren hundert Jahren wurden auf diesem Platz Produkte aus allen Teilen Rügens feilgeboten.

Anblick. Hier ruhen Häuser auf einer Bergecke, über welche sich die Dächer anderer hervorschieben, dort schweben blühende Gärten terrassenförmig übereinander an einem Abhang, dort breitet sich am Ortsende in einer Ebene freundlich eine Häusergruppe (…). Sobald man aber den Ort selbst erreicht, wie sehr findet man sich getäuscht, wie verschwindet in der Nähe der Reiz, den die trügerische Ferne gewährte!“ In seinen weiteren Ausführungen beanstandete Grümbke vor allem die ungepflasterten, holprigen und abschüssigen Wege sowie die nur „mittelmäßigen Häuser“ und das Fehlen eines harmonischen Stadtbildes. „Selbst der Marktplatz ist ungestalt und schiefwinklig“, so beendete der Dichter seine kritischen Anschauungen über die „wunderliche Bauart“ der Stadt.

Freundlichere Erinnerungen an den Bergener Marktplatz hatte Grümbkes Zeitgenosse, der „Wahlrügener“ Karl Nernst, als er schrieb: „Mit Wohlgefallen denke ich noch an einen schönen Abend, den ich auf diesem Markte genoss. Die Sonne tauchte eben in das westliche Meer; das frohe Gejachter der Kinder, welche hier ihre lärmenden Spiele feierten, die vertraulichen Gespräche der Nachbarn, welche in der erfreulichen Frische des Abends ihr Pfeifchen rauchten und von den Mühen des Tages rasteten, das jubelnde Geblöck der satten Herden, welche vom Felde zurückkehrten und ihren Durst in dem Teiche stillten, erfüllte die Luft.“

Damals lag mitten auf dem Markt ein großer Teich, der als Viehtränke und Löschwasser von großem Nutzen war. Für ihre eigene Versorgung mit Trinkwasser mussten die Einwohner von ihrer Höhe heruntersteigen, denn die Brunnen waren im unteren Teil des Berghangs angelegt. Die Bezeichnung „Wasserstraße“ weist heute noch darauf hin, wo sich für lange Zeit der einzige Brunnen der Stadt befunden hat. Erst vor etwa hundert Jahren wurde eine Wasserleitung gelegt, die der Plackerei ein Ende machte und die Voraussetzung für einen Besiedlungszuwachs schuf.

Der heutige Marktplatz, über den sich Grümbke so missbilligend geäußert hatte, kann auf eine lange Tradition zurückblicken. Schon bevor die Dänen 1168 Rügen eroberten, hatte an dieser Stelle eine slawische Markt- und Gerichtsstätte, die zu einer auf dem benachbarten Rugard gelegenen und als Stammsitz der Landesherren dienenden Burg gehörte, bestanden. Wie man nach dort gefundenen arabischen Münzen mit dem Prägedatum von 762 und 822 annehmen darf, existierte diese Festung vermutlich schon seit dem 9. Jahrhundert. Noch interessanter als das Alter erscheint aber die Tatsache, dass offensichtlich schon zu jener Zeit Handelsbeziehungen zu fernen Ländern unterhalten wurden. „Und ist die Verbindung Bergen-Bagdad nicht wunderbar?“ fragte sich Wolfgang Rudolph in seinem Rügenbuch.

Nachdem das Slawentum auf Rügen mit dem Fall der Tempelfestung von Arkona und der Übergabe der Fürstenburg bei Garz seine letzten Machtzentren verloren hatte, wurde die Burg von Bergen Sitz des von den Dänen belehnten Ranenfürsten Jaromar I. und seiner Nachfolger. Von dieser Anlage, zu der später auch eine Kapelle gehörte, die aber im 14. Jahrhundert nach dem Aussterben des rügenschen Fürstengeschlechts abgerissen wurde, gibt es heute keinerlei Überreste mehr. Nur der Burgwall, den Fürst Malte I. von Putbus seit 1836 mit Bäumen bepflanzen ließ, blieb erhalten.

Um 1180, etwa zehn Jahre nach seiner Belehnung, legte der zum Christentum konvertierte Jaromar auf einem slawischen Begräbnisplatz neben dem alten Markt- und Gerichtsplatz den Grundstein zum Bau der Marienkirche. Zu diesem Zeitpunkt bestand an diesem Ort noch keine Siedlung außer einer kleinen Fischergemeinschaft, die am Fuße des Berges sesshaft geworden war. Ein wichtiges Ereignis, das sich auf die Bildung einer Gemeinde sowie die kulturelle und wirtschaftliche Erschließung des Ortes samt seiner Umgebung stimulierend auswirkte, war 1193 die Stiftung eines Nonnenklosters, das der Kirche angeschlossen und mit Benediktinerinnen aus Roskilde belegt wurde. Später, um die Mitte des 13. Jahrhunderts, übernahm das Konvent die Regeln der Zisterzienser. Während das Gotteshaus zunächst zur Klosterkirche bestimmt war, übernahm es ab etwa 1380 auch die Aufgaben einer Pfarrkirche für den sich entwickelnden Marktflecken Bergen. Das Nonnenkloster wurde nach der Reformation aufgelöst. Seine Stelle nahm seit 1539 ein „Stift für adlige Damen" ein, das bis 1945 seine Aufgabe erfüllen konnte.

St. Marien von Bergen

Die Marienkirche von Bergen ist die älteste noch erhaltene Kirche auf Rügen und einer der frühesten Backsteinbauten Norddeutschlands. Ihr heutiges Aussehen weicht allerdings von der ursprünglichen Anlage, die als romanische Basilika konzipiert war, beträchtlich ab. Die zahlreichen Neu- und Umbauten in späteren Jahrhunderten – insbesondere jene, die nach der Feuersbrunst im Jahr 1445 vorgenommen wurden – sowie umfassende Restaurierungsarbeiten haben die Gestalt der Kirche im Sinne der Gotik so sehr verändert, dass der anfangs vorhandene Baugedanke nur noch erahnt werden kann. Die Gesinnung, die diesem Stil zugrunde lag, wird aber noch in den wenigen erhaltenen Resten des romanischen Baus, wie etwa dem Chor mit seiner halbkreisförmigen Apsis, den Vierungspfeilern und den Bogenfriesen deutlich. Besonders die hohe Fassade des südlichen Querschiffes, die einzig durch zwei kleine Fensteröffnungen durchbrochen ist und jeden Schmuckes entbehrt, spricht, wie der Kunsthistoriker Fritz Adler schrieb, „noch ganz die große und karge Sprache der frühen Zeit". Nur im Giebel, wo die im Zickzackmuster übereinandergelegten Steine die Gleichförmigkeit des schweren Mauerwerks auflösen, zeigt sich ein zögerliches Zugeständnis an dekorative Formen.

Einen ähnlichen Eindruck von Strenge vermittelt die dem Kirchenschiff breit und wuchtig vorgelagerte Westfassade. Die Wirkung ihres trotzigen und wehrhaften Charakters wird allerdings durch den im 15. Jahrhundert hinzugefügten Turm mit spitzem Helm abgeschwächt. Im unteren Teil der westlichen Außenwand, dort, wo der Sockel aus Findlingen in die Ziegelmauer übergeht, ist ein slawischer Grabstein aus Granit eingebaut. Das flache, stark verwitterte Relief zeigt eine männliche Gestalt mit Bart, Mantel und Pelzmütze. Ursprünglich glaubte man, in der Darstellung den Slawengott Swantevit zu erkennen; mittlerweile ist man sich aber sicher, dass es sich bei der Gestalt um Jaromar I. handelt, der um 1218 starb und in der Klosterkirche beigesetzt wurde.

An der südlichen Außenwand fallen drei massige Strebepfeiler auf, die nur wenig in die Harmonie der Fläche passen und wie Fremdkörper wirken. Sie weisen auf die Stelle hin, wo einst der Kreuzgang an die Kirche angefügt war. Nachdem man große Teile dieser Anlage um 1660 abgerissen hatte, gab die Wand, die durch die Anbauten gestützt war, unter dem Druck des gotischen Gewölbes nach und drohte einzustürzen. So brachte man zu ihrer Stabilisierung diese etwas klotzig wirkenden Stützpfeiler an.

Wer das Innere der Kirche betritt, dem offenbart sie das Schönste ihrer wertvollen Ausstattung: Sie ist fast vollständig ausgemalt. Überall, wohin man sieht, an den Wänden, im Gewölbe, in den Bögen und an den Pfeilern, sind schmückende oder figürliche Darstellungen angebracht. Der Eindruck ist überwältigend. Man wird nicht müde, in den Bildern zu lesen, die sich vor dem Auge ausbreiten wie eine aufgeschlagene Bibel, und die für Menschen geschaffen wurden, die noch nicht lesen konnten.

Die Malereien entstanden im 13. Jahrhundert in der damals üblichen Fresko-Technik. In der nachreformatorischen Zeit wurden sie dann mit einer dick aufgetragenen Tünche überdeckt und für lange Zeit der Betrachtung entzogen. Erst im Zuge einer umfassenden Restaurierung zwischen 1896 und 1902 kam der Wandschmuck wieder ans Tageslicht. Trotz zahlreicher Ergänzungen und Übermalungen, die man im Verlauf dieser Arbeiten vornahm, gehören die Wandmalereien zur kostbarsten Ausstattung der Marienkirche. Immer wieder entzückt die klare, einfache Bildsprache, in der sich, wie Fritz Adler schrieb, „kindliche Lebensfreude und junge Kraft mit dem Glauben jenes Jahrhunderts in einer quellenden Freude am Fabulieren einen“.

Zu den beeindruckendsten Darstellungen zählen die beiden Hauptbilder an den Chorwänden: auf der einen Seite das Paradies, auf der anderen Fegefeuer und Hölle. Am „Ort der Seligen“ fühlt sich der Betrachter in einen fantastischen Wundergarten versetzt, wo man, umgeben von den vier Paradiesströmen, himmlischem Harfenspiel lauscht und Früchte von exotischen Bäumen pflückt. Den paradiesischen Freuden ist das Kontrastprogramm am Ort der Verdammnis gegenübergestellt. Man braucht sich nur umzuwenden, um direkt in den weit geöffneten Höllenrachen zu schauen, der mit den verworfenen Seelen derart gefüllt ist, dass einige von ihnen zu den Ohren des Ungeheuers wieder herausquellen. Links oben erscheint der Erzengel Michael mit der Seelenwaage. Darunter werden drei aneinandergekettete Gestalten, ein König, ein Bischof und ein Jude, mit dem Flammenschwert in das Höllentor getrieben, hinter dem ein Teufel sitzt, der die Kette mit einer Winde aufrollt. Daran schließen sich weitere Marterszenen an, in denen die Gehilfen Satans ihr Folterprogramm vorführen: Dem Geizhals werden Säcke voll Gold eingetrichtert, der Trinker muss sich das Einfüllen riesiger Mengen Wein gefallen lassen, und dem Glücksspieler werden die Augen ausgestochen. Überall wird geschunden, gepeinigt und gequält. Rechts unten sind die fünf törichten Jungfrauen nach dem biblischen Gleichnis von Matthäus dargestellt. Ihre Gesichter sind von Entsetzen und Selbstmitleid gezeichnet.

Wer sich nach der eingehenden Betrachtung des Höllenszenariums wieder erfreulicheren Dingen zuwenden möchte, findet im Umkreis der Marienkirche und des Bergener Marktplatzes ausreichend Gelegenheit, um auf andere Gedanken zu kommen. Zwar ist das mittelalterliche Stadtbild bis auf wenige Reste zerstört, doch gibt es immer noch reizende Winkel sowie einige beachtenswerte Häuser, die in den letzten 200 Jahren errichtet wurden. Das Herzstück der Stadt Bergen ist auch heute noch der Marktplatz. Hier stehen die hübschesten Häuser. Durch die schmuckvolle und aufwendige Gestaltung machen sie deutlich, dass ihre einstigen Besitzer zu den betuchten Bürgern der Stadt gehörten. An der Südseite des Markts fällt ein zweigeschossiges Fachwerkhaus ins Auge, dessen leicht vorkragender Giebel dem offenen Platz zugewandt ist. Es soll das älteste Wohngebäude Rügens sein. Ob allerdings die in einen Balken eingekerbte Datierung MDXXXVIII (= 1538) gerechtfertigt ist, darf angezweifelt werden; sie wurde erst in neuerer Zeit angebracht.

Im Klosterhof ist ein kleines Stadtmuseum untergebracht, das 1993 anlässlich der 800jährigen Wiederkehr der Klostergründung mit einer ersten Ausstellung an die Öffentlichkeit trat. Zahlreiche Schautafeln erläutern die Geschichte des Rugard, des Bergener Klosters und der Marienkirche. Zu den Exponaten gehört auch eine von Klaus Rekow geschaffene Holzplastik, die den vielgesichtigen Kopf des slawischen Kriegsgottes Rugievit darstellt.

In unmittelbarer Nähe der Marienkirche zieht die Billrothstraße vorbei. Sie erinnert an den berühmten Chirur-

„Meine Worte werden nicht vergehen" (Markus XIII, Vers 31). Welcher Schmuck wäre für eine Kanzel passender als die Darstellung der vier Evangelisten, deren Botschaft von dort verkündet werden soll? Die Kanzelfiguren der Bergener Marienkirche – im Bild sind Matthäus, Markus und Lukas zu sehen – faszinieren durch ihre Lebendigkeit und Ausdrucksstärke. Das Kunstwerk entstand 1775 in der Schnitzwerkstatt von Jacob Freese aus Stralsund.

gen Theodor Billroth (1829–1894), der hier geboren wurde. Der Mediziner, der mit 31 Jahren als Professor an die Universität von Zürich berufen wurde und später in Wien wirkte, gilt als Begründer der modernen Magenoperationstechnik. An seinem Geburtshaus (Nr. 17) wurde 1892 anlässlich seines Besuches, der sein letzter auf Rügen war, eine bronzene Gedenktafel enthüllt.

Rugard und der Inselblick

In nordöstlicher Richtung, etwa 15 Minuten zu Fuß vom Bergener Marktplatz entfernt, erhebt sich der Rugard mit dem Burgwall, „der Hochaltar des Landes", wie ihn Grümbke nannte. Damals war der Berg kahl und unbewachsen; er bot also eine exzellente Rundumsicht, die in fast allen frühen Reiseberichten mit äußerst emphatischen Schilderungen gepriesen wurde. Man war sich darüber einig, dass die Ausblicke, die sich hier dem Auge erschlossen, mit so viel Schönheit erfüllt waren, dass nur das Herz sie erfassen konnte. „Der sei mein Freund nicht", schrieb Karl Nernst, „der hier raisonnieren kann, wo er nur bloß empfinden sollte." Grümbke befand den Berg sogar für würdig, „dass Reisende auf ihm der Natur ein Opfer bringen, die einen Kreis von Reizen um ihn her geschaffen hat".

An der höchsten Stelle, wo sich einst eine Kultstätte der Rügenslawen befand, wo zuvor schon germanische Stämme ihre Toten bestattet und ihren Göttern Opfer dargebracht hatten, wo später eine Burg der rügischen Fürsten stand, die diesem Berg den Namen gab und deren Wall immer noch vorhanden ist, erhebt sich heute der Ernst-Moritz-Arndt-Turm. Die Grundsteinlegung dieses Denkmals erfolgte zum hundertsten Geburtstag Arndts im Jahre 1869. Ursprünglich hatte man an den Bau einer Ehrenhalle gedacht, um dem berühmten Sohn Rügens ein würdiges Andenken zu bewahren. Letztlich entschied man sich aber für einen Turm, „der dem urwüchsigen Geiste jenes Mannes mehr gerecht wurde", so heißt es in einem 1908 geschriebenen Bericht. Das Projekt fand in der Bevölkerung großen Beifall, und von allen Seiten gingen Spenden oder Geschenke ein. Schließlich wollte man den Turm sehr hoch bauen. Aus der Steiermark kam zum Beispiel ein Marmorblock mit der Inschrift: „Treu und fest wie unsere Berge". Selbst aus dem fernen China ging ein Obolus in Form eines grünlichen Steinblocks ein. Der Spender war ein versprengter Sohn Pommerns. Beide Steine wurden für den Turmbau verwendet, und zwar im unteren Erdgeschoss über den Türöffnungen. Trotz der Beisteuerungen reichten aber die Mittel nicht aus, sodass sich der Bau verzögerte. Erst 1877, im achten Jahr nach der Grundsteinlegung, konnte die Gedenkstätte der Öffentlichkeit übergeben werden.

Wer heute das vielgerühmte Rugard-Panorama genießen will, muss bis zur Glaskuppel des 27 Meter hohen Turms emporsteigen. Die Mühe des Aufstiegs lohnt sich. Da der Rugard ungefähr den geografischen Mittelpunkt Rügens bildet, überschaut man von hier die ganze Insel wie auf einer aufgeschlagenen Landkarte. Die alten Rügenfürsten hätten sich keinen besseren Platz für die Anlage ihres Wohnsitzes aussuchen können als die Kuppe dieses Berges, die nicht nur aus ästhetischer, sondern auch aus

strategischer Sicht die beste Wahl war. Von hier konnten sie die gesamte Insel kontrollieren und eventuellen feindlichen Annäherungen rechtzeitig entgegenwirken. Nach Südwesten wandert der Blick über eine flache, hier und da nur leicht gewellte Grundmoränen-Landschaft. In der Ferne steigen die Türme der Hansestadt Stralsund empor. In Richtung des Greifswalder Boddens bietet sich ein Bild, das mit einigen Einschränkungen immer noch so aussieht, wie es Karl Friedrich Schinkel gemalt hat: Hinter den Dächern der Stadt Bergen fällt das Land hügelig zu einer weit ausladenden und vielfach gegliederten Bucht ab. Wie ein Wächter der Küste steigt die Insel Vilm aus dem glitzernden Boddengewässer. Ein ganz anderes Gesicht zeigt die Insel gegen Norden und Osten. Aus einem Relief voller Buckel blinken die großen Spiegel des Kleinen und Großen Jasmunder Boddens. Man erkennt den Damm zwischen den beiden Gewässern, über den die Bundesstraße und die Bahnlinie nach Sassnitz führen. Jenseits der Ufer setzt die Inselnatur die Vielfalt ihrer landschaftlichen Spielarten fort. Wie ein mächtiger Wall begrenzen die bewaldeten Höhen der Stubnitz den nordöstlichen Teil der Halbinsel Jasmund. Rechts davon schließt sich die Schmale Heide mit ihrem silbrig schimmernden Strandbogen an. Lässt man den Blick weiter nach Osten wandern, sieht man in den Wäldern der Granitz das ehemalige Jagdschloss der Grafen zu Putbus mit seinen fünf Türmen. Daran schließt sich mit vielen verschlungenen Einbuchtungen und hügeligen Landzungen das Mönchgut an. Den fernsten Hintergrund im Norden bildet die Halbinsel Wittow mit dem Inselabschluss von Arkona.

„Wie ein Lustgarten Gottes liegt das blühende Eiland vor den seeligen Blicken ausgegossen; wie ein herrlicher Teppich, von Meisterhand aus Anmuth, Ordnung und wilder Pracht gewoben". Die Aussicht vom Rugard bei Bergen hat schon in der Anfangszeit des Rügentourismus vor rund 200 Jahren zu emphatischen Schilderungen angeregt, wie das Zitat von Karl Nernst belegt. Auch Karl Friedrich Schinkel war von dem Blick begeistert und malte ihn im Jahre 1821.

Nonnensee

Ein kurzer Augenblick sei hier der Betrachtung des Nonnensees gewidmet, der verschiedentlich in älteren Reisebeschreibungen erwähnt wurde. Er liegt malerisch in der Ebene am Fuße des Rugard, dort, wo sich die Straßen nach Sassnitz und Gingst kreuzen. In der Vergangenheit hat sich dieses nur maximal 1,50 Meter tiefe Gewässer schon zweimal erfolgreich gegen seine Trockenlegung gewehrt. Ein erster Versuch, ihm zur Schaffung von Weideland das Wasser abzugraben, scheiterte Mitte des 19. Jahrhunderts. Ein zweiter, 1967 gestarteter Anlauf schien gelungen zu sein – zunächst jedenfalls. Bis auf einige verschilfte Wasserstellen im östlichen Teil war der See aus der Landschaft verschwunden. Dann aber, es war im Winterhalbjahr 1993/94, fiel das Schöpfwerk aus, und das Gewässer bildete sich mit einer Größe von 70 Hektar neu. Heute ist der See ein naturgeschütztes Kleinod, das von zahlreichen Vogelarten als Nahrungs-, Rast- und Ruhegewässer sowie als Brutrevier aufgesucht wird. Bereits zwei Jahre nach seiner Wiedergeburt konnten 55 an das Wasser gebundene Vogelarten nachgewiesen werden, 23 davon als Brutvögel, wie etwa der Höckerschwan, die Graugans, mehrere Entenarten, die Lachmöwe und die Beutelmeise, ebenso sämtliche einheimischen Lappentaucher. Bis auf eine extensive Beweidung der Uferzonen ohne Düngung ist das Gebiet von jeglicher wirtschaftlichen Nutzung ausgeschlossen. Auch Freizeitaktivitäten sind nur in einem naturverträglichen Rahmen erlaubt; sie beschränken sich auf einen Rundwanderweg mit Beobachtungsständen.

Lietzow – Ort, der einer Kultur den Namen gab

Weiter in Richtung Sassnitz offenbart das rügische Kernland eine Landschaft mit reizvollen Facetten: sanfte Anhöhen hier, rasch aufsteigende Hügel dort, mal mit Büschen und Bäumen bewachsen, mal freie Blicke enthüllend. Raps- und Getreidefelder, die im Sommer mit einem Saum von Mohn- und Kornblumen, Margeriten, Schafgarbe und vielen anderen blühenden Wildpflanzen eingefasst sind, wechseln sich ab. Ohne dramatische Effekte, aber mit Leichtigkeit und Anmut gehen die Bilder nahtlos ineinander über.

Die Straße steigt nun eine bewaldete Anhöhe empor und senkt sich dann zum Kleinen und Großen Jasmunder Bodden hinab. Die Enge zwischen den beiden Gewässern ist nicht sehr tief. Sie wurde 1868 mit einem Damm zugeschüttet, der das rügische Kernland mit der Halbinsel Jasmund verknüpfte und ab 1891 auch die Eisenbahnverbindung Stralsund-Sassnitz ermöglichte. Damit Fischerboote und kleinere Lastkähne auch weiterhin zwischen den beiden Bodden verkehren konnten, hatte man für die Bahn eine Klappbrücke und für die Straße eine Schleuse mit Stemmtoren, die später durch eine Drehbrücke ersetzt wurde, gebaut. Erst seit 1960 besteht für Straße und Bahn ein geschlossener Damm, der den Zugang vom Kleinen Jasmunder Bodden zum offenen Meer verriegelt und nur den Fischdurchzug und den Wasseraustausch durch eine kleine Schleusenöffnung gestattet.

Am Eingang von Jasmund liegt Lietzow. Die Ortschaft wurde im 19. Jahrhundert durch massenhafte Funde jungsteinzeitlicher Werkzeuge bekannt, die den Begriff „Lietzow-Kultur" geprägt haben. Wenn man von Südwesten kommt, fällt schon von weitem ein hübsches Schlösschen

mit einem zinnenbewehrten Rundturm ins Auge. Es liegt sehr reizvoll an einem bewaldeten Hügel oberhalb der Ortschaft. Bei genauerem Hinschauen erkennt man in seiner äußeren Gestaltung eine naturgetreue Nachbildung von Schloss Lichtenstein bei Reutlingen. Die Idee, ein Stück Burgenromantik von der Schwäbischen Alb nach Rügen zu verpflanzen, hatte der Architekt des Lietzow-Damms, der sich 1868 mit diesem Bau ein originelles und idyllisch gelegenes Zuhause schuf.

Der Gesundbrunnen von Sagard

Von Lietzow nach Sagard sind es nur sechs Kilometer. Wenige hundert Meter südöstlich vor dem Ortsrand steigt aus dem Feld ein mit verfilztem Gestrüpp überwachsener Hügel auf, den man „Dobberworth" nennt. Er ist Rügens größtes Hügelgrab. Über die Entstehung dieser Erdaufschüttung gibt es eine Sage, die jener ähnelt, die schon über die Rambiner Berge erzählt wurde, und in der ein Riese, mitunter auch eine Riesin, die Hauptrolle spielt.

Sagard war zur Slawenzeit ein wichtiges Verwaltungszentrum für den Jasmunder Distrikt. In seiner unmittelbaren Nachbarschaft lag eine Tempelburg, zu der auch ein mittlerweile eingeebneter Wall gehörte. Man vermutet, dass hier das Standbild des Slawengottes Pizamar gestanden hat. Dieser soll den Überlieferungen zufolge eine „gute Macht" repräsen-

Blick auf Sagard und den Jasmunder Bodden. Als man hier Mitte des 18. Jahrhunderts auf heilende Quellen stieß, entwickelte sich das Dorf zu Rügens erstem Bade- bzw. Kurort. Dieser lockte aber nicht mit dem offenen Meer, sondern mit dem Genuss von kalten und warmen Wannenbädern. Es gab ein Bade- und Brunnen-Haus sowie kurörtliche Einrichtungen.

tiert haben. Ob er auch imstande war, die Entwicklung der Ortschaft zu ihren Gunsten zu beeinflussen, lässt sich nicht sagen. Sicher ist, dass sie im Laufe ihrer Geschichte für kurze Augenblicke unter einem guten Stern gestanden hat. Im 17. und 18. Jahrhundert erlangte Sagard durch seine Handwerkskünste großes Ansehen. Viel gerühmt waren besonders die Bäcker und Töpfer. Zu leuchten begann der Stern, als man Mitte des 18. Jahrhunderts in der sogenannten Brunnenaue hinter dem Pfarrhaus eine eisen- und kohlensäurehaltige Quelle entdeckte. Es dauerte aber noch eine Weile, bis die der Gesundheit förderlichen Wasser für Heilzwecke erschlossen werden konnten. 1794 war es dann soweit. Der damals amtierende Pastor Heinrich Christoph von Willich und sein Bruder, der in Fachkreisen renommierte Arzt Dr. Moritz von Willich, hatten zur Gründung eines Bade- und Kurbetriebs die nötigen Voraussetzungen geschaffen. So wurde Sagard Rügens erster Badeort zu einer Zeit, als Sassnitz, Binz oder Sellin noch davon träumten. Man badete allerdings nicht im Meer, sondern begnügte sich mit kalten oder warmen Güssen und mit Wannenbädern.

Schon im ersten Jahr des Kurbetriebs wurde das Bad von annähernd 400 Personen besucht. Es gab ein Bade- und ein Brunnenhaus sowie ein Kurzentrum mit Tanz-, Konzert- und Speisesaal. Auch ein Billardraum gehörte dazu. Ferner standen Räume im Pfarrhaus für gesellschaftliche Anlässe zur Verfügung. Man pflegte gesellige Unterhaltung und unternahm Gruppenausflüge in die Stubnitz und zu den Kreidefelsen, für deren Schönheit man sich jetzt zu interessieren begann. Auf der Höhe von Stubbenkammer hatte Pastor von Willich die erste Herberge errichten lassen. In der Regel wurden solche gemeinschaftlichen Unternehmungen von einer „Wald-, Feld- und Wiesenkapelle" begleitet, die während der Badesaison in Diensten der Kurverwaltung stand.

Das Glück, in dem sich Sagard sonnte, war nur von kurzer Dauer. Während der französischen Besetzung Rügens wurde der Kurbetrieb eingestellt; die Anlage verfiel mit der Zeit und wurde später nicht mehr zu neuem Leben erweckt. Heute fällt es dem Besucher schwer, sich den Glanz vorzustellen, der einst die Ortschaft einen Atemzug lang in ihrer ansonsten eher eintönig verlaufenden Geschichte erhellte. Vergeblich sucht man die von dem Brunnenarzt Dr. von Willich 1796 in einem Bericht beschriebene Stelle, „wo die schönsten Anlagen, teils von der Natur, teils durch Kunst zusammengedrängt liegen und wo Lauben, Nischen, schroffe Erdwände, mit Büschen behangen, grüne Bäume, geebnete Täler, angenehme Promenaden, unterhaltende Spiele mancher Art, und an der gegenüberstehenden Seite ein an diesem ganzen Vergnügungsplatze vorbeirieselnder, hin und wieder in Wasserfällen rauschender Bach, ein sehr angenehmes Ganzes bilden".

Sassnitz – Tor des Nordens

Heute ist Sassnitz der wichtigste Ort auf Jasmund und eines der wenigen industriellen Zentren der Insel Rügen. Sein Aufstieg begann mit der Entwicklung zum Badeort in den zwanziger Jahren des 19. Jahrhunderts. Hatte hier der Fremdenverkehr anfänglich nur zögerlich begonnen, so erfuhr er wenige Jahrzehnte später einen enormen Aufschwung. Angelockt durch die Berichte über die Schönheit der Kreideküste und dem sich verstärkenden Trend folgend, in der offenen See zu baden, zog es bald Gäste aus aller Welt nach Sassnitz. Aus der ehemals kleinen, in einer Uferschlucht, einer sogenannten Liete, angelegten Fischersiedlung, die damals einen ähnlichen Anblick bot wie heute das bei Arkona gelegene Dorf Vitt, ging ein international anerkanntes Seebad hervor, das um 1900 den größten Teil der Rügen-Besucher aufnahm.

Zu den zahlreich hier verkehrenden prominenten Gästen gehörte auch Johannes Brahms, der im Sommer 1876 fast drei Monate in Sassnitz zubrachte. Das äußerst anregende Umfeld schien sich auf seinen Arbeitseifer günstig ausgewirkt zu haben, denn hier vollendete er seine 1. Symphonie in c-Moll. In Briefen berichtete er ganz begeistert von der urwüchsigen Landschaft Jasmunds, beklagte allerdings die schlechten Verkehrsbedingungen. Doch schon 1891 besserten sich die Verhältnisse mit der Verlängerung der Eisenbahnlinie Stralsund-Bergen bis nach Sassnitz. Jetzt war es möglich, ohne umzusteigen von Stralsund quer über die Insel zu reisen, um die offene See auf der anderen Seite zu erreichen. Der Bau des Hafens mit der über anderthalb Kilometer langen Ostmole sowie die 1897 eingerichtete Postdampferlinie nach Malmø und der Einsatz einer Eisenbahnfähre nach Trelleborg im Jahr 1909 machten Sassnitz zum „Tor des Nordens“ und gaben seiner Entwicklung einen weiteren Schwung.

Mit der Eisenbahnfähre nach Schweden hatte am 12. April 1917 durch dieses Tor auch Lenin die Grenzen Deutschlands hinter sich gelassen. In einem verplombten Eisenbahnwaggon war der „Führer des internationalen Proletariats“ aus seinem Schweizer Exil angereist, um von hier mit deutscher Hilfe über Schweden nach Russland zurückzukehren, wo er Monate später die Oktoberrevolution mit organisierte. Ihm zu Ehren gab man während der DDR-Zeit der nach Sassnitz hineinführenden Hauptstraße seinen Namen.

Die Eisenbahnfähre von Sassnitz nach Trelleborg – hier auf einem Foto aus dem Jahre 1925 – hat die Hafenstadt an der Küste Jasmunds zum „Tor des Nordens“ gemacht. Im Hintergrund erkennt man die 1510 Meter lange Ostmole, an deren Ende ein kleiner Leuchtturm steht.

In den Jahren vor dem Ersten Weltkrieg war die Zahl der Badegäste auf über 20 000 angestiegen. Der zunehmende Fremdenverkehr verlangte nach Einrichtungen und Unterkünften, die den Wünschen der Gäste entgegenkamen. So änderte sich mit der Zeit das ursprüngliche Siedlungsbild des kleinen Fischerdorfes. Um Fremdenzimmer zu schaffen, wurden viele der bescheidenen Häuser vergrößert und aufgestockt. Vor allem aber bekamen die Frontfassaden durch den Anbau von verglasten Veranden ein neues Gesicht. Die zahlungskräftigeren Gäste mögen das Hotel „Zum Fahrnberg" einer Privatunterkunft vorgezogen haben, ein exklusives Haus, das bereits seit 1869 bestand. Für die Freizeitfreuden am Wasser standen drei Strandbäder zur Verfügung, deren Benutzung nur nach Geschlechtern getrennt erlaubt war. Den Herren waren zwei Strandabschnitte zugewiesen – der eine lag auf dem heutigen Gelände des Fischereihafens, der andere am nordöstlichen Ende der Ortschaft –, während die Damen sich mit einem Strandbad begnügen mussten, das zwischen den Abgrenzungen der Herren seinen Platz hatte. Damit sich aber keiner falsche Hoffnungen machte, waren die Bäder in züchtiger Entfernung voneinander angelegt und außerdem mit Brettern verkleidet. Erst 1908 erfreute man sich der Einrichtung eines Familienbades.

Postkartenerinnerung aus vergangenen Tagen: die Strandpromenade von Sassnitz nahe dem heutigen Fischereihafen. Um die Jahrhundertwende war der Ort ein international anerkanntes Seebad. Seine Blütezeit dauerte aber nicht lange. Je weiter sich die Bäder in Südost-Rügen entwickelten, die mit schöneren Sandstränden lockten, desto mehr ließ der Besucherstrom in Sassnitz nach.

In den nachfolgenden Jahrzehnten versiegte der Besucherstrom allmählich. Als die Ostseebäder Binz, Sellin und Göhren mit ihren schönen langen Sandstränden anfingen, die Aufmerksamkeit auf sich zu lenken, hatte Sassnitz, das über keinen natürlichen Sandstrand verfügte, als Badeort keine Chance mehr. Man erkannte die Zeichen der Zeit rechtzeitig und setzte zur Sicherung der wirtschaftlichen Grundlage hauptsächlich auf die Kreideindustrie, die Fischverarbeitung und den Fährverkehr nach Skandinavien.

Heute ist die alte Ortschaft, die 1906 mit dem westlich gelegenen Bauerndorf Crampas zu einer administrativen Einheit unter dem gemeinsamen Namen Sassnitz zusammengeschlossen wurde – räumlich hatten sich die beiden Gemeinden schon lange vorher angenähert –, kaum noch wiederzuerkennen. Aufgrund seiner eingeschlossenen Lage konnte sich Sassnitz weiträumig nur nach einer Seite hin ausdehnen, und zwar entlang der Hauptausfallstraße und in deren Umfeld. Vor allem aber haben die Zerstörungen durch alliierte Luftangriffe 1945 und der nachfolgende

Wiederaufbau das Gesicht des Ortes verändert. Bei dieser Offensive, einen Monat vor Ende des Zweiten Weltkrieges, die hauptsächlich den Hafen- und Industrieanlagen galt, gingen nicht nur große Teile der alten Bausubstanz verloren, sondern es fanden auch Tausende von Menschen den Tod.

Auf der Suche nach dem historischen Sassnitz muss der Anreisende, der über die Stralsunder Straße hineinkommt, die Stadt in ihrer ganzen Länge durchqueren. Vorbei am alten Seemannsheim – heute Kurhotel –, an einer als Rügen-Galerie benannten Einkaufsmeile und dem Rügen-Hotel folgt man der Hauptstraße bis etwa auf die Höhe des Rathauses. Dort, wo sich die Straße zur einstigen Uferschlucht hinabsenkt, liegt das alte Sassnitz, das 1686 aus zwölf Fischerkaten, die an beiden Seiten des Steinbachs gebaut worden waren, bestand und von dem Grümbke berichtete, dass „die Hütten romantisch an beiden Seiten des Baches unter Baumschirmen liegen“. Heute strömt das Wasser durch ein unterirdisch verlegtes Abflusssystem zum Meer. An seiner Mündung wurde 1995 eine Metallstele errichtet, die an den einst frei fließenden Bach erinnert.

Trotz des mittlerweile veränderten Aussehens erweckt das Ortsbild einen Eindruck, den man immer noch „romantisch“ nennen möchte. Die verschachtelten, an steilen Hängen übereinandergebauten Häuser und die Treppengassen erinnern an südliche Ortschaften. Frisch restauriert, erstrahlt an vielen Stellen die gründerzeitliche Bäderarchitektur der alten Pensionen und Herbergen wieder in neuem Glanz. Enge Sträßchen schlängeln sich zur Strandpromenade hinab. Dort geht es rechts an kleinen Gasthäusern entlang zum Hafengelände und links zum Uferweg der Kreidefelsen. Wer mit offenen Augen und mit der Freude am kleinen Idyll hier entlangschreitet, wird bald gewahr, dass der Reiz, den Rügens einstiges „Modebad“ auf seine Besucher ausübte, nicht ganz verlorengegangen ist.

Sicherlich wird man nicht des Badens wegen nach Sassnitz reisen; was die Besucher anlockt, das sind die Kreidefelsen, die gleich hinter der Ortschaft beginnen, und die Waldgebiete der Stubnitz. Beliebt sind aber auch Spaziergänge auf der Hafenmole, von der man das Ein- und Auslaufen der Fischkutter und Ausflugsboote, die Touristen entlang der Kreideküste zum Königsstuhl schippern, beobachten kann.

Strandpromenade von Sassnitz mit dem „Hotel am Meer“. Das Foto entstand um 1910, zu einer Zeit, als Sassnitz noch ein vielbesuchtes Seebad war. Damals verzeichnete der knapp 2000 Einwohner zählende Ort etwa 20 000 bis 30 000 Gäste im Jahr.

Die Türme der Backsteinkirchen von St. Marien, St. Jakobi und St. Nikolai beherrschen die Stadtsilhouette von Stralsund. Im Dämmerlicht der Abendstunden ist der Blick von der Küste bei Altefähr auf die Hansestadt besonders reizvoll. Als es den Rügendamm noch nicht gab und der gesamte Transportverkehr zwischen dem Festland und der Insel mit Fährbooten bzw. -schiffen über den Sund abgewickelt wurde, ging es hier recht lebhaft zu. Auch die Trajektverbindung Stralsund-Sassnitz berührte diesen Ort. Die alten Poller links im Bild erinnern daran.

Die Dorfkirche von Rambin (oben) gehört zu den alten Gotteshäusern auf Rügen. Der Bau wurde bereits um 1300 begonnen. Ihre reiche barocke Ausstattung, etwa den Altaraufsatz, die Kanzel und den Beichtstuhl, erhielt sie allerdings erst vier Jahrhunderte später.

Ein Ort verträumter Poesie: die Kapelle des ehemaligen Klosters St. Jürgen in Rambin (rechts). Sie gehörte zu einer Anlage, die im 14. Jahrhundert der Stralsunder Ratsherr Georg von Wickede als Aussätzigenheim gestiftet hat. Heute wird ein Teil des Kirchleins vom Ersten Rügenschen Kunstverein als Ausstellungsraum genutzt.

Das zentrale Inselgebiet besteht aus einer buckligen Endmoränenlandschaft, deren Kämme nach Osten hin ansteigen und den Großen wie den Kleinen Jasmunder Bodden umrahmen. Einer der vielen Hügel ist der Tempelberg bei Ralswiek. Wenn im Sommer der Klatschmohn, die Kornblumen, Margeriten, Wicken und viele andere Feldblumen blühen, verwandeln sich seine Hänge in ein bezauberndes Farbenmeer.

Auf der Hügelkuppe des Rugard, nicht weit vom Zentrum der Stadt Bergen entfernt, steht seit 1877 der Ernst-Moritz-Arndt-Turm. Wer über eine Wendeltreppe bis zur Glaskuppel hochsteigt, wird mit einem Inselpanorama belohnt, dessen Schönheit schon in der Vergangenheit besungen wurde.

Die Marienkirche von Bergen ist die älteste noch erhaltene Kirche auf Rügen und ein bedeutendes Denkmal des spätromanischen Stils. Ihr Bau begann um 1180, also etwa zwölf Jahre nach dem Fall der Tempelfestung von Arkona und der Zerschlagung des Heidentums auf der Insel. Den Grundstein legte der zum Christentum konvertierte Slawenfürst Jaromar I. Obwohl die Kirche in den nachfolgenden Jahrhunderten durch zahlreiche An- und Umbauten im Sinne der Gotik verändert wurde, ist an vielen Stellen der ursprüngliche Baugedanke noch sichtbar. Die Abbildung zeigt den Blick vom südlichen Querhausflügel zur Kanzel. Besonders bemerkenswert sind die Wandmalereien, die fast jeden Quadratzentimeter der Innenwände ausfüllen.

Abendstimmung am Großen Jasmunder Bodden bei Polchow. Die letzten Strahlen der Sonne vergolden das Schilf am Ufer und die Planken eines ausgedienten Bootes. Nichts stört die friedliche Stimmung. Natur pur – mag man denken. Kaum noch etwas deutet darauf hin, dass es in der Vergangenheit mehrere Versuche gegeben hat, einen Kriegshafen im Jasmunder Bodden zu bauen. Die ersten Pläne einer Marinebasis wurden schon zwischen 1845 und 1864 erörtert. Den zweiten Bauversuch unternahmen die Nationalsozialisten, während die letzte Initiative Anfang der 1950er Jahre von der DDR ergriffen wurde. Alle drei Vorhaben scheiterten.

Meeresblick
FÜRSTENHOF

Blick von der Seebrücke auf die Altstadt von Sassnitz (links). Der Ort ging aus einer kleinen Fischersiedlung hervor, die sich in der vom Steinbach durchflossenen Uferschlucht gebildet hatte und die gegen Ende des 17. Jahrhunderts aus zwölf Häusern bestand. „Die Hütten liegen romantisch an beiden Seiten des Baches unter Baumschirmen", schrieb Johann Jacob Grümbke 1803. Mit der Entwicklung zu einem modernen Seebad entstanden aus den einst bescheidenen reetgedeckten Katen elegante Villen mit Balkonen, die den Ansprüchen der Badegäste genügen sollten.

Neben der Seebrücke von Alt-Sassnitz lädt die anderthalb Kilometer lange Mole des Stadthafens zu einem Spaziergang ein. An ihrem äußeren Ende steht ein kleiner Leuchtturm, den auch die Ausflugsboote mit Kurs zur Kreideküste oder zu den Seebädern im Südosten der Insel umfahren (oben).

Genuss unter Sonnenschirmen am Uferrand (unten): Hier, auf der Strandpromenade von Alt-Sassnitz zu sitzen, auf die Ostsee zu schauen und dem Wellenschlag zu lauschen – dabei lässt sich die Zeit vergessen. Links im Bild markiert eine Metallstele die Stelle, wo einst der Steinbach ins Meer mündete.

Wegweisend bei Nacht und Nebel: der kleine Leuchtturm am Molenende des Fährhafens von Sassnitz-Mukran. Hier ziehen nicht nur die großen Fähren nach Skandinavien und ins Baltikum vorbei, sondern auch Kreuzfahrtschiffe, die den Terminal des Fährcenters ansteuern.

Die Kreidefelsen von Jasmund

Der Königsstuhl ist nicht gepolstert. Das nackte Felsplateau auf dem berühmtesten Felsvorsprung an der Kreideküste Rügens ragt zwar majestätisch aus dem Grün der umstehenden Buchen heraus, wäre aber trotzdem nicht für ein königliches Gesäß geeignet gewesen. Aus diesem Grund hatte sich der schwedische König Karl XII. im Jahre 1715 während des Nordischen Kriegs dort oben einen Sessel aufstellen lassen, um von höherer Warte und in aller Ruhe ein Seegefecht seiner Leute gegen die Dänen zu verfolgen, gegebenenfalls auch zu leiten.

Obwohl diese Begebenheit, mit der die Namensgebung des 117 Meter hohen Kreidefelsens lange Zeit in Verbindung gebracht wurde, höchstwahrscheinlich aus der Schatzkammer der Legenden stammt, wird sie immer wieder gern erzählt. Die Glaubwürdigkeit scheint dabei eine Frage zu sein, die man geflissentlich übergeht; denn bei einer originellen Geschichte ist man bekanntlich gern bereit, an den Nachweis ihrer Echtheit keine allzu hohen Ansprüche zu stellen.

Eine andere Deutung für die Bezeichnung „Königsstuhl" geht auf die Sage zurück, nach der dieser Felsen in alter Zeit bei der Königswahl eine Rolle gespielt haben soll. Wer immer den Thron besteigen wollte, musste an einem Wettbewerb teilnehmen: Wem es gelang, den Felsen von der Seeseite her am schnellsten zu besteigen und als erster auf einem dort oben bereitgestellten steinernen Stuhl Platz zu nehmen, der sollte dazu bestimmt sein, die Krone zu tragen.

In der Vergangenheit haben viele ambitionierte Kletterer auch ohne Anwartschaft auf königliche Würde, bloß um ihren Mut zur Schau zu stellen oder aus Übermut, dieses halsbrecherische Unternehmen gewagt und sind die fast senkrechten, bröckligen Kreidewände emporgestiegen. Zu ihnen gehörten auch der Dichterpfarrer Kosegarten sowie der Berliner Geistliche Johann Friedrich Zöllner, der die tollkühne Tat 1797 in seiner „Reise durch Pommern nach der Insel Rügen" für die Nachwelt überlieferte. Desgleichen hatte Kosegarten dem flüchtigen Ruhm der bestandenen Mutprobe ein Andenken bewahren wollen, indem er nach Erreichen des Gipfels seinen Namen in einen Baumstamm ritzte. Beide sollen später versichert haben, dass sie kein zweites Mal ein solches Abenteuer riskiert hätten.

Durch Erfahrung wird man eben klug. Noch klüger, auch ohne diese Erfahrung, war damals ihr Kollege Johann Carl Friedrich Rellstab, der auf diesen akrobatischen Akt verzichtet hatte. Aus gutem Grund, wie man später von ihm erfuhr: „Manchen anderen, deren Wille größer war als ihre Kräfte", schrieb er, „hat man von oben mit Stricken zu Hülfe kommen müssen, da alle Kräfte sie verließen, und sie sich nur an einen in der Angst ergriffenen Baumast zu halten vermochten. Außerdem versehen sich die Steiger zur Vorsicht mit einem Jagdmesser, stoßen dies bis an den Heft in die Kreide, und halten sich, um neue Kräfte zu sammeln, am Heft." So also sah gegen Ende des 18. Jahrhunderts die Praxis einer Gipfelbesteigung aus, zu einer Zeit, als sich im Hochgebirge gerade der Alpinismus zu entwickeln begann.

Natürlich gab es schon damals auch am Königsstuhl einen sogenannten „Normalweg“ ohne Schwierigkeitsgrad – Bergsteiger wissen, wovon die Rede ist –, der durch eine benachbarte Uferschlucht den ungefährlichen Auf- bzw. Abstieg ermöglichte. Von dieser Gelegenheit hatte auch Herr Rellstab Gebrauch gemacht, dessen „starke Furchtsamkeit die Sicherheit liebte“, wie er bekannte.

Dieser mittlerweile mit vielen Windungen und sicheren Stufen neu angelegte Steig durch die von oben bis unten dicht bewaldete Golgaschlucht wird heute von vielen tausend Besuchern des Königsstuhls begangen, die vom Hochuferweg zum Strand herabsteigen oder umgekehrt von unten nach oben kommen wollen. Nicht nur aus Sicherheitsgründen ist mittlerweile das Besteigen der Kreidefelsen abseits dieses Pfads streng untersagt. Die gesamte Kreideküste von Sassnitz bis Lohme einschließlich des angrenzenden Waldgebiets der Stubnitz genießt seit Oktober 1990 den Schutzstatus eines Nationalparks. Zu dem etwa 3000 Hektar umfassenden Bezirk, der das bereits seit 1935 bestehende „Naturschutzgebiet Jasmund“ mit aufgenommen hat, gehören ferner ein 500 Meter breiter Streifen der strandnahen Ostsee sowie die stillgelegten Kreidebrüche von Quoltitz, die an der vom Meer abgewandten Seite des Nationalparkgebiets liegen.

Auf Caspar David Friedrichs Spuren

Die Kreidefelsen von Jasmund gehören zu den Naturwundern Rügens, derentwegen man vor mehr als zweihundert Jahren begann, die Insel vermehrt zu besuchen. Heute steigen jährlich etwa eine halbe Million Besucher auf das 200 Quadratmeter große Plateau des Königsstuhls und genie-

Die Kreidefelsen der Großen Stubbenkammer (Stahlstich von Johann Friedrich Rosmäsler, 1835). Zwei zugespitzte Pfeiler, die mittlerweile durch Verwitterung in sich zusammengesunken sind, bildeten damals einen schmalen Spalt, gleich einem Portal, das den Eingang zur Schlucht markierte.

ßen aus schwindelerregender Höhe die Aussicht auf das Meer oder ergötzen sich an dem kalten Schauer, der sie beim Blick in die abgrundtiefen Schluchten der hohen Kreideufer überläuft. Viele sind auf der Suche nach der Stelle, wo einst Caspar David Friedrich gestanden und die Skizze zu seinem Gemälde „Kreidefelsen" entworfen hat. Ist es vielleicht die Kleine Stubbenkammer, die die Vorlage für das berühmte Bild gegeben hat? Diese unweit des Königsstuhls gelegene kesselartige Schlucht mit den bizarr geformten Kreidetürmen und den Bäumen, die sich vom hohen Uferrand weit in den Abgrund neigen, scheint dem Gemälde am meisten zu entsprechen. Der Maler hatte aber einen anderen Blick dargestellt, und zwar den Ausschnitt einer Felsenkluft der Großen Stubbenkammer nordwestlich vom Königsstuhl mit dem Feuerregenfelsen links. Durch die Einwirkung von Frost, Wind und Wetter haben sich die Felsgebilde seit Entstehen des Gemäldes im Sommer 1818 so sehr verändert, dass keine Ähnlichkeit mehr besteht. Denn immer wieder kommt es vor, dass ein ganzer Küstenteil abstürzt. Bei dem gewaltigen Kreideausbruch im Frühjahr 1958 wurden beispielsweise 70 000 Kubikmeter Kreidebrei mit einem Male ins Meer geschwemmt.

„Gasthaus auf Stubbenkammer" (Stahlstich um 1840). Die Kreidefelsen von Jasmund waren schon vor zweihundert Jahren ein Grund, warum man nach Rügen fuhr. Da bekanntlich der Anblick großartiger Natur den Appetit stärkt, gab es auch damals für die Besucher des Königsstuhls – wie die Abbildung zeigt – ein stattliches Gasthaus.

Der Hauptstrom der Besucher konzentriert sich natürlich auf das Plateau des Königsstuhls, obwohl man dessen gigantische Ausmaße eigentlich nur von unten, vom Strand aus, richtig erfassen kann. Wer sich durch den zeitweise herrschenden Massenansturm auf Rügens schönstem Aussichtsbalkon bedrängt fühlt, findet in der benachbarten Kleinen Stubbenkammer einen ruhigeren, aber nicht weniger dramatischen Einblick in die fantastische Formenwelt der Kreideküste. Der Pfad führt dicht an der Absturzkante der Schlucht vorbei, die links von der fast senkrechten Kreidewand der Victoria-Sicht begrenzt ist. Aus der Tiefe dieses Kessels steigt eine Bastion aufgetürmter Zacken von unregelmäßiger Gestalt empor. „Sturzdrohend und grausenerregend stehen sie da, wie Trümmer einer anderen Welt", schrieb Grümbke.

An mehreren Stellen der rund acht Kilometer langen Kreideküste zwischen Sassnitz und dem Königsstuhl gibt es solche Höhepunkte mit fantastischen Aus- und Einblicken: Felsen, die weit hervorstehen, abschüssige Waldufer, zerspaltene und mit Feuersteinen punktierte Wände sowie tief eingeschnittene Klüfte und Nischen, durch die ein Bach in den Abgrund stürzt. Viele der markanten Punkte und Formen haben Namen wie „Bläse“ und „Hengst“, „Wissower Klinken“, „Ernst-Moritz-Arndt-Sicht“, „Tipper Ort“, „Kollicker Ort“ oder „Aser Ort“. Besonders aufschlussreich ist der Blick vom Meer auf die Küste, etwa von einem der ehemaligen Sassnitzer Fischkutter, die jetzt Ausflugsfahrten zum Königsstuhl unternehmen. Wie die Kulisse eines gewaltigen Naturtheaters breitet sich das weißliche Band der Kreideflöze vor den Augen aus, bedeckt vom Grün der Buchenwaldungen, die sich wie dicke Polster über die Hochufer wölben und in den Schluchten bis zum Strand herabreichen.

Doch erst der Blick aus der Nähe erschließt die Details, aus denen sich die geologischen Vorgänge in erdgeschichtlicher Vergangenheit ablesen lassen. Die gewaltigen Kreideaufschlüsse offenbaren ihre komplizierte Schichtung und legen eine Fülle von längst ausgestorbenen Tieren und Pflanzen der Kreidezeit als versteinerte Reste urweltlicher Lebewesen bloß. Am Steilufer erkennt man riesige, teils schräggestellte Schollen, die gegeneinander verschoben oder in sich verbogen und stellenweise von eiszeitlichem Geröll überlagert bzw. durchzogen sind. Mit gewaltigem Druck hatten die Eisströme den Kreidegrund auseinandergebrochen und die Schollen zu einem stufigen Höhenrücken zusammengeschoben und emporgedrückt. Als die Gletscher abtauten, hinterließen sie Unmengen an Gesteinsschutt, der als Geschiebemergel abgelagert oder durch die Schmelzwasser zu Sand zerrieben wurde.

Mit etwas Glück wird der aufmerksame Wanderer am Strand zwischen den Feuersteinknollen noch fossile Reste von Lebewesen finden, die durch Verwitterung aus dem Kreideufer herausgelöst wurden. Einen versteinerten Seeigel zu entdecken oder auf Ammoniten zu stoßen, bedeutet schon etwas Besonderes. Am leichtesten lassen sich die Belemniten ausfindig machen, nicht nur, weil sie sehr häufig vorkommen, sondern auch wegen ihrer auffälligen und leicht erkennbaren Gestalt. Diese geschossartig geformten Gebilde sind die versteinerten Skelettreste von tintenfischartigen Organismen, die einst im Kreidemeer lebten. In mythischer Zeit betrachtete man sie als Wurfgeschosse überirdischer Wesen. So etwa soll sie der germanische Gott Donar bei Gewitter auf die Erde geschleudert haben. So erklärt sich auch die hierzulande gebräuchliche Bezeichnung „Donnerkeile“.

In der breiten Bevölkerung gehören die Belemniten zu den bekanntesten Fossilien. Zu Pulver zerrieben, benutzte man sie noch im 19. Jahrhundert als Heilmittel bei unterschiedlichsten Krankheiten, wie etwa Gelbsucht, Verdauungsbeschwerden, Augenleiden oder Kinderlosigkeit. Wenn die Belemniten auch in der modernen Medizin keine

Bedeutung mehr haben, so sind sie für die geologische Wissenschaft immer noch von hohem Wert, da man sie als Eichmaß zur Altersbestimmung der Kreide heranziehen kann. Danach wurde das Alter der rügischen Kreide auf 70 Millionen Jahre bestimmt.

Es ist sicherlich nicht übertrieben zu behaupten, dass die Kreidesteilufer von Jasmund mit den Buchenwaldungen der Stubnitz zu den schönsten Küsten Europas gehören. Wer die Mühe nicht scheut, den etwas mehr als acht Kilometer langen Hochuferweg von Sassnitz bis zum Königsstuhl zu gehen oder zumindest Teilstrecken davon zurückzulegen, dem wird das Beste zuteil, was diese Naturlandschaft zu bieten hat. Ist es hier zu jeder Tageszeit schön, so herrscht in den frühen Morgenstunden, wenn alles noch sehr still und das Meer im schwachen Widerschein des aufsteigenden Lichts von einem seidigen Glanz überzogen ist, ein besonderer Zauber. Wenn sich dann die Sonne wie ein roter Ball aus dem Wasser hebt, beginnen die Kiesel tief unten am Strand zu funkeln, während die Baumstämme am Ufersaum einige Minuten lang wie glühende Lohe leuchten. Das Kreidegestein schimmert eine Weile matt rosa, bis es wenige Zeit später vom gleißenden Tageslicht überstrahlt wird. „Ich wollte Studien zeichnen", schrieb Carl Gustav Carus, der dieses morgendliche Schauspiel kannte, „aber kaum hatte ich ein paar Striche gemacht, als ich die Mappe weit wegschleuderte in der Überzeugung, hier sei jeder Strich nur eine Lästerung dieses ganz überschwenglichen Phänomens."

Gleich hinter Sassnitz beginnt das Ufer steil und kreidig zu werden. Der Weg schlängelt sich mitunter so dicht an der Absturzkante entlang, dass man wunderbare Einblicke in das Gewebe des Kreidefelsens erhält. Rotbuchen lehnen sich mit überhängenden Ästen und freiliegenden Wurzeln über den Abgrund. Hier und da ist die Uferbewaldung auch mit anderen Gehölzen durchsetzt, wie Eiben und Eschen oder wildwachsenden Apfel- und Birnbäumen, die, wenn sie blühen, besonders auf sich aufmerksam machen. Das Frühjahr, etwa von Anfang bis Mitte Mai, ist in der Stubnitz überhaupt die schönste Jahreszeit; die Bäume haben gerade begonnen, ihr frisches Grün anzusetzen, und den Waldboden überzieht ein Blütenteppich von Buschwindröschen. Solange das Laubdach noch nicht geschlossen ist, streuen auch andere bodennahe Pflanzen ihre Farbtupfer aus, wie das blaue und pinkfarbene Leberblümchen, die gelben Wald-Schlüsselblumen oder das Scharbockskraut.

Nachdem etwa zwei Kilometer der Wegstrecke zurückgelegt sind, kommt der erste Höhepunkt: die Kreideklippen der Wissower Klinken. Sie gehören neben den Felsgebilden der Kleinen Stubbenkammer zu den beeindruckenden Erscheinungen an der Küste Jasmunds. Ursprünglich waren sie Teil einer geschlossenen Uferwand, die im Laufe der Zeit auseinanderbrach. Unter der Einwirkung von Wind und Wetter haben sich schließlich die seltsamsten Formen herausgebildet. Aber auch der gegenwärtige Zustand gewährt nur ein vergängliches Bild. Dieselben Kräfte, die in früheren Stadien am Werk waren, funktionieren in gleicher Weise auch heute noch. Wie dramatisch solche Vorgänge bisweilen vonstatten gehen, zeigte sich erst in jüngster Zeit sehr eindrucksvoll. In einer Februarnacht 2005 brachen rund 50 000 Kubikmeter Kreide aus den kegelförmigen Klippen und fielen in großen Brocken auf den Feuersteinstrand. Mit diesem Absturz, dem kurz darauf ein weiterer folgte, verlor eines der berühmtesten Wahrzeichen Rügens seine charakteristische Gestalt.

Vorbei an der Ernst-Moritz-Arndt-Sicht, einem markanten Felsvorsprung, an dessen Rand sich eine mächtige Buche mit teilweise freiliegendem Wurzelwerk krallt, erreicht man den Tipper Ort, die östlichste Landspitze von Jasmund. Von hier aus öffnet sich der Blick auf die Hohen Ufer, den vielleicht schönsten Abschnitt der Kreideküste. Sie bilden ein etwa zwei Kilometer langes und im Durchschnitt 60 Meter hohes Steilufer, das bis zur nächsten Landspitze, dem Kolliker Ort, reicht. Etwa in der Mitte dieses Abschnitts fällt eine V-förmige Einbuchtung auf, durch die der Kieler Bach fließt. Dort, wo er sich mit einem Wasserfall in die Ostsee ergießt, gibt es die Möglichkeit, über eine Leiter zum Strand hinabzusteigen und die Wanderung zum Königsstuhl auf dem mit Feuersteinen übersäten Uferstreifen fortzusetzen.

Tief durchatmen, langsam Sprosse für Sprosse nehmen – und nicht nach unten schauen: Der Abstieg vom Hochuferweg zum Strand über diese fast senkrecht am Kreidefelsen angebrachte Leiter neben dem Wasserfall des Kieler Bachs mag manchem Wanderer recht abenteuerlich erscheinen.

Der geheimnisvolle Herthasee

Knapp eine Viertelstunde vom Königsstuhl entfernt, in Richtung der Ortschaft Hagen, liegt der Herthasee. Das bis zu elf Meter tiefe und mit Schilf umgürtete Gewässer verdankt seinen Ursprung einem mächtigen Eisblock, den die Gletscher der Glazialzeit zurückgelassen hatten. Als er später abtaute, entstand in der Geländemulde dieser See. In früherer Zeit nannte man ihn auch Burgsee, denn dicht an sein nördliches Ufer grenzt ein zehn Meter hoher Burgwall, der einst eine slawische Tempelburg umfriedete. Hier soll sich – der irrtümlichen Auslegung eines Berichts von Tacitus zufolge – die vermeintliche Kultstätte der germanischen Erdgöttin Hertha befunden haben.

Im 40. Kapitel der „Germania“ beschrieb Tacitus ein unter suebischen Völkern gepflegtes Ritual, das der Verehrung der Göttin Nerthus, der Göttin Erde, gewidmet war. Nach seiner Darstellung suchte diese Göttin einmal im Jahr, und zwar zur Erntezeit, auf einem von Kühen gezogenen Gespann die Stätten ihrer Untertanen auf. Ihr Wagen war verhüllt, kein Sterblicher durfte sie sehen. Nur Priestern war es vergönnt, sie dabei zu begleiten. Überall, wohin sie kam, herrschten Festtagsstimmung, Fröhlichkeit, Friede und Eintracht. Bevor die Göttin in ihr Heiligtum zurückkehrte, wurde sie samt Wagen und Gewändern in einem geheimnisvollen See gewaschen. Sklaven, die ihr dabei zu Diensten standen, mussten anschließend sterben, damit nichts von dem, was sie gesehen hatten, an die Öffentlichkeit gelangen konnte.

Als Stätte der zeremoniellen Handlung hatte Tacitus einen heiligen Hain und einen See auf einer Insel im Meer angegeben. Anfang des 16. Jahrhunderts setzten Interpreten des Tacitus die Erdgöttin Nerthus mit „Herthum“ gleich. Dieses aus dem althochdeutschen abgeleitete Wort bedeutet in seinem Ursprung „Erde“. So wurde durch falsche Lesart des Tacitus aus Nerthus Hertha. Nun begann man eine Insel im Meer zu suchen, die zu der beschriebenen Lokalität, „ein See im Walde“, am besten passen konnte. 1616 glaubte der deutsche Gelehrte Philipp Clüver diese Stätte auf Rügen gefunden zu haben und behauptete, der Kult habe an einem kleinen Waldsee auf Jasmund stattgefunden. Seitdem führt dieses Gewässer die Bezeichnung Herthasee. Allen Bedenken gegenüber der Wissenschaftlichkeit dieser Anschauung zum Trotz hielt man an der Deutung fest, und so wurde Rügen, nach den Worten des Historikers Friedrich Wilhelm Barthold, „um einen poetischen Schmuck bereichert“.

Die Geschichte des Hertha-Kults war zeitweise so populär, dass sie in die rügenschen Volkserzählungen einging. Wie aus Garz mündlich überliefert wurde, galt der Herthasee bei den Einheimischen als heilig, und niemand wagte es, aus ihm Wasser zu schöpfen, nicht einmal an seine Ufer zu treten. „Jetzt ist das ganz anders geworden“, beklagte der Erzähler, „fangen doch schon manche Frauen an, in der heiligen Flut ihre Wäsche zu spülen.“ Heute ist der hübsche Waldsee zwar nicht mehr heilig im ursprünglichen Sinn, genießt aber wieder eine gewisse „Unantastbarkeit“. Niemand würde es wagen, dort seine Sachen zu waschen, denn als Teil des Nationalparks Jasmund steht er unter strengem Schutz.

Ein Stück vom See entfernt liegt ein Großsteingrab aus der Jungsteinzeit, das man „Pfenniggrab“ oder – wie es früher hieß – „Pfennigkasten“ nannte. Auch diese Bezeichnung wurde mit der Legende um den Hertha-Kult in Verbindung gebracht, denn die Priester der Göttin sollen hier das Opfergeld aufbewahrt haben, das für die Göttin gesammelt wurde.

Obwohl die Annahme, dass der von Tacitus berichtete Kult mit diesem See im Wald von Jasmund in Verbindung stehe, längst als Irrtum erkannt wurde, sind die Bezeichnungen „Herthasee“, „Herthaburg“ oder „Herthabuche“ nicht mehr wegzudenken. Sie machen diesen Ort zu einer Begegnungsstätte mit der Mythologie und erinnern an die alte Sagenwelt, aus der immer noch ein leiser Hauch des Geheimnisvollen in die Gegenwart weht.

Immer wieder möchte man an solchen Stellen verweilen, über das Meer schauen – und dabei die Zeit vergessen. Die Wanderung von Sassnitz zum Königsstuhl über den rund acht Kilometer langen Hochuferweg gehört zu den schönsten Unternehmungen einer Rügenreise.

Blick auf die Hohen Ufer. Die Kreidewände steigen in diesem Abschnitt durchschnittlich auf eine Höhe von 60 Metern empor. Das bewegte Relief entstand während der letzten Eiszeit, als durch den Druck der Gletscher mächtige Kreideblöcke aus dem Grund gerissen und wie von einer Planierraupe zu einem stufigen Höhenrücken zusammengeschoben wurden. Mit dem Steigen des Meeresspiegels am Ende der Eiszeit kamen die Kreideschichten in den Wirkungsbereich der Brandungswellen. Unaufhörlich nagte das Meer an den Ufern und schuf mit Unterstützung von Verwitterungsprozessen diese Steilküste. Auch heute noch ist die Uferzone in Bewegung, und immer wieder kommt es vor, dass nach Frost- oder längeren Regenperioden größere Teile abbrechen.

Im Frühling, etwa zwischen den Monaten April und Mai, wenn die Bäume gerade begonnen haben, ihr frisches Grün anzulegen, ist der Waldboden der Stubnitz mit einem Blütenteppich von Buschwindröschen bedeckt.
Schon in früherer Zeit war die Stubnitz – der Name soll auf das slawische Wort „stobnica“ zurückgehen, das „Waldung mit Bienenkellern“ bedeutet – mit Wald bestanden. Damals dürften Eichen die vorherrschende Baumart gewesen sein. Ihre Bestände wurden aber seit dem 12. Jahrhundert durch wirtschaftliche Nutzung zurückgedrängt. Mittlerweile hat sich die Rotbuche durchgesetzt, deren Wachstum durch das kühle und feuchte Klima begünstigt wird.

Die Wissower Klinken gehörten zu den bizarrsten Erscheinungen an der Jasmunder Kreideküste. Messerscharf zeichneten sich ihre Formen vom Wasserhintergrund ab (oben). Ursprünglich waren sie Teil einer zusammenhängenden Uferwand, die im Laufe der Zeit auseinanderbrach. Die versprengten Mauern und Pfeiler wurden schließlich durch die einwirkenden Kräfte von Wasser, Frost und Winden zu kuriosen Gebilden modelliert, die so, wie sie die obere Abbildung zeigt, vor einigen Jahren noch bestaunt werden konnten. In einer Februarnacht 2005 brachen aber rund 50 000 Kubikmeter Kreide aus den Klippen und fielen in gewaltigen Brocken auf den Strand. Mit diesem Absturz verlor eines der berühmtesten Wahrzeichen Rügens seine charakteristische Gestalt (kleine Abbildung).

Mit einer Höhe von 117 Metern steigt der Königsstuhl majestätisch aus der Uferbewaldung empor. Er gehört zu den meistbesuchten Ausflugszielen der Insel. Einmal auf seiner Aussichtsterrasse stehen und über das Meer schauen – das möchten fast alle Rügenbesucher. Der Name dieses gewaltigen Kreideriesen wird auf eine Legende zurückgeführt, nach der der schwedische König Karl XII. im Jahre 1715 während des Nordischen Kriegs von dort oben, in einem Sessel sitzend, den Verlauf einer Seeschlacht beobachtet haben soll.

Ufereinschnitt des Kieler Bachs. Die tief einfallenden Strahlen der aufgehenden Sonne lassen die Baumstämme wie glühende Lohe leuchten. Die dicht bewaldete Schlucht macht einen urwüchsigen Eindruck, zumal die Bäume hier ohne forstwirtschaftliche Eingriffe wachsen und altern können und auch an Ort und Stelle zerfallen und vermodern.

Strand mit Feuersteinen und Geschiebeblöcken im Bereich der Mündung des Kieler Bachs. Bevor sich das quirlige Gewässer in die Ostsee ergießt, stürzt es mit einem gewaltigen Sprung seinem Ziel entgegen. Wanderer können an dieser Stelle über eine Leiter vom Hochuferweg zum Strand hinabsteigen. Aber schwindelfrei sollten sie schon sein.

Gleich hinter Sassnitz beginnt die Kreideküste. Nackte, senkrecht emporstrebende Wände wechseln mit sanft abfallenden, begrünten Hängen. Der obere Rand ist vielfach zerklüftet und mit Buchen eingefasst. Die Kliffs des Wissower Ufers markieren den Anfang des dramatisch aussehenden Küstenabschnitts.

Blick durch eine der vielen Uferschluchten. Zwischen den Buchen schimmert das Meer. Immer wieder fasziniert die Farbe des Wassers, die, je nach Lichteinfall, Wellengang oder Trübung durch aufgeschlämmte Kreide, von himmelblau bis smaragdgrün wechselt.

Auch dieser Baumstumpf – Rest der einst stattlichen Herthabuche – erinnert an den Kult der germanischen Erdgöttin. Mit dem Rauschen der Blätter, so die Sage, soll sie ihren Willen kundgetan haben.

Erlenbrüche bilden in der Stubnitz märchenhaft schöne Winkel. In dem nähr- und sauerstoffreichen Wasser findet die Schwarzerle besonders günstige Lebensbedingungen. Bei niedrigem Wasserspiegel liegt ihr reich verzweigtes Wurzelwerk frei (oben).

Mitten in den Waldungen der Stubnitz liegt der Herthasee, ein stark vermoortes, geheimnisvolles Gewässer, um das sich die Legende eines der Erdgöttin Nerthus bzw. Hertha gewidmeten heidnischen Kultes rankt (links). Früher nannte man ihn auch Burgsee, denn an seinen Ufern lag eine slawische Burganlage, deren Wall heute noch vorhanden ist. „Auch wird er der Schwarze See genannt, weil er längs dem Wall mit Bäumen dicht eingefasst ist, deren Äste und Zweige sich malerisch über ihn ausbreiten und durch deren Überschattung er ein dunkles Ansehen (…) erhält", schrieb Johann Jacob Grümbke vor knapp 200 Jahren.

Auf der alten Bäderstraße

Die Hauptverkehrsader Rügens, die Bundesstraße 96, ist der schnellste Weg quer über die Insel nach Sassnitz und auch – wenn man bei Bergen auf die abzweigende B 196 wechselt – nach Binz, Sellin und zu den Ostseebädern von Mönchgut. Doch wer den südlichen Inselteil mit der Halbinsel Zudar und den Regionen um Garz und Putbus rechts liegenlässt, verpasst schon viel.

Das gilt ganz besonders für den, der unter Reisen nicht nur die Bewegung zu einem anderen Ort versteht, sondern auch das Erleben einer anderen Zeit. Wer bereit ist, sich auf eine solche Zeitreise einzulassen, braucht nur hinter dem Rügendamm nach rechts abzubiegen und der alten Bäderstraße zu folgen. Gesäumt von prächtigen, teils hundertjährigen Baumreihen, bildet sie seit 1993 den ersten Abschnitt der „Deutschen Alleenstraße". Der heutige Reisende, der an einem hellen Sommertag dort entlangfährt, empfindet das gleiche Vergnügen, das seine touristischen Vorfahren schon gespürt haben, als sie auf gut gepolsterten Sitzen in ihren Kutschen über die damals noch unbefestigten Wege nach Lauterbach, Binz oder Sellin dahinrollten. Er wird sich in die Vergangenheit träumen und sich vorstellen, wie es war, als der Fürst von Putbus herrschaftlichen Besuch erwartete, der in eleganten, von Bediensteten eskortierten Equipagen vorfuhr. Gedankenverloren, mit den Bildern seiner Fantasie beschäftigt, wird er dann den Schall von Hufgetrappel und Räderrollen vernehmen und die harschen Stimmen der Kutscher hören, die ihre Pferde zu noch schnellerem Galopp antreiben.

Auf dieser historischen Strecke reiste im Jahrzehnt vor dem Ersten Weltkrieg auch Mary Annette Beauchamp (1866–1941), eine in Neuseeland geborene Engländerin, die in das pommersche Adelsgeschlecht von Arnim eingeheiratet hatte. Unter dem Pseudonym „Elizabeth von Arnim" überlieferte sie ihre Erlebnisse auf Rügen in einem entzückenden Reiseroman. Darin schilderte sie auch ein kurioses Abenteuer, das sie und ihre Begleiterin bei der Fahrt nach Putbus erlebten – genauer gesagt: in das sie sprangen. Denn als ihnen zwischen Garz und Kasnevitz ein Auto entgegenkam, befürchteten sie, ihre Pferde, die noch nie zuvor ein Motorfahrzeug gesehen hatten, könnten scheuen. Also sprangen sie während der Fahrt aus ihrer Kutsche, einer leichten „Victoria", um die Tiere zu beruhigen. Bevor sie aber die Zügel erreichten, war das Auto schon vorüber, die Pferde waren ruhig geblieben, und der Kutscher, der das Manöver der beiden Damen nicht bemerkt hatte, schwang die Peitsche, dass es knallte und die Pferde nur so davonflogen – ohne die gnädige Reisefracht.

Unter den Fremden, die in der Vergangenheit scharenweise dieser Wege kamen, waren nicht immer nur friedlich gestimmte Badetouristen. An der Sundküste, rund um die Halbinsel Drigge und bei Prosnitz, zeugen die Reste alter Befestigungsanlagen von der vorübergehenden Präsenz weniger willkommener „Gäste". Besonders bedeutsam war die bereits von Wallenstein im Dreißigjährigen Krieg vier Kilometer südlich der Ortschaft Gustow angelegte Prosnitzer Schanze. Weit in die Meerenge hineinreichend, ermöglichte sie die Kontrolle des sundischen Schiffsverkehrs. An gleicher Stelle entstand während der napoleonischen Herrschaft 1812 ein Fort mit bis zu zehn Meter hohen Wällen, für dessen Bau die hier ansässigen

Bewohner zur Zwangsarbeit herangezogen wurden.

Doch zurück in die Gegenwart. Der Weg nach Garz führt über Gustow und Poseritz, zwei kleinere gepflegte Ortschaften, die beide eine beachtenswerte gotische Backsteinkirche haben. Schon im ersten Teil der Strecke offenbart sich die Schönheit des südlichen Inselteils. Mit Rosskastanien durchsetzte Ahornreihen säumen die Straße. Später mischen sich auch Eschen, Linden und Pappeln in den Baumbestand der Allee. Schon wenige hundert Meter abseits der Bundesstraße versiegt das Rauschen des großen Verkehrsflusses; in den Ackerbüschen hört man die Lerche jubeln, und Ende Mai, wenn die blühenden Rapsfelder einen süßlichen Duft verströmen, ist die Luft vom Schwirren der Insekten erfüllt.

Gleich hinter der Bahnunterführung von Altefähr zweigt rechts ein Rad- und Wanderweg ab, der am Ufer des Strelasunds zur Anlegestelle der ehemals verkehrenden Grahler Fähre führt, einem hübschen Fleckchen mit Ausflugslokal inklusive Panoramablick über die Meerenge auf Stralsund und den Rügendamm. Autofahrer treffen erst nach etwa zwei Kilometern auf die für sie bestimmte Abzweigung mit einem Hinweisschild zu diesem Ort. Ein weiterer lohnender Abstecher vor der Ortschaft Gustow führt zu einem kleinen, an der Gustower Wiek gelegenen Hafen, in dessen Nachbarschaft am verschilften Ufer des Strelasunds eine kleine sandige Badebucht versteckt liegt.

Die älteste Stadt Rügens: Garz

Knapp eine halbe Stunde braucht man, um in gemächlicher Fahrt mit dem Auto vom Rügendamm nach Garz zu kommen. Wie bei berühmten Orten üblich, führen viele Wege dorthin: Die Stadt liegt im Kreuzungsbereich zweier alter Verkehrswege; der eine kommt von Altefähr und führt über Putbus zum Mönchgut, während der andere an der Glewitzer Fähre beginnt und eine Diagonalverbindung zwischen den Halbinseln Zudar im Süden und Wittow im Norden herstellt.

Garz – die älteste Stadt Rügens. Als diese Lithografie um 1840 entstand, war der Ort bereits seit mehr als 500 Jahren im Genuss der Stadtrechte. Trotz der damit verbundenen Privilegien hat Garz seinen ländlichen Charakter bis zum heutigen Tag nicht abgelegt. Die Abbildung zeigt den Blick vom slawischen Burgwall auf die Pfarrkirche St. Petri.

Wenn man von Garz als einem bedeutenden Ort spricht, so denkt man zunächst einmal an das alte „Charenz" – die slawische Bezeichnung für Garz – und die Fürstenburg, die den slawischen Herrschern hauptsächlich als Verwaltungszentrum diente. Zu der Anlage gehörten auch drei gewaltige Tempelgebäude, in denen die Bildsäulen der wendischen Götter Rugievit, Porevit und Porenut verehrt wurden. Über den künstlerischen Ausdruck der hölzernen Figuren kann man nur Vermutungen anstellen. Bildliche Darstellungen, die sich an den Beschreibungen der Chronisten orientierten, kamen erst Jahrhunderte später zur Veröffentlichung. Eine um 1735 nach der „Großen pomrischen Kirchen-Chronik" angefertigte Zeichnung zeigt das Abbild des Kriegsgottes Rugievit mit sieben Gesichtern an einem Kopf und sieben an den Hüften gegürteten Schwertern; ein achtes Schwert hält der „Abgott" in der erhobenen Hand. Karl Nernst urteilte über die wendischen Götzenbilder voller Verachtung, als er schrieb: „(...) ein ungeheuerer ungehobelter Klotz, dem der ungeschickte Meißel der Barbarei kaum eine menschliche Gestalt abgewonnen hatte". Auch für die Vielgesichtigkeit, „die Vereinigung mehrerer Antlitze unter einem leeren Gehirne", hatte der Reisedichter keine freundlicheren Worte übrig.

Die gesamte Burganlage war von einem mächtigen Wall umschlossen, der heute noch vorhanden ist und zu Spaziergängen einlädt. Erste geschichtliche Nachrichten über diesen Ort sind in der von dänischen Mönchen eines isländischen Klosters niedergeschriebenen Knytlinga-Saga und durch die Schilderungen des dänischen Chronisten Saxo Grammaticus überliefert. Sie beziehen sich auf die dänischen Eroberungszüge auf Rügen, die, nachdem zuvor die Tempelfestung Arkona durch Waffengewalt bezwungen worden war, mit der politischen Kapitulation von Charenz ihren Abschluss fanden. Die militärische Überlegenheit der Dänen war so überzeugend gewesen, dass die slawischen Fürsten es vorgezogen hatten, die Burg kampflos zu übergeben. Gemäß den Friedensvereinbarungen sollten die Götzenbilder zerstört werden. Über die Vernichtung der Bildsäule des Kriegsgottes Rugievit berichtete Saxo: „Der Umfang der Statue ging über menschliche Maße hinaus, seine Länge aber war so groß, dass Absalon, sich auf die Zehen stellend, das Kinn des Bildes mit seiner Streitaxt, die er in der Hand zu tragen pflegte, erreichte. Man glaubte, dass diese Gottheit mit den Kräften des Mars ausgestattet war und die Kriege lenkte (...). Die Gehilfen begannen dann unter größter Erregung der Bevölkerung die Äxte an die Beine des Bildes zu legen, und als diese abgehauen waren, stürzte der Körper unter lautem Krachen zu Boden. Bei diesem Anblick verspotteten die Einwohner die Macht ihres Götzen und vertauschten die Verehrung mit Verachtung." Nachdem alle drei Götzenbilder auf diese Weise zu Fall gebracht worden waren, schaffte man sie aus der Burg und verbrannte sie außerhalb der Stadt. Das besiegte Volk musste nun geloben, den christlichen Glauben anzunehmen. Verunsichert mit ansehen zu müssen, wie machtlos die eigenen Götter waren, die nicht einmal Blitz und Donner vom Himmel geschickt hatten, um sich gegen die Demontage zu wehren, dürfte es ohne größere Widerstände zum Glaubenswechsel bereit gewesen sein.

Nach diesem geschichtlichen Ereignis ging die Bedeutung der Burg Charenz zurück, da die slawischen Herrscher, die von nun an Vasallen des dänischen Königs waren, den Rugard bei Bergen zu ihrem bevorzugten Sitz bestimmten. Es ist aber urkundlich belegt, dass der Garzer Fürstensitz, zu dem ferner eine Burgkapelle gehörte, auch weiterhin im politischen Leben eine mitbestimmende Rolle gespielt hat. Wichtige Dokumente wurden vorzugsweise hier ausgestellt, wie etwa die von Wizlaw I. mit unterzeichnete Gründungsurkunde der Stadt Stralsund am 31. Oktober 1234.

Anfang des 14. Jahrhunderts gab es außerhalb der Burg zwei Siedlungen, eine slawische und eine deutsche, die als „slavicum Gartz“ und „teutonicum Gartz“ unterschieden wurden. Eine weitere, erstmals 1313 erwähnte deutsche Kolonie mit dem Namen „Rugendal“ hatte sich westlich von Garz entwickelt, sie existierte aber nur kurze Zeit; noch vor 1326 siedelten ihre Bewohner nach Garz um. Die slawischen Bürger hatten ihren Ort ursprünglich zwischen dem Burgwall und dem Garzer See angelegt. Als auf einem östlich davon gelegenen Hügel die Pfarrkirche gebaut wurde, verließen sie ihre alten Wohnplätze und gründeten am Fuße des Kirchbergs eine Niederlassung, aus der der Ortsteil Wendorf hervorging.

Das Jahr, in dem Garz die Rechte einer Stadt zugesprochen wurden, ist nicht genau bekannt. War es schon 1316 oder 1317? Einen Beleg findet man nur für das Datum vom 8. September 1319, auf das eine urkundliche Eintragung zurückgeht, die von „Bürgermeister und Rathmannen der neuen Stadt Garz“ spricht. Damit ist sie die älteste Stadt Rügens; und für drei Jahrhunderte war sie auch die einzige Stadt der Insel, bis Bergen 1613 ebenfalls in den Genuss dieses Rechts kam.

Sie kannten noch keine City- oder Mountain-Bikes – diese Damen und Herren des Garzer Radclubs „Charenza“. Trotzdem hatten sie viel Spaß am Radeln, wie das Gruppenfoto vor dem Bahnhofshotel in Garz zeigt. Es entstand um 1907.

Trotz der städtischen Privilegien blieb Garz über all die Jahrhunderte hinweg bis auf den heutigen Tag ein Ort mit ländlichem Charakter – „ein bescheidenes Ding von Städtchen“, wie Karl Nernst es einst bezeichnete. Eingebettet in die Geometrie zahlloser Ackerflächen, deutet heute kaum noch etwas darauf hin, dass es einmal eine Hafenstadt gewesen sein soll. Alte Schriftsteller sprachen sogar von einer „großen weltberühmten Hansestadt“. Wenn solcherlei Äußerungen auch maßlos übertrieben zu sein scheinen, so spricht doch einiges dafür, dass die Stadt in der Vergangenheit über eine Wasserstraße mit der Bucht der Puddeminer Wiek verbunden war und somit Zugang zur offenen See hatte.

Nähert man sich Garz von Westen her, überquert man auf der Straße, die den Namen „Schleuse“ führt, ein altes Sumpfgebiet. Dort wurden kräftige, angespitzte Pfähle gefunden, die zur Uferbefestigung einer einstigen Hafenanlage gehört haben könnten. Das Moor, das sich als Grabensenke über den Garzer See bis Puddemin fortsetzt, ist möglicherweise ein Seearm gewesen, auf dem flache Boote ohne Kiel, sogenannte Polten, hätten fahren können. Dafür spricht beispielsweise der Flurname „Poltenbusch“, mit dem ein Hügelgrab südlich des Garzer Sees bezeichnet ist.

Die Frage, ob Garz in vergangener Zeit eine Hafenstadt war oder nicht, dürfte für das heutige Gemeinwesen kaum noch von Bedeutung sein. Seine Blütezeit, die es im 14. und 15. Jahrhundert erlebte, verdankt es nicht einem möglichen Zugang zur See, sondern einer Vielzahl von Handwerksbetrieben und dem Tuchhandel, die damals für einen gediegenen Wohlstand sorgten. Garz ist eine Stadt auf dem Lande, der Mittelpunkt eines bäuerlichen Umfeldes. Den ländlichen Charakter trägt es auf Schritt und Tritt zur Schau. Immer noch säumen überwiegend einstöckige Traufenhäuser mit Krüppelwalmdächern die windungsreiche Haupt- und Durchgangsstraße. Ursprünglich waren sie von Ackerbürgern bewohnt. Im Bereich des Zentrums zeigt sich schließlich eine variantenreichere Ausprägung baulicher Merkmale, wie etwa Schmuck- und Zwerchgiebel oder klassizistische Fassadenelemente. Aus dem architektonischen Ensemble treten zwei Gebäude besonders hervor. Das eine ist das Rathaus, ein repräsentativer Backsteinbau, dessen Frontseite auch ohne Verwendung von Formsteinen nur durch die abwechslungsreiche Schichtung der Ziegel und durch einen auffälligen Staffelgiebel einen recht ansehnlichen Prospekt bildet. Das andere Gebäude – es steht an der Ecke Poggenstraße/Am Burgwall – ist ein ebenfalls stattlicher Backsteinbau, über dessen Eingangspforte in großen Lettern „Rothbarth-Stift“ angebracht wurde. Der Name geht auf den Garzer Kaufmann Paul Rothbarth (1836–1900) zurück, der mit 26 Jahren seine Heimatstadt verließ und nach Amerika auswanderte. Dort begann seine Karriere in den Straßen von New York, wo er sich mit dem Verkauf von Apfelsinen eine erste Existenz sicherte. Der große Sprung nach oben gelang ihm acht Jahre später, nachdem er in Chicago eine Fabrik für Baumaterialien gegründet hatte. Mit diesem Unternehmen brachte es der Garzer Emigrant bald zu einem ansehnlichen Vermögen, das er durch geschickte Grundstücksspekulationen noch zu mehren verstand. Trotz der Erfolge, die ihn noch fester mit der „Neuen Welt" verbanden, hat er seine alte Heimatstadt nicht vergessen; vor allem gedachte er ihrer bei der Abfassung seines Testaments. Als Rothbarth 1900 im Alter von 63 Jahren starb, erbte Garz 35 000 Dollar – mit der Auflage, das Geld zum Bau eines Heimes für ältere, bedürftige Personen sowie für ein Waisenhaus zu verwenden. Die Mittel reichten allerdings nur zur Erfüllung der ersten Bedingung, und zwar für den Bau eines Altenheims, das nun seinen Namen trägt. Dieses Stift bewahrt ihm – mehr noch als sein Grabstein auf dem Garzer Friedhof – ein ehrendes Andenken. Ursprünglich brauchten die Bewohner des Heims keine Miete zu bezahlen, im Gegenteil, aus den Zinsen des nicht aufgebrauchten Kapitals erhielten sie sogar noch einen kleinen finanziellen Zuschuss, der in der Inflationszeit allerdings gestrichen werden musste. Später wurde eine geringfügige Miete erhoben, die aber noch in jüngerer Vergangenheit eher einen symbolischen Wert darstellte.

Was hat die älteste Stadt Rügens mit ihren rund 2500 Bürgern sonst zu bieten? Es gibt zwei Gaststätten, einen Supermarkt und viele kleinere Geschäfte, einige Handwerksbetriebe und ein Betonwerk, eine alte Grundschule und eine neue Realschule mit Hauptschulteil, eine evangelische und eine katholische Kirche sowie ein Asthmazentrum, das aus dem ehemaligen Diabetikerheim hervorgegangen ist. Nicht zu vergessen: das Ernst-Moritz-Arndt-Museum. Ein Kino gehört bereits der Vergangenheit an; in den siebziger Jahren hatte das kleine Lichtspielhaus in der Lindenstraße schließen müssen, weil es, wie es hieß, nicht mehr einträglich betrieben werden konnte. Mit den Kinoabenden dieser Zeit verbinden viele Garzer Bürger die Erinnerung an ihren damaligen Arzt Dr. Stuth selig, dessen Praxis gegenüber dem Vorführhaus lag. Noch mit 90 Jahren war der Doktor ein eifriger Kinogänger, der keinen Film versäumte. Jeden Donnerstag, wenn mit einem neuen Streifen das Programm wechselte, konnte man ihn unter den Zuschauern sehen. Nun kam es aber häufiger vor, dass er nicht pünktlich zum Filmbeginn erscheinen konnte, etwa dann, wenn er noch einen späten Patienten behandeln musste. Doch ohne ihn begann keine Vorführung. Wenn sein Platz im Saal noch leer war, dann hieß es: „Wi könn' noch nich anfangen, de Doktor is noch nich dor!"

Eine kurze Betrachtung sei noch dem ehemaligen Diabetikerheim gewidmet, das von 1930 bis 1977 existierte und unter der Aufsicht der Medizinischen Universitätsklinik Greifswald stand. Aufgabe dieser Einrichtung war es, Zuckerkranken durch ein sozialmedizinisches Programm wieder ein weitgehend normales Leben in Beruf und Gesellschaft zu ermöglichen. Neben der Behandlung mit dem neun Jahre zuvor entdeckten Insulin berücksichtigte das therapeutische Konzept vor allem auch körperliche Aktivitäten, Schulungen sowie eine individuelle Diätabstimmung.

Chorraum der St. Petrikirche in Garz. Der romanische, aus Granit gemeißelte Taufstein stammt aus der ersten Hälfte des 13. Jahrhunderts, während die Kirche in verschiedenen Bauabschnitten ab 1350 entstand. Wie aus einer Eintragung in den Kirchenbüchern hervorgeht, wurde hier am 28. Dezember 1769 Ernst Moritz Arndt getauft.

Das Garzer Diabetikerzentrum war damals unter Fachleuten weltbekannt. Wolfgang Rudolph hat dazu in seinem Rügenbuch eine kleine Begebenheit erzählt, die sich am Rande eines internationalen Internistenkongresses zugetragen haben soll. Während der besagten Fachtagung von Ärzten aus aller Welt, die in den Jahren zwischen den beiden Weltkriegen in Südamerika abgehalten wurde, hatte man einen deutschen Teilnehmer gefragt, in welcher Provinz Deutschlands dieses Garz eigentlich läge. „Als der Arzt erklärte: an der Ostsee, auf der Insel Rügen, da gestanden die Gastgeber ein, zwar schon viel von Garz, aber noch nichts von einer Insel Rügen gehört zu haben."

Ernst Moritz Arndt in Garz

Für die Besucher der Stadt zählt heute das Ernst-Moritz-Arndt-Museum zu den besonders schätzenswerten Einrichtungen. Es liegt etwas abseits der Durchgangsstraße gegenüber dem Burgwall. Die Geschichte dieses kleinen Museums begann ursprünglich an anderer Stelle, und zwar auf dem Dachboden der alten Stadtschule. Dort wurden 1929 auf Initiative des damaligen Kantors Ernst Wiedemann zwei kleinere Zimmer als Ausstellungsräume eingerichtet. Damit war das erste rügensche Heimatmuseum gegründet. Mit der ständig wachsenden Anzahl von Ausstellungsstücken reichte bald der Platz nicht mehr aus, sodass man sich zu einem Neubau entschloss, der dem berühmtesten Sohn Rügens gewidmet sein sollte. Im Mai 1937 konnte das hübsche, größtenteils aus Spenden finanzierte Backsteinhaus eingeweiht werden. Das reichhaltige und sorgfältig aufbereitete Dokumentationsmaterial gewährt mit zahlreichen Bildern, Fotografien, Briefen Arndts sowie erklärenden Texten einen Einblick in das Leben und Schaffen des patriotischen Schriftstellers und vermittelt eine Vorstellung von den politischen und gesellschaftlichen Verhältnissen seiner Zeit. Das Museum verfügt ferner über Abteilungen, die der Vor- und Frühgeschichte sowie der stadthistorischen Dokumentation gewidmet sind.

„Warum gibt es diese Gedächtnisstätte für Ernst Moritz Arndt in Garz?" – so werden sich vielleicht einige fragen, schließlich ist er hier nicht geboren. Gewiss, doch sein Geburtshaus, das Gut Schoritz, liegt ganz in der Nähe, und in Garz gibt es manche Örtlichkeit, die an ihn erinnert, wie etwa die Pfarrkirche St. Petri, in der der kleine Ernst Moritz getauft und in späteren Jahren eingesegnet wurde. Auch das hübsche reetgedeckte Pfarrhaus am Fuße des Kirchberges bewahrt sein Andenken. Dort war Arndt mehrmals zu Gast gewesen. Der Kontakt zu diesem Hause wurde durch die Freundschaft, die ihn mit dem Garzer Propst F. S. Theodor Pritzbuer (1731–1819) und besonders mit dessen Tochter Charlotte Pistorius verband, noch enger. „Die Pistorius ist eine sehr wackere und treue Frau", schrieb er 1820 an seine Schwester Charlotte Dorothea. „Es hat mich immer vieles hingezogen zu jenem treuen, regen und lebendigen Geist." Bevor Arndt Rügen im Jahre 1817 für immer verließ, hatte er gemeinsam mit ihr auf dem Garzer Friedhof Bäume gepflanzt. Darauf spielt der Brief, den Arndt am 15. April 1817 schrieb, an, in dem er Charlotte Pistorius daran erinnerte: „(…) und gedenken Sie zuweilen des

Kirchhofes, wo Sie Bäume gepflanzt haben, und der Wälle der alten Carenza (…).“ Gern und etwas wehmutsvoll dachte er in späteren Jahren auch an die gemeinsam mit ihr unternommenen Spaziergänge auf dem Garzer Burgwall zurück: „(…) es ist mir oft der Wunsch aufgestiegen“, so schrieb er aus Bonn, „einmal wieder mit Ihnen auf dem Garzer Wall im Schimmer der Abendsonne zu stehen und die süßen Gefilde und Hügel vor meinem Blick emporschwimmen zu sehen, worin ich meine unbewussten und schuldlosen Kinderjahre gespielt habe. Aber wann? Und vielleicht nie.“

Auch heute noch ist der Garzer Burgwall ein beliebter Spazierweg, auf dem man nach Feierabend gern noch ein Viertelstündchen flaniert und wo Verliebte ihre Kreise ziehen, Runde um Runde zurücklegen und im zärtlichen Gespräch die Zeit vergessen. Die „süßen Gefilde“ aber, von denen Arndt einst schwärmte, sind inzwischen dem freien Blick entzogen. Denn der Wall, heute mit Bäumen dicht bewachsen, liegt im Schatten stattlicher Ulmen, Eichen, Buchen und Ahorne.

Groß Schoritz

Verlässt man Garz nach Süden auf der in Richtung Zudar und Glewitzer Fähre führenden Chaussee, kommt man zunächst am Garzer See vorbei und passiert wenig später drei auffällige Hügelgräber: den Poltenbusch auf der rechten, den Ruge Berg und den Hexenberg auf der linken Seite. Nach etwa vier Kilometern zweigt eine kleine Straße nach Groß Schoritz ab. Der Ort liegt nahe am Wasser der Schoritzer Wiek und bestand in der Vergangenheit stets aus einem Gutshaus und wenigen Einliegerkaten. Noch bis Mitte des 18. Jahrhunderts gehörte er zum Stammsitz eines alten rügenschen Adelsgeschlechts, nämlich eines Zweigs der Familie von Kahlden. Durch Verkauf ging dann der Gutsweiler an General Graf von Löwen, den schwedischen Statthalter über Rügen und Pommern, über; der wiederum veräußerte ihn 1767 an das Haus Putbus, dessen Herren schließlich über den Besitz bis zur Enteignung nach dem Zweiten Weltkrieg verfügten.

Ernst Moritz Arndts Geburtshaus in Groß Schoritz (Lithografie von Winckelmann und Sohn, um 1860). In seinen „Erinnerungen aus dem äußeren Leben“, die Arndt als Siebzigjähriger schrieb, bezeichnet er sich als „Hochgeboren“, weil sein Geburtshaus „durch eine hohe stattliche Treppe und durch Jugendlichkeit und Schönheit ein sehr ritterliches und hochadliches Ansehen hatte“.

Die Dorfstraße läuft direkt auf das Gutshaus zu. Es ist ein eingeschossiger, verputzter Backsteinbau mit Mansardendach und einer zweiläufigen Freitreppe, die zum Hauptportal führt. Ein geschwungener Giebel über der Dachgaube trägt eine in schmiedeeisernen Buchstaben angebrachte Inschrift, die daran erinnert, dass hier am zweiten Weihnachtstag 1769 Ernst Moritz Arndt geboren wurde. Ein Porträtrelief des Dichters schmückt das freie Giebelfeld darüber. Im Eingangsraum des Hauses, das mittlerweile kommunalen und kulturellen Zwecken dient, wurde eine kleine Ausstellung eingerichtet, die Arndts Leben und Wirken unter Berücksichtigung historischer Zusammenhänge darstellt.

Wie kam es, dass Arndt, dessen Vater dem Bauernstand angehörte, in einem Herrenhaus, das durch seine Schönheit und kostbare Ausstattung ein hochadliges Ansehen hatte, geboren wurde? In seinen „Erinnerungen aus dem äußeren Leben" bezeichnete er sich später selbst als „Wohlgeborner und Hochgeborner" und auch als ein „Glücklichgeborner": „Wohlgeboren konnte ich heißen, weil ich stark und gesund an das Licht dieser Welt fiel, zumal ich schon mit dem neunten Monat meines Alters gelaufen bin, was einige meiner Söhne mir nachgemacht haben; Hochgeboren, weil das Haus meiner Geburt damals durch eine hohe stattliche Treppe und durch Jugendlichkeit und Schönheit ein sehr ritterliches und hochadliches Ansehen hatte, und in seinen Sälen und Gemächern mit Geschichten der griechischen Mythologie, ja mit dem ganzen Olymp, Jupiter und Juno mit Adler und Pfau an der Spitze, verziert war; Glücklichgeboren, weil Glaube und Aberglaube den an hohen Festen Hervorgekommenen allerlei Vorzügliches und Wundersames, als da sind Wahrsagen, Gespenstersehen usw. beizulegen pflegt. (...) Wie es nun auch um alle diese Geborenheiten stehen mag, die Wahrheit bekennend muss ich aussagen, dass der Stamm, aus welchem ich entsprossen bin, unter anderm niedrigen Menschengesträuch ganz unten an der Erde stand, und dass mein Vater kein besserer Mann war, als (...) ein Freigelassener."

Der Vater von Ernst Moritz, Ludwig Nikolaus Arndt (1740–1808), war knapp zehn Monate vor der Geburt seines Sohnes noch Leibeigener des Grafen Malte von Putbus gewesen, bei dem er dank seiner soliden Schulausbildung die Stellung des Försters innehatte. Nach dem Loskauf von der Leibeigenschaft im März 1769 wurde er von seinem Herrn mit der Verwaltung der Schoritzer Güter beauftragt. In der Position eines Inspektors erwarb er sich viel Achtung und vermutlich auch einen bescheidenen Wohlstand, denn sieben Jahre später übernahm er in den benachbarten Gemarkungen, die ebenfalls zur Herrschaft Putbus gehörten, mit den Höfen von Dumsevitz und Ubechel ein eigenes Pachtgut.

Die Mutter von Ernst Moritz, Friederike Wilhelmine, geborene Schumacher (1743–1804), hatte zehn Kindern das Leben geschenkt. Als Tochter eines kleinen Ackerbesitzers war sie ebenfalls in den Genuss einer besseren Ausbildung und Erziehung gekommen, als man vom Stand ihrer Eltern her erwarten durfte, denn sie hatte mehrere Jahre am Unterricht der Kinder eines reichen Pächters teilgenommen.

Im landschaftlichen Umfeld von Schoritz und Dumsevitz verbrachte also der junge Arndt seine Knabenjahre. Er lebte glücklich und unbeschwert, ohne Schulzwang, denn in der näheren Umgebung gab es keine Schule. „Indessen, liefen wir doch nicht wie die rohen Wildlinge herum", erinnerte er sich später, „sondern wurden, wie ich meine, für dieses Alter vom sechsten bis zehnten Jahre recht gut erzogen." Denn die Vermittlung von Wissen und Erfahrungen kam im elterlichen Hause nicht zu kurz. Besonders im Herbst und im Winter, wenn die Arbeit auf den Feldern ruhte, gehörten häusliche Unterrichtsstunden zum Tagesprogramm.

Ernst Moritz Arndt – Stationen seines Lebens

Als Arndt elf Jahre alt war, gab der Vater die Dumsevitzer Pacht auf und zog mit der Familie in den südwestlichen Teil Rügens an den Kubitzer Bodden. Dort hatte er von der Stadt Stralsund die Pacht der Güter Grabitz und Breesen übernommen. Im Jahre 1787, als Ernst Moritz Arndt schon das Gymnasium in Stralsund besuchte, siedelte die Familie dann endgültig auf das pommersche Festland über, zunächst nach Löbnitz bei Barth.

Trotz oftmals unsicherer Existenzbedingungen der vielköpfigen Familie waren die Eltern eifrig bestrebt, den Kindern eine solide Ausbildung zu ermöglichen. Im Frühjahr 1791 kam Arndt nach Greifswald, um Theologie zu studieren. Natürlich interessierten ihn auch andere Gebiete, vor allem die Geschichtswissenschaft, der er sich ausgiebig widmete. Ostern 1793 wechselte er an die Universität Jena, wo er seine Studien fortsetzte und unter anderem Vorlesungen von Johann Gottlieb Fichte hörte. Alles in allem aber scheint die Studienzeit bei ihm keine lebensprägenden Eindrücke hinterlassen zu haben. Er bedauerte zudem, dass es Dozenten gab, die ihre „Vorlesungen leider wie ein Nebengeschäft" betrieben. Nach anderthalb Jahren verließ er Jena wieder und wanderte über Leipzig durch den Harz bis nach Celle. „Meine Universitätsreisen machte ich nach meiner Weise zu Fuß", erklärte er, „(...) und zwar nicht bloß, um den starken Mann zu zeigen oder zu machen, sondern auch, um Land und Mensch kennen zu lernen." Von Celle ging es schließlich mit der Postkutsche weiter nach Hamburg, wo er für einige Wochen Station machte. Gegen Ende Oktober war er wieder bei seinen Eltern in Löbnitz.

In den zwei folgenden Jahren, die er dort verbrachte, unterrichtete er seine beiden Geschwister, bis er 1796 eine Stelle als Hauslehrer bei Pastor Kosegarten in Altenkirchen auf Wittow antrat. Diese Pfarrei galt damals als eine der besten im Lande. Seine Aufgabe bestand hauptsächlich darin, Alwine, die siebenjährige Tochter des Hauses, zu unterrichten. Aus einem Brief, den Arndt am 20. November 1796 an seine Mutter schrieb, erfährt man ein wenig darüber, wie sein Alltag im Altenkirchener Pfarrhaus aussah: „(...) wie ich hier lebe? Ganz wie zu Hause, das heißt, wie ich will; nur dass Sie alle mir fehlen: doch Sie fehlen mir nicht, denn leicht versetze ich mich in Ihre Mitte und genieße durch die Erinnerung, was ich doch nicht ewig genießen konnte. Denn dass ich bei Ihnen auch diese letzten beiden verflossenen Jahre recht froh gewesen bin, fühle ich jetzt mehr als jemals,

Ernst Moritz Arndts Mutter, Friederike Wilhelmine Eleonore Dorothea Arndt, geb. Schumacher (1743–1804), war die Tochter eines kleinen Ackerbesitzers. Da sie in jungen Jahren am Unterricht der Kinder eines reichen Pächters teilnehmen durfte, hatte sie eine bessere Ausbildung genossen, als man vom gesellschaftlichen Stand ihrer Eltern her erwarten konnte.

Der Vater von Ernst Moritz Arndt – Ludwig Nikolaus Arndt (1740–1808) – war Leibeigener des Grafen zu Putbus gewesen. Da er eine gute Schulausbildung genossen hatte und das Vertrauen seines Herrn besaß, hatte dieser ihn mit verschiedenen, die Land- und Forstwirtschaft sowie die Verwaltung betreffenden Aufgaben betraut. Nach seinem Loskauf von der Leibeigenschaft im März 1769 wurde ihm vom Fürsten die Verwaltung der Schoritzer Güter übertragen.

obgleich auch meine Hauseltern sehr gut sind. Die Kinder hier sind alle brav und munter; die Mutter ist stumm und in sich zurückgekrochen, und offenbart sich Leuten, die ihren Beifall haben, höchstens durch ein kurzes Lächeln und einsilbige Worte – aber dumm ist sie nicht, und dass sie für das Haus wacht, beweist die Reinlichkeit und Ordnung in allem. Nun meine Lebensordnung. Des Morgens um sechs bringt das Mädchen mir Licht und das Holz fängt an im Ofen zu knistern; gegen acht kommt eine Bouteille Bier und Butter und Brot; gegen neun erscheint Alwine, schreibt, liest und hört mich erzählen und unterweisen; sie geht gegen halb zwölf; halb eins wird gegessen; bis zwei Uhr schreibt Alwine und geht dann bis vier zum Küster. Um 4–5 esse ich Abendbrot. Gegen Abend gehe ich aus nach alter Weise, entweder nach dem Strande oder auf der Altenkirchener Weide oder in unsern Garten; um sieben wird gegessen; gegen halb neun ist jeder in seiner Klause, und gegen zwölf ich in meinem Bette. Gesellig und spielsüchtig – aber leider nur zum Bestbauer [Kartenspiel] – ist hier alles, und ich bin in diesen wenigen Tagen schon auf zwei Hochzeiten und vier Gastereien gewesen."

Neben seinen Verpflichtungen als Hauslehrer nahm Arndt zuweilen auch an der Gestaltung der Gottesdienste teil und predigte vor der Gemeinde – mit „Schall und Beifall", wie er stolz berichtete. Nachdem er ein Leben in dieser Weise zwei Jahre lang geführt hatte, stand ihm der Sinn nach anderen Erfahrungen. Mittlerweile waren ihm auch Zweifel an seiner Berufung zum geistlichen Amt gekommen; von weltlichen Bedürfnissen getrieben, packte ihn nun die Reiselust. Er durchstreifte Deutschland, Ungarn und Österreich, zog über die Alpen nach Oberitalien und von dort nach Frankreich. Über Paris, Brüssel und Berlin kehrte er 1799 wieder heim. Kurz vor seiner Abreise hatte er dem Vater seine Liebe zu der Greifswalder Professorentochter Charlotte Quistorp gestanden, mit der er schon seit seiner Studentenzeit heimlich verlobt war, ebenso wie seinen Entschluss, sich nicht in den Dienst der Kirche zu stellen. Die Eltern hätten es gern gesehen, wenn er die Pfarrei von Langenhanshagen übernommen hätte, die nach dem Tod des dortigen Pastors Friedrich Gustav Graeff vakant geworden war. Die Anwartschaft auf die Stelle war aber mit der Auflage verbunden, die Tochter des Verstorbenen zu heiraten – ein damals im schwedischen Vorpommern sehr üblicher Brauch. Arndt indessen hatte andere Pläne.

Er legte 1800 die Magisterprüfung ab und beantragte kurze Zeit später die Lehrerlaubnis für Geschichte und Philologie an der Greifswalder Universität, die er auch erhielt. Als er mit einer festen Anstellung rechnen konnte, heiratete er im Februar 1801 seine Charlotte. Das Eheglück war aber nicht von langer Dauer; neun Tage nach der Geburt des Sohnes Karl starb seine junge Frau im Kindbett.

Nach diesem Schicksalsschlag, der Arndt tief getroffen hatte, konzentrierte er sich ganz auf seine wissenschaftlichen Aufgaben und widmete sich auch der politischen Arbeit. 1803 erschien sein Werk „Versuch einer Geschichte der Leibeigenschaft in Pommern und Rügen", in dem er die Entrechtung der Bauern und die Leibeigenschaft scharf kritisierte. Mit dieser Publikation erregte er bei dem konservativ gestimmten Adel und den Großgrundbesitzern allgemeines Missfallen. Vor dem schwedischen König, zu dessen Krone damals Rügen und Vorpommern gehörten, musste er sich rechtfertigen. Arndts Argumente waren so überzeugend, dass der König 1806 die Leibeigenschaft aufhob. Wenig später, als französische Truppen nach Norden vordrangen, musste Arndt, der mit seinen Schriften und Äußerungen den Zorn Napoleons auf sich geladen hatte, das Land verlassen. In Schweden fand er Zuflucht. Nach Beendigung der französischen Besetzung zog Arndt an den Rhein, wohnte zunächst in Köln und später in Bonn, wo für ihn ein neuer Lebensabschnitt begann. Er verheiratete sich wieder, und zwar mit Nanna Schleiermacher, der Halbschwester des berühmten Theologen, und nahm 1818 an der neu gegründeten Universität in Bonn eine Professur für neuere Geschichte an. Doch seine Lehrtätigkeit wurde nach zwei Jahren unterbrochen. Mit der Forderung nach einem vereinten Deutschland und der Publikation eines neuen Teils seines Buches „Geist der Zeit“, in dem er die inneren Feinde des Vaterlandes geißelte, hatte er sich verdächtig gemacht. Unter der Anschuldigung, dass er in seinen Vorlesungen das „Gift seiner revolutionären Lehren und demagogischen Grundsätze verbreite“, wurde er bis auf weiteres seines Lehramts enthoben. Obwohl eine Untersuchungskommission später feststellte, dass die Vorwürfe unbegründet waren, blieb das Vorlesungsverbot weiterhin bestehen. Erst nach 20jähriger Zwangspause vom wissenschaftlichen Dienst wurde auf Veranlassung des neuen Königs Friedrich Wilhelm IV., der am 20. Juli 1840 seine Regentschaft angetreten hatte, die Suspendierung vom Lehramt aufgehoben.

Nach der Revolution von 1848 trat Arndt zum letzten Mal an die Öffentlichkeit, und zwar als Abgeordneter der Nationalversammlung in der Frankfurter Paulskirche, bei der er sich in einer Rede für ein preußisches Kaisertum aussprach. Arndt starb mit 90 Jahren am 29. Januar 1860.

Halbinsel Zudar

Groß Schoritz liegt, wie Ernst Moritz Arndt schrieb, „höchst anmutig“ an einer kleinen windungsreichen Meeresbucht, von deren Ufer man zu der flachen, größtenteils waldlosen Halbinsel Zudar hinüberblicken kann. Dieser Landzipfel bildet den südlichsten Teil Rügens und gehört zu den ruhigen und vom Besucherstrom nur wenig berührten Gebieten. Mehrere Hügelgräber deuten darauf hin, dass schon Menschen der Bronzezeit hier einen attraktiven Siedlungsraum gefunden hatten. Vermutlich war schon zu deren Zeit das Ackerland, das heute zu den fruchtbarsten Böden der Insel zählt, recht ergiebig. Auch später muss Zudar ein reizvolles Plätzchen gewesen sein, wo man sich gewiss gern niederließ: Ende des 17. Jahrhunderts, so steht es in den

Annalen, wohnten in dem gleichnamigen Ort außer den Wirtschaftern und Landarbeitern zweier Bauernhöfe ferner „ein Krüger (…), ein Schmied, der Pastor, der Glöckner, ein Untertäniger und eine ‚Edeljungfrau', die eine Kate mit fünf Morgen Acker besaß".

Der Hauptort von Zudar ist ein Kirchdorf gleichen Namens, das bereits 1241 im Pommerschen Urkundenbuch erwähnt wurde. Trotz seiner weit zurückreichenden Vergangenheit hat es nie im Blickpunkt politischer oder gesellschaftlicher Ereignisse gestanden. Mit einer Ausnahme: Im 14. Jahrhundert war die Zudarsche Kirche ein sehr beliebtes und weithin bekanntes Wallfahrtziel. Man vermutet, dass ein wundertätiges Marienbild dafür sorgte, dass eine Spur von den großen Pilgerrouten abzweigte und zu diesem kleinen rügenschen Ort führte. Eine Reise nach Zudar war für die Gläubigen Norddeutschlands von hohem Wert und galt etwa halb soviel wie eine Pilgerfahrt nach Rom. Dann aber passierte etwas, das den Glauben an die segenspendende Kraft einer solchen Unternehmung erschütterte. Im Jahre 1372 kenterte im Sund ein Schiff, das mit Wallfahrern auf der Reise nach Zudar besetzt war, denn es herrschte, wie es hieß, ein „wedder und groth storm", und sämtliche 90 Pilger kamen dabei ums Leben. Mit diesem unheilvollen Ereignis verlor der Ort schlagartig seine Anziehungskraft.

Wer heute die kleine gotische Kirche besucht, erwartet sicherlich keine Wunder mehr. Er wird in aller Stille den würdigen Raum betreten, der mit seinen baulichen Merkmalen, wie etwa der niedrigen Einwölbung, noch ganz den Geist der frühchristlichen Zeit ausstrahlt. Selbst die kunstvolle Ausstattung von Altar und Kanzel, die beide aus Stralsunder Werkstätten stammen, oder das Gestühl wirken in diesem sonst eher bescheiden anmutenden Bau keineswegs fremd oder gar überheblich. Der mächtige, mit einer geschwungenen welschen Haube abgeschlossene Holzturm, der schon von weitem sichtbar den Weg nach Zudar weist, schließt einen Glockenstuhl ein. Ursprünglich war die Kirche mit drei Glocken ausgestattet, nur die kleinste ist jetzt noch da. Von den beiden anderen wog die größere 16 Zentner. „Mich goss Simon Zach im Jahre 1848" stand an ihrem Helm, während der untere Kranz eine in lateinischer Sprache abgefasste Gravur enthielt: „Die Lebenden rufe ich, die Toten beklage ich, den Blitzen wehre ich." Wehrlos aber war sie dem Verderben im Ersten Weltkrieg ausgeliefert. Zusammen mit der kleineren Glocke musste sie zum

Blick in den Chorraum von St. Laurentius in Zudar. Die schlichte gotische Kirche mit der niedrigen Einwölbung war um die Mitte des 14. Jahrhunderts unter den Gläubigen Norddeutschlands ein beliebtes Wallfahrtsziel. Nachdem aber 1372 ein Schiff mit Pilgern gekentert war, begann man, an der Wunderkraft dieses Orts zu zweifeln, und die Wallfahrten wurden allmählich eingestellt.

Einschmelzen abgeliefert werden. Auch mit den beiden neu angeschafften Glocken hatte die Gemeinde nicht viel mehr Glück. Im Zweiten Weltkrieg wurden auch diese eingezogen.

Wenige hundert Meter hinter der Ortschaft gabelt sich die Straße. Der Hauptstrang führt zur Autofähre Glewitz-Stahlbrode. An der etwa einen Kilometer langen Chaussee stehen die schönsten und ältesten Linden Rügens. Die Bäume haben ein Alter von etwa hundert Jahren. Das nach links abzweigende Sträßlein führt über die Ortschaften Maltzien und Poppelvitz nach Zicker. Dort mündet es in einen Weg, der sich entlang den grasigen Ufern der Schoritzer Wiek bis zur nördlichsten Landspitze der Halbinsel hinzieht, wo ein Campingplatz liegt. Dieser Küstenteil bietet keine spektakulären Bilder; trotzdem aber gehört er zu den schönsten Regionen der Insel. Ein lichtes Kiefernwäldchen säumt den Uferstreifen, der mal mit Schilf bewachsen ist, mal von grasigen oder sandigen Strandabschnitten gebildet wird. Hier und da stehen ein paar Birken. Weißdornbüsche, manchmal auch Rosensträucher, deren junges Grün im Frühjahr nach frischem Apfel duftet, ziehen sich den Weg entlang. Es ist der sprichwörtliche Ort, wo sich Hase und Fuchs gute Nacht sagen, wo man zur Zeit der Dämmerstunden Wildschweine beobachten kann, die durch das seichte Boddenwasser paddeln, etwa bei einem Abendspaziergang zu einem der winzigen, in der Bucht gelegenen Inselchen.

Die grasige, von Tümpeln und Prielen durchsetzte Uferzone weist eine typische Salzvegetation auf. 1984 wurden die Schoritzer Wiek und ihre Umgebung – eine Fläche von insgesamt 437 Hektar – zum Naturschutzgebiet erklärt. Hier finden zahlreiche Wasservogelarten nicht nur einen reich gedeckten Tisch, sondern auch gute Rast- und Brutplätze. Wenn bei Niedrigwasser große Teile der Bucht trocken liegen, kann man vor allem im Spätsommer und Frühherbst zahlreiche Arten von Limikolen beobachten, wie etwa Alpenstrandläufer, Rotschenkel, Bekassinen, Austernfischer oder Uferschnepfen. Die meisten dieser überwiegend langbeinigen und langschnäbeligen Watvögel suchen in den sumpfigen Wiesen oder im schlammigen Spülsaum ihre Nahrung. Im Herbst wird die Schoritzer Wiek von unzähligen Graugänsen aufgesucht, die hier für zwei, drei Monate rasten, bevor sie zur Überwinterung nach Südwesteuropa weiterziehen.

Eine der winzigen Inseln in der Schoritzer Wiek ist Tollow. Die Aufmerksamkeit, die man ihr schenkt, verdankt sie nicht so sehr einer überlieferten Sage, nach der das Grab Störtebekers dort liegen soll, sondern einer Kolonie von Kormoranen, die das Eiland seit 1983 gänzlich in Beschlag genommen hatte. Zu mehreren Hunderten nisteten sie im Geäst eines mittlerweile abgestorbenen und restlos kahlen Wäldchens. Es war schon ein bizarrer Anblick: Die nackten, von weißlichem Kot vollständig überzogenen Bäume sahen aus wie ineinander verschlungene Skelette, vor denen sich die großen Wasservögel dunkel abzeichneten. Als Jagd- und Nahrungskonkurrenten sind die Kormorane bei den ansässigen Fischern wenig beliebt; zum Schutz der Fischbestände hatte man bereits bestandsregulierende Maßnahmen getroffen. Neuerdings werden Kormoranbruten auf dieser Insel verhindert.

Lange bevor die Kormorane auf Tollow siedelten, war die Insel weithin als Brutstätte vieler Seevogelarten bekannt. Verschiedene Kolonien hatten sich in den Jahrzehnten vor dem Zweiten Weltkrieg derart entwickelt, dass die Insel „den artenreichsten und auch zahlenmäßig stärksten Vogelbestand aller rügenschen Vogelinseln" aufwies, wie Hellmuth Dost schrieb. Mit Kriegsende ging der Bestand dann deutlich zurück, weil sich die Menschen in den Jahren der Not schonungslos über die Gelege hermachten. Zunächst versuchten sich die Möwen gegen die Plünderer zu wehren, indem sie ihre Nester auf den Bäumen bauten. Aber auch damit konnten die Vögel ihre Gelege nicht wirksam schützen. Schließlich verschwanden die Möwen und mit ihnen auch alle anderen Seevögel, die dort zuvor jahrelang genistet hatten, und suchten sich geschütztere Brutstätten.

Putbus – die „weiße Stadt"

Der Weg von Garz nach Putbus führt über die Ortschaft Kasnevitz. Die Strecke ist eine der schönsten Rügens. In ihrem ersten Abschnitt besteht sie aus einer vier Kilometer langen Krimlinden-Allee. Ihre Bäume sind zwar nicht so alt wie die bei Glewitz, aber eine Fahrt durch diesen Blättertunnel ist ein großartiges Erlebnis. An beiden Seiten der Straße ragen die Baumstämme wie Säulen einer Basilika empor, während sich ihre Kronen in der Zeit der Belaubung zu einem niedrigen Gewölbe schließen. Die Sonne vermag das dicht verwachsene Grün kaum zu durchdringen, nur hier und da huschen versprengte Lichtflecken über den Asphalt.

Bei Kasnevitz beginnt das „Biosphärenreservat Südost-Rügen", eines von derzeit 311 weltweit bestehenden Gebieten, die von der UNESCO mit diesem Schutztitel anerkannt wurden. Es zieht sich von Neukamp bis nach Thiessow und umfasst den Raum um Putbus einschließlich der Insel Vilm, die Granitz, das gesamte Mönchgut sowie die küstennahen Gewässer, die an diese Regionen grenzen. Dieser Inselteil, den Grümbke als „das wahre Paradies" bezeichnete, ist es wert, dass man ihn schützt. Er gehört zu den wenigen Kulturlandschaften Deutschlands, die noch die Eigentümlichkeiten einer vorindustriellen Zeit bewahrt haben. Zwar wird man hier keine ursprüngliche Wildnis mehr finden, durch menschliche Gestaltung ist aber eine Landschaft entstanden, die durch ihre Anmut und Lieblichkeit gefällt. Bis heute hat sich an den Bildern, die Grümbke vor fast zweihundert Jahren seinen Lesern beschrieb, kaum etwas geändert: „Diese Berge und Täler, diese Felder und Wiesen, von grünen Girlanden des Feldgebüschs durchschlungen oder mit frischen Kränzen der Waldung geschmückt (…), diese Ufer und Ein-

schnitte mit den Umringungen des Meeres und zwischen der bunten Mischung die gotischen Kirchengebäude, die schimmernden Landsitze, die friedlichen Dörfer, aus denen ein blauer Rauch aufsteigt, wie anmutsvoll ineinander verschränkt liegt das alles (…)“.

Folgt man den Anschauungen des Dichters, dann bildet Putbus das Tor zu diesem Paradies. Wie vor zweihundert Jahren besteht die Zufahrt von Westen aus einer prächtigen Eichenallee, die heute aber nur als Gehweg dient. Der Verkehr benutzt eine parallel dazu verlaufende moderne Asphaltstraße. Wer als ahnungsloser Fremder zum ersten Mal nach Putbus kommt und vielleicht erwartet, einen typischen rügischen Ort mit rohrgedeckten Häusern vorzufinden, wird erstaunt sein, eine komplett im klassizistischen Stil gebaute Stadt mit zwei großen Plätzen und einer Prachtstraße zu sehen. Sie ist das Werk von Wilhelm Malte I. (1783–1854), Fürst zu Putbus.

Ursprünglich war Putbus, das erst 1960 das Stadtrecht erhielt, eine alte slawische Siedlung, ein Ort „hinter dem Busch“, wie der Name „pod boz“ besagt, und vermutlich schon im

Einst war das von 1827 bis 1832 im klassizistischen Stil umgebaute Fürstenschloss von Putbus der bedeutendste Profanbau Rügens. Heute existiert das architektonische Symbol feudalistischer Prachtentfaltung nur noch auf historischen Abbildungen oder in der Erinnerung derer, die es mit eigenen Augen gesehen haben. Unter dem Vorwand der Baufälligkeit wurde das Schloss zwischen 1959 und 1962 abgerissen. Eine Freitreppe am Ufer des Parkteichs erinnert an die Stelle, wo es einst gestanden hat.

13. Jahrhundert der Sitz eines Edlen. Durch Heirat gelangte der Besitz an die Familie von Stoislaw II., dessen Vater ein Bruder des Ranenfürsten Jaromar gewesen sein soll. Somit können die Herren von Putbus ihre Abstammung auf eine Nebenlinie des alten slawischen Fürstengeschlechts zurückführen. Als dieses Geschlecht 1325 ausstarb, übernahm das Haus Putbus eine führende Rolle unter dem rügenschen Adel. Sein Stammsitz war ein bereits 1371 erwähntes Steinhaus, das wegen baulicher Erweiterungen und mit wachsender Bedeutung der Familie bald als „Schloss" bezeichnet wurde.

Bernstein, Muscheln, präparierte Feuersteine oder Billetts für Dampferfahrten nach Stettin – das und vieles mehr, was ein Touristenherz erfreut, konnte man anno 1882 im Andenkenbasar von Hermann Holtz in Putbus kaufen.

Anfang des 18. Jahrhunderts, als die rügensche Linie des Hauses Putbus ausstarb, übernahm mit Malte I. der dänische Verwandtschaftszweig den Besitz. Unter der Herrschaft seines Sohnes Moritz Ulrich wurde das Schloss umgebaut und der angrenzende Laub- und Nadelwald in einen Lustgarten umgewandelt, aus dem sich später ein Park im französischen Stil entwickelte. Während über den nächsten Familienspross, Malte Friedrich, nicht viel überliefert ist, außer dass er ein sparsamer Mensch gewesen sein soll und darauf geachtet hat, dass sich der Familienbesitz nicht zerstreute, ging erst dessen Sohn, Graf Wilhelm Malte I., der 1803 die Herrschaft Putbus übernommen hatte, daran, den Familiensitz und die Ortschaft zu einer repräsentativen Residenz auszubauen und zu einem Badeort zu machen. Ihm schwebte ein Heilbad nach dem Muster von Bad Doberan und Heiligendamm vor. 1808 begann er, seine Pläne zu verwirklichen. Es wurden neue Straßen angelegt, gepflastert und mit Bäumen bepflanzt. Entlang der Alleestraße, an die der rechteckige Marktplatz grenzt, entstanden eine Reihe stattlicher Bürgerhäuser, ein Badehaus, ein Theater sowie ein Hotel für adlige Gäste. Alles wurde im schönsten klassizistischen Stil angelegt. Vor allem aber bekam das Schloss durch neuerliche Umbauten ein anderes Aussehen: An die Stelle der vorhandenen barocken Anlage trat ein klassizistischer Bau. Als Architekten waren hauptsächlich Johann Gottfried Steinmeyer und Wilhelm Steinbach verantwortlich gewesen.

Mit zunehmender Beliebtheit von Warmbädern ließ Wilhelm Malte, der 1817 durch den preußischen König in den Fürstenstand erhoben worden war, in der Goor bei Lauterbach ein großes Badehaus, das 1818 eingeweihte „Friedrich-Wilhelm-Bad", errichten. Zu dessen Inneneinrichtung gehörten Badewannen aus italienischem Carrara-Marmor.

Innerhalb von 15 Jahren entwickelte sich Putbus zu einem Luxusbad, das bald an erster Stelle der mecklenburgischen Kurbäder stand. Jährlich kamen bis zu 50 000 Gäste hierher, die es schätzten, die Wonnen warmer Wannenbäder mit den Freuden eines Bades im offenen Meer zu kombinieren. Mit der Gründung des „Pädagogiums“ 1827, einer Einrichtung, die ursprünglich zur Ausbildung der Söhne adliger Familien bestimmt war und später als Lehrer-Bildungsanstalt diente, kam es zu einer letzten bedeutenden Bautätigkeit. In dieser Zeit entstand am Ostende der Alleestraße der sogenannte „Circus“, ein kreisrunder Platz, auf den die Straßen strahlenförmig zulaufen und der mit 15 repräsentativen, weiß gestrichenen Wohnhäusern umstellt wurde. Dieses architektonische Ensemble, das dem Stadtbild eine besondere Note gegeben hat, wirkt auch heute noch so außergewöhnlich, dass man einen Moment lang vergisst, auf Rügen zu sein, der einstigen Insel der Bauern und Fischer. Jedes der zwei- und dreigeschossigen Häuser führt individuelle bauliche Merkmale vor und unterscheidet sich von den anderen durch die Fassadengliederung und Ornamentik. Wie es einst der Fürst gewünscht hatte, pflanzen die Bewohner immer noch Rosensträucher links und rechts der Eingänge. Der große Platz selbst erfüllt keine andere Funktion als das ästhetisch empfindsame Auge zu erfreuen. In seiner Mitte steht ein Obelisk, auf den acht mit Kugeleichen bepflanzte Wege sternförmig zulaufen.

Obwohl die Badeanstalt in den Jahren nach ihrer Gründung einen gewaltigen Zulauf hatte, ließ das Interesse bereits in der zweiten Hälfte des 19. Jahrhunderts deutlich nach. Grund dafür war die Entwicklung der neuen Seebäder an den Küsten Jasmunds, der Granitz und von Mönchgut. Der schmale Sandstrand bei Lauterbach und das ruhige Wasser des Greifswalder Boddens konnten es auf Dauer nicht mit den ausgedehnten Strandbuchten und dem „offenen Meer“ aufnehmen. Heute kommen kaum noch Urlauber des Badens wegen nach Putbus. Trotzdem aber ist das ehemalige Residenzstädtchen ein vielbesuchter Ort. Mittlerweile hat sich hier ein neues geistig-kulturelles Zentrum entwickelt, das durch Theateraufführungen, Kunstausstellungen sowie durch das seit 1992 stattfindende „Rossini Opernfestival“ ein charakteristisches Profil gewonnen hat. Neben den klassizistischen Bauwerken ist der ehemalige Schlosspark besonders sehenswert. Aus dem einstigen barocken Lustgarten entstand im Laufe der Zeit nach den Plänen Wilhelm von Humboldts ein Landschaftspark im englischen Stil. Unter Einbeziehung eines waldigen Geländes wurden Rasenflächen mit herrlichen Baumgruppen und Alleen kombiniert. Man schuf Anhöhen sowie freie Flächen und Fluchten mit immer wieder neuen, überraschenden Durchblicken. Zusammen mit den einheimischen Baumarten bilden die exotischen Hölzer aus fernen Ländern ein traumhaft schönes Parkbild. Buchen, Eschen, Kastanien, Maronen, Lärchen, Fichten, Eiben, Mammutbäume, Ginkgos und Zypressen sind nur eini-

Die kleine, im Rügischen Bodden gelegene Insel Vilm ist reich an urwüchsiger Natur und altem Baumbestand. „Ich kann sagen, ich habe kaum jemals wieder dies Gefühl so ganz reinen, schönen und einsamen Naturlebens gehabt wie damals auf diesem kleinen Eilande, das sonst niemand zu sehen pflegt, der Rügen besucht“, schwärmte Carl Gustav Carus nach einem Besuch im Jahre 1819. Die Insel steht unter strengem Naturschutz und darf nur eingeschränkt besucht werden. Das Bild zeigt einen Holzstich von H. Lange aus der zweiten Hälfte des 19. Jahrhunderts.

ge der rund 60 Arten, die man hier vorfindet und von denen etliche bereits ein hohes Alter haben. In ihrem Schatten hat sich stellenweise ein dichter Pflanzenteppich ausgebreitet, der hauptsächlich von Bärlauch gebildet wird. Während der Blütezeit Mitte Mai ist der Parkboden stellenweise von einem weißen Blütenteppich überzogen. Das ehemalige Fürstenschloss, zu dessen Ambiente der Park gehörte, wird man allerdings vergeblich suchen. Wegen Baufälligkeit fiel es zwischen 1959 und 1962 der Abrissbirne zum Opfer. Nur eine Treppe am Ufer des kleinen Sees erinnert noch an die Stelle, wo es gestanden hat.

Warten auf die Einfahrt des „Rasenden Rolands" am Bahnhof von Sellin-West. Schon in den ersten Jahren nach ihrer Inbetriebnahme avancierte die rügische Schmalspurbahn zur großen Touristenattraktion. Heute gehört sie zur Insel wie Bodden und Wieken.

„Rasender Roland"

Putbus ist auch der Heimatbahnhof des „Rasenden Rolands". So nennt die rügensche Bevölkerung liebevoll ihre Kleinbahn, die nun seit mehr als hundert Jahren auf schmaler 750-Millimeter-Spur durch die südöstliche Insellandschaft dampft. Während Intercity-Züge im Fernverkehr durch Rügen rasen, zockelt dieses Fossil des Schienenverkehrs auf einer Nebenstrecke fahrplanmäßig von Station zu Station und stoppt bei Bedarf an den kleinen Feldhaltestellen ebenso wie an den Bahnhöfen der Seebäder. Es ist ein Vergnügen wie zu Großvaters Zeiten: auf der Plattform zu stehen, den Dampf vorüberziehen zu lassen und das Schnaufen der Lokomotive zu hören. Man erlebt ein Stück Technik, die noch begreifbar ist, wenn etwa der Heizer die Kohlenschaufel schwingt oder die Ölkanne mit dem langen Schnabel nimmt, um die Achslager zu schmieren, wenn es aus dem Dampfzylinder zischt, während die Kolbenstange langsam ein- und ausfährt, um die Kraft über das Gestänge auf die Radachsen zu übertragen. Die einstündige Fahrt von Putbus bis Göhren gestaltet sich zu einem nostalgischen Abenteuer. Auf hölzernen Bänken sitzend, schaukelt man mit einer Geschwindigkeit von 30 Kilometern die Stunde querfeldein über Wiesen und Felder. Hinter Binz steigt die Strecke steil an und durchläuft die Waldungen der Granitz. Weiter geht die Fahrt über Sellin nach Baabe, zunächst am östlichen Ufer des Selliner Sees vorbei, dann entlang der Bäderchaussee, die zweimal überquert werden muss, bevor der Endbahnhof in Göhren erreicht ist.

Das Bähnchen, das 1975 zum technischen Denkmal der Verkehrsgeschichte erklärt worden ist, repräsentiert ein Kapitel der rügenschen Schmalspurbahn-Vergangenheit. Die 24,2 Kilometer lange Strecke von Putbus bis Göhren ist das letzte Stück eines ursprünglich rund 100 Kilometer langen Streckennetzes.

Begonnen hatte die Geschichte Ende des 19. Jahrhunderts, als die rügenschen Grundbesitzer ein vermehrtes Interesse zeigten, die landwirtschaftlich rückständigen Gebiete zu erschließen. Mit der Eröffnung einer Zuckerfabrik in Stralsund lag es auch für die rügenschen Landwirte nahe, über den Anbau von Zuckerrüben nachzudenken. Voraussetzung dafür aber war eine Verbesserung der Transportmöglichkeit. Die Überlegungen führten schließlich dazu, dass im Frühjahr 1895 der Bau von zwei Kleinbahnstrecken beschlossen wurde; die eine sollte von Bergen über die Wittower Fähre nach Altenkirchen, die andere von Putbus nach Binz und später weiter nach Göhren führen. Letztere bekam durch den sich entwickelnden Fremdenverkehr in den ostrügenschen Orten noch eine besondere Bedeutung als Transportmittel für Badegäste. Die Arbeiten begannen gleichzeitig an allen Streckenabschnitten. Am zügigsten kam der Bau der Strecke Putbus-Binz voran, sodass die Jungfernfahrt schon im Sommer 1895 stattfinden konnte. Stück für Stück wurde die Strecke nach Osten erweitert, und ein Jahr später verkehrten die Züge bereits bis Sellin, dem vorläufigen Endbahnhof. Ab 1899 konnte man schließlich ohne umzusteigen von Altefähr über Putbus bis nach Göhren fahren. Um den Reisenden etwas Komfort zu bieten, wurde zeitweise auch ein Speisewagen mitgeführt. Es gab sogar einen „Theaterzug“, der die Gäste von ihren Urlaubsquartieren zum Theaterbesuch nach Putbus brachte und wieder zurückbeförderte.

Ende der sechziger und Anfang der siebziger Jahre wurden die rügenschen Schmalspurstrecken nach und nach stillgelegt und abgebaut. Geblieben ist nur die Verbindung zwischen Putbus und Göhren. Für viele gehört der „Rasende Roland“ heute zu Rügen wie die Kreidefelsen oder die Feuersteinfelder. Er ist zu einem Teil der Inselnatur geworden, und niemand möchte sich mehr vorstellen, dass er eines Tages abgeschafft werden und den Schneidbrennern zum Opfer fallen könnte.

Gruppenfoto vor der Werkstatt in Putbus, 1912. Die abgebildete Lokomotive vom Typ „nn“ ist noch mit einem sogenannten Kobelschornstein ausgerüstet.

Klassizismus vor einem englischen Landschaftspark: Das Theater von Putbus entstand Anfang des 19. Jahrhunderts im Rahmen eines Bauprogramms des Fürsten Wilhelm Malte I., der Putbus zu einem repräsentativen Residenz- und Badeort umgestalten ließ. Mit einem prächtigen Portalvorbau geschmückt, bildet das Haus inmitten anderer klassizistischer Gebäude ein architektonisches Kleinod. Zu seinen prominenten Besuchern gehörte einst auch Gerhart Hauptmann, der es auf der Durchreise nach Hiddensee besichtigte.

Grüne Oase am Rande der „weißen Stadt“: Der Putbuser Landschafts- und ehemalige Schlosspark gehört in Deutschland zu den schönsten Anlagen dieser Art. Ursprünglich ein barocker Lustgarten, entstand daraus im Laufe der Zeit nach den Plänen Wilhelm von Humboldts ein Landschaftspark im englischen Stil. Dabei wurden waldige Abschnitte kombiniert mit Alleen und freien Rasenflächen, auf denen nur ein paar isolierte Baumgruppen stehen. Besonders schön ist es hier im Mai, wenn im Schatten frisch belaubter Bäume der Bärlauch blüht.

Die auf einem Postament stehende Statue im Schlosspark stellt Wilhelm Malte I. dar. Der 1817 vom preußischen König in den Fürstenstand erhobene Herr von Putbus stammte aus einem alten rügenschen Adelsgeschlecht, einer Seitenlinie der slawischen Fürsten.

BADE

Luxus im Stil eines griechischen Tempels: So wollte es Fürst Wilhelm Malte I. von Putbus, als er vor den Toren seiner Residenzstadt an der Boddenküste bei Lauterbach zwischen 1817 und 1820 dieses Badehaus für seine vornehmen Gäste errichten ließ (links). Zur aufwendigen Innenausstattung gehörten Badewannen aus italienischem Marmor. Heute präsentiert sich die fürstliche Anlage als ein modern geführtes First-Class-Hotel mit viel altem Charme.

Einen optischen Höhepunkt im Stadtbild von Putbus bildet der sogenannte „Circus“, ein kreisrunder Platz, der mit repräsentativen, weiß gestrichenen Wohnhäusern gesäumt ist (oben). Auf der parkähnlich gestalteten Innenfläche laufen die Wege strahlenförmig auf einen Obelisken zu, der den Bauherrn von Putbus, Fürst Wilhelm Malte I., ehrt.

Fürst Wilhelm Malte I. setzte in seinem Herrschaftsgebiet nicht nur in der Architektur neue Akzente, auch als Landschaftsgestalter trat er – heute noch sichtbar – in Erscheinung. Viele Alleen, so auch diese in der Nähe von Putbus, wurden von ihm angelegt (unten).

Sonnenuntergang hinter der Schoritzer Wiek. Die Küste der im Südosten Rügens gelegenen Halbinsel Zudar besticht weniger durch spektakuläre Landschaftsbilder als durch Reize, die für das sensible Auge bestimmt sind. Ein lichtes Kiefernwäldchen säumt die Uferstreifen, die teils mit Schilf bewachsen sind, teils von grasigen oder sandigen Strandabschnitten gebildet werden. In den ruhigen Gewässern finden zahlreiche Wasservogelarten ideale Bedingungen zum Rasten und Brüten.

Die Krimlindenallee zwischen Garz und Kasnevitz gehört zu den schönsten Straßenabschnitten Rügens. Immer wieder ist es ein eindrucksvolles Erlebnis, durch diesen von grünem Licht durchfluteten Blättertunnel zu fahren. Solche Alleen sind nicht nur eine ästhetische Bereicherung der Landschaft, sondern erfüllen auch eine ökologische Aufgabe: Sie verbessern das Klima, wirken staubfilternd und lärmdämpfend. Indem sie die Windgeschwindigkeit bremsen, schützen sie die umliegenden Äcker vor Erosion.

Der nur wenig bekannte Südosten Rügens: Ein verstecktes landschaftliches Kleinod ist die Gustower Wiek. Diese Bucht, in der sich ein kleiner Hafen befindet, gehört, wie auch die anderen Küstenabschnitte entlang dem Strelasund, zu den Regionen, die vom großen Touristenstrom nur wenig berührt werden.

Reisespaß wie zu Opas Zeiten: Es dampft, zischt und riecht nach Kohlenrauch, wenn der „Rasende Roland“ mit einer Geschwindigkeit von maximal 30 Stundenkilometern gemütlich durch die Landschaft schaukelt. Die Strecke vom Heimatbahnhof Putbus bis zum Zielort Göhren – sie ist das letzte noch verbliebene Stück eines ursprünglich knapp 100 Kilometer langen Streckennetzes – führt querfeldein über Koppeln und Ackerfluren und streift die Waldgebiete der Granitz.

Ölglänzende Technik zum Anfassen: Kessel, Wasserkasten, Kohlentender, Kolbenstange und Dampfzylinder – alles überschaubar und für jedermann begreifbar. 1975 wurde der „Rasende Roland“ zum technischen Denkmal der Verkehrsgeschichte erklärt. Doch der Schienenoldie ist noch lange nicht reif für den Ruhestand im Museum; auch in Zukunft wird er zur Freude seiner Fans auf die Strecke gehen.

Granitz und Prorer Wiek: Berge, Wälder und Meer

Kleinlandschaft im Biosphärenreservat

Granitz hat einen guten Klang. Wenn man den Namen hört, denkt man an reizvolle Landschaftsbilder: an zauberhafte Buchenwälder, an steil abfallende Hochufer mit hübschen Ausblicken auf das Meer und an ein romantisch gelegenes Jagdschloss.

Die Granitz ist eine Kleinlandschaft, die, obwohl sie an die Küste grenzt und von den Ostseebädern Binz und Sellin flankiert wird, eher den Eindruck einer Mittelgebirgsgegend erweckt. Ihre Höhen steigen von Normalnull rasch auf über hundert Meter empor. Man kann sie „mit Recht ein Waldgebirge nennen“, meinte Grümbke, „denn man erblickt hier stolze Höhen, welche in der Tat den Namen von Bergen verdienen, und die durchgreifenden Täler sind eng, tief und schauerlich“. Das Besondere aber sind die geschlossenen Waldungen, die neben denen der Stubnitz zu den schönsten Rügens gehören. Das Gehölz besteht nicht nur aus Buchen, man findet auch Eichen, Erlen, Eschen, Ahorn, Fichten, Linden und vereinzelt auch wilde Obstbäume. Einst war der Wald wegen seines reichen Hochwildbestandes, der den Herren von Putbus gute Jagdbeute sicherte, weithin berühmt. Das große Halali vergangener Zeiten ist aber längst verklungen, heute pirschen sich Wanderer auf gut markierten Wegen durch das Gehölz. Beliebt sind vor allem der Hochuferweg von Binz nach Sellin und die Wanderroute zum Jagdschloss Granitz.

Jagdschloss Granitz

Auf der größten Erhebung des Gebiets, dem 107 Meter hohen Tempelberg, steht das Jagdschloss Granitz. Ganz gleich, aus welcher Richtung man sich nähert, der ferne Anblick ist ein Augenzauber. Wie märchenhaft es dort liegt und über die Wipfel der Baumkronen weit hinausragt, so denkt man. Steht man aber erst davor, kommt Unsicherheit auf. Ist es schön? Oder wirkt der gewaltige Bau vielmehr zurückweisend, gar abstoßend mit seinen vier runden Ecktürmen und dem 38 Meter hohen Mittelturm, die alle einen kräftigen Zinnenkranz tragen. Man ist fasziniert, doch es will sich nicht so recht Freude einstellen, zu sehr bedrückt die Wucht von Mauern und Türmen; selbst die Doppelreihe der Rundbogenfenster mit schmückendem Maßwerk, die eine Auflockerung der Fassaden erreicht, vermag das Gefühl von Schwere nicht ganz auszulöschen. Auf annähernd quadratischem Grundriss angelegt und mit neugotischen Formen ausgestattet, zeigt der zweigeschossige Bau eine Mischung von arabischem Burg-, italienischem Kastell- und englischem Tudorstil. In seiner Wehrhaftigkeit und Verteidigungsbereitschaft erweckt er den Eindruck, als sei er nicht für Jäger, sondern für schutzsuchende Gejagte bestimmt gewesen.

Wie immer man seine Ästhetik und architektonische Harmonie einschätzen mag, es steht außer Zweifel, dass das Granitzer Jagdschloss der berühmteste und merkwürdigste Profanbau Rügens ist. Bis 1945 diente es der Fürstenfamilie von Putbus vor allem als Gästehaus und zur Demonstration ihres standesgemäßen Selbstwertgefühls. Heute ist es ein Museum, aber auch ein beeindruckendes Denkmal, das die Macht und das Ansehen seines einstigen Besitzers und Bauherrn weithin sichtbar in die rügische Landschaft ausstrahlt.

Es erstaunt nicht zu hören, dass das Schloss auf Betreiben des baufreudigen Fürsten Wilhelm Malte I. entstand, der es zwischen 1836 und 1846 nach den Plänen des Berliner Architekten Johann Gottfried Steinmeyer errichten ließ. Dabei sollen sogar Vorschläge von König Friedrich Wilhelm IV., der mit dem Fürstenpaar von Putbus befreundet war, berücksichtigt worden sein. Aber auch Karl Friedrich Schinkel hatte an dem Bauprojekt mitgewirkt. Nach seinen Entwürfen entstand vor allem der mächtige mittlere Turm, der 1844 in den ursprünglich vorgesehenen Lichthof eingefügt wurde.

Das gegenwärtige Jagdschloss war nicht der erste Bau auf dem Tempelberg. Schon der Großvater von Wilhelm Malte hatte hier 1726 ein kleines Jagdhaus und drei Jahre später einen mehrstöckigen Aussichtspavillon bauen lassen, der damals gern besucht wurde. „Von ihm aus erblickt man Mönchgut, Pommern, Jasmund und einen Theil von Rügen in den reizendsten Prospekten“, schwärmte Karl Nernst.

Auch heute ist der Blick von der Aussichtsplattform in etwa 145 Meter Höhe über dem Meeresspiegel ein beeindruckendes Erlebnis, das sich die meisten der jährlich rund 300 000 Schlossbesucher nicht entgehen lassen möchten, das aber erkämpft sein will. Denn der Weg nach oben führt über 154 Stufen einer gusseisernen Wendeltreppe. Diese wurde von der bekannten Berliner Eisengießerei Franz Anton Egells 1841 hergestellt und ist für sich allein schon ein kleines Kunstwerk. Wer die Strapaze des Aufstiegs scheut, begnügt sich mit der Besichtigung der Räumlichkeiten, wie etwa des Marmorsaals, des Damensalons oder des Empfangs- und des Speisezimmers. Das Schloss wurde bereits vor hundert Jahren museal genutzt. Mit dem Erlös der Eintrittsgelder konnte der Bau unterhalten werden. Nach dem Zweiten Weltkrieg ging der größte Teil der Innenausstattung und der Kunstwerke verloren. Derzeit bemüht man sich aber, die historischen Räume wieder einzurichten.

Vom Tempelberg führt ein gepflasterter Fahrweg in das knapp drei Kilometer entfernte Binz. Der Spaziergänger wird hier rasch in eine nostalgische Stimmung versetzt, denn auf diesem Sträßlein holperten in der Vergangenheit die Kutschen der fürstlichen Gäste zum Strand der Prorer Wiek.

Ein bemerkenswertes Kunstwerk im Granitzer Jagdschloss ist die gußeiserne Wendeltreppe. Mit 154 filigran durchbrochenen Stufen windet sie sich im Innern des 38 Meter hohen Mittelturms zur Aussichtsplattform empor.

Binz und Sellin – Badeorte mit Charme

Abenddämmerung in Binz. Es sind schöne Stunden um diese Zeit. Mit müdem Schein schickt sich die Sonne an, den Tag zu beenden. Hinter den Türmen des Kurhauses ist sie niedergegangen und in eine dünne Wolkenschicht eingetaucht. Ein paar letzte Strahlen streifen noch die Dach- und Giebelkanten einiger Strandvillen und verfangen sich in der Balustrade, die das Haus „Sirene" schmückt. Bald ist das große Licht verloschen, und viele kleine Lampen entlang der Strandpromenade und der Seebrücke werden aufleuchten. Der Strand hat sich vom Badeleben eines warmen Spätsommertages erholt, einige Schwäne und Enten paddeln durch das seichte Wasser, begleitet von Möwen und Seeschwalben. Im Restlicht der untergegangenen Sonne schimmert das Meer wie eine schwache Glut von Zartrosa bis Dunkelviolett. Die Plätze in den Vorgärten der kleinen Restaurants sind besetzt, und die Strandpromenade füllt sich mit Leben. Auf der Seebrücke hat die Zeit des Flanierens begonnen. Vom Kurplatz dringt Musik herüber. „As time goes by", klingt es aus den Lautsprechern.

Wie doch die Zeit vergeht! Das mag so manch einer denken, der jetzt am Brückenkopf steht und zurückschaut auf das Binz, das er vielleicht von früher her kennt. Vor ein paar Jahren noch boten die Villen an der Strandpromenade mit ihrer charakteristischen Bäderarchitektur einen Anblick, der wehmütig stimmte. In abgenutzter Pracht und mit der Patina der Vergänglichkeit überzogen, standen sie da, nicht ganz ohne Reiz, still dahinwelkend wie ein hübscher Herbstgarten. Die Zeit nach dem Zweiten Weltkrieg hatte deutliche Spuren hinterlassen. Zunächst waren die ehemaligen Ferienpensionen mit Flüchtlingen und Aussiedlern belegt, später dann, bis zum Zusammenbruch der DDR, als Wohn- und Ferienhäuser vermietet worden. Aus Mangel an Geld und Material konnte die alte Bausubstanz nicht genügend gepflegt und instand gehalten werden. Jetzt aber erstrahlen die meisten Fassaden der Strandzeile wieder in neuem Glanz. Mit viel Liebe zum Detail hat man restauriert und an mancher Stelle Altes durch Neues ersetzt – dem historischen Vorbild entsprechend. Ein großer Teil der kunstvollen Gebälkkonstruktionen mit den verglasten Veranden, Balkonen und filigranen Holzornamenten musste originalgetreu wiederhergestellt werden.

Auch die neue, 370 Meter lange Seebrücke besteht erst seit 1994. Mit ihrem hölzernen Geländer und dem Plankenbelag erinnert sie an ihre Vorgängerbauten. Schon 1902 hatte Binz eine Seebrücke, die ganz aus Holz hergestellt war und 560 Meter weit ins Meer reichte. Sie erfüllte hauptsächlich den Zweck, dass die Dampfschiffe an eine Anlegestelle heranfahren konnten und dass die von See anreisenden Badegäste nicht, wie es zuvor notwendig war, vor der Küste ausgebootet werden mussten. Bevor es den Rügendamm gab, wählte man gern den Seeweg, um möglichst schnell und bequem die rügischen Badeorte zu erreichen.

Damals war es üblich, für das Betreten der Brücke ein Eintrittsgeld zu erheben. Aus diesen Einnahmen sowie den Liegegebühren der Schiffe konnten die laufenden Kosten der Anlage gedeckt werden. Vermutlich dürfte dabei auch ein kleiner Überschuss erwirtschaftet worden sein, denn als die Brücke zwei Jahre später in der Nacht vor Sylvester durch eine gewaltige Sturmflut zerstört wurde, entschloss sich die Gemeindeverwaltung schon im darauffolgenden Jahr zum Wiederaufbau. Auch mit der zweiten Seebrücke hatten die Binzer nicht viel Glück. Im Sommer 1912 war beim Anlegemanöver der „Kronprinz Wilhelm“ ein Teil der Anlage mit vielen Badegästen, die auf die Ankunft des Schiffes gewartet hatten, eingestürzt. 14 Menschen fanden bei diesem Unglück den Tod. Das Ende dieser Brücke brachte der Winter 1942/43, als sie durch den Druck pressender Eismassen so sehr zerstört wurde, dass sich eine Reparatur nicht mehr lohnte. Überdies war Krieg, und man hatte andere Sorgen. Während der DDR-Zeit wurde dann zwar über einen Neubau nachgedacht, aber erst mit der Wiedervereinigung waren die Voraussetzungen geschaffen, das Projekt zu verwirklichen.

Heute ist die Binzer Seebrücke aufs Neue eine der großen Attraktionen des Ostseebades. Schon legen hier wieder Schiffe an, die Ausflügler zu den Nachbarorten, zur Kreideküste oder zur Insel Usedom bringen. Ob sie in Zukunft auch Urlaubsgäste, die über den Seeweg anreisen, in Empfang nehmen kann, wird sich zeigen. Seit Binz in das Intercity-Bahnnetz eingebunden ist, stehen weitere Wege offen, den Ort schnell und bequem zu erreichen.

Binz ist das größte Seebad Rügens und eines der beliebtesten Reiseziele an der Ostseeküste. Die jährliche Anzahl von Übernachtungen hat mittlerweile schon die Zweimillionen-Grenze erreicht. Was macht diesen Ort so attraktiv? Zunächst einmal wäre auf das landschaftliche Ambiente hinzuweisen: An einer flachen Meeresbucht, der Prorer Wiek, gelegen, gesäumt von einem der schönsten Sandstrände der Insel und umgeben von den herrlichen Waldungen der Granitz und der Schmalen Heide ist das Fleckchen Erde von der Natur mit verlockenden Reizen umringt. An der dem Meer abgewandten Seite der Ortschaft bildet der Schmachter See ein beschauliches Idyll. Das mit einem breiten Schilfgürtel eingefasste Gewässer ist der Rest eines ursprünglichen Strandsees, der vor etwa 5000 Jahren entstand, als sich die Nehrung der Schmalen Heide bildete. An die ehemalige Verbindung mit der Meeresbucht erinnert heute nur noch ein kanalisiertes Rinnsal, die Ahlbeck, das am südöstlichen Ende des Strandes deltaartig in die Prorer Wick mündet.

Was an dem Ort selbst so bezaubert, ist sein eigentümlicher Charme, der an die Zeit erinnert, da man Binz als „das elegante Bad von Weltruf“ pries. Wenn man auf der gepflasterten, mit jungen Linden bepflanzten Strandpromenade entlanggeht oder durch die Gassen streift, spürt man immer noch das Flair der frühen Jahre

Die historische Aufnahme aus dem Jahre 1899 zeigt den Blick auf die Strandpromenade von Binz und das alte Kurhaus. Zu dieser Zeit entwickelte sich Binz zum führenden Badeort Rügens. Es gab noch keine richtige Seebrücke, nur verschiedene Anlegestege für kleinere Boote waren vorhanden. Gäste, die über den Seeweg nach Binz reisten, mussten vor der Küste ausgebootet werden.

und den verblichenen Glanz, den die wilhelminische Ära zurückgelassen hat.

Ursprünglich war Binz, das in den Urkunden erstmals 1318 erwähnt wurde, ein winziges Dorf von Bauern, die zur Beschaffung eines Zubrotes natürlich auch fischen gingen. Eine wirkliche Berufsfischerei dürfte sich aber erst später, vermutlich gegen Ende des 19. Jahrhunderts, entwickelt haben, etwa zu der Zeit, als das Badeleben aufzublühen begann. Die ersten Gäste, die schon um 1830 kamen, waren Geladene des Hauses Putbus, die im nahegelegenen Jagdschloss Granitz logierten. Am Strand hatte der Gastgeber, Fürst Wilhelm Malte I., vorgesorgt und Umkleidehütten aufstellen lassen. Für die Damen standen Badekarren zur Verfügung, die es erlaubten, abgeschirmt von schaulustigen Blicken, direkt in das brusttiefe Seewasser zu steigen. Mit Beginn der siebziger Jahre – der Ort zählte inzwischen 182 Einwohner, die sich auf 17 Häuser verteilten – begann sich auch ein anderes Publikum, das überwiegend aus bürgerlichen Kreisen stammte, vermehrt für den neu eingerichteten Badeplatz zu interessieren. So dauerte es nicht lange, bis Binz als Badeort offiziell anerkannt wurde. Da das Dorf samt Strand und Umgebung zum Besitztum der Herrschaft Putbus gehörte, waren sämtliche Entscheidungen, wie etwa die Nutzung des Strandes oder die Vergabe von Pachtverträgen, mit dem Fürsten abzustimmen.

Der Strand von Binz. Wer hätte hier nicht Lust gehabt, sich im „Glückspilz“ mit der Nummer 17 einzumieten, das Strandleben zu genießen und auf die Seebrücke zu schauen, die zu dieser Zeit – sie bestand erst seit dem Sommer 1902 – noch den Reiz des Neuen hatte? Strandkörbe standen hoch im Kurs und ersetzten allmählich die kastenförmigen Vorgängermodelle. Zunächst waren sie ganz züchtig nur als Einsitzer gebaut, später, mit zunehmender Lockerung der Sitten, setzte sich der Zweisitzer durch.

Bereits vor der offiziellen Gründung 1884 hatte man begonnen, Hotels und Pensionen zu bauen. Der alte Dorfkrug war schon lange nicht mehr in der Lage gewesen, den Bedarf an Übernachtungsraum zu decken. Nachdem die Berliner Bankiers Friedländer und die Gebrüder Sommerfeld 1888 die Aktiengesellschaft „Ostseebad Binz“ gegründet hatten, begann eine lebhafte Bautätigkeit, die den Charakter des einstigen Bauern-Fischerdorfes grundlegend veränderte. In Strandnähe entstanden neue Siedlungszentren, die mit dem ursprünglichen Dorfkern allmählich zusammenwuchsen. Innerhalb von 20 Jahren, zwischen 1890 und 1910, entstanden zahlreiche Pensionen, Villen und Luxushotels, darunter auch ein Kurhaus, das, nachdem es 1906 abgebrannt war, zwei Jahre später durch ein neues ersetzt wurde. Aus allen Teilen Deutschlands waren Bauherren gekommen, die ihre eigenen Architekten und ihre eigenen Ideen mitgebracht hatten. In überschwänglicher Baufreudigkeit, die für diese Epoche charakteristisch war, wurden die verschiedenartigsten Baustile munter miteinander vermischt. Dabei entstand eine neuartige, als „Bäderarchitektur“ bezeichnete Stilrichtung, die heute noch das Bild von Binz, wie auch der anderen Orte – Sellin, Baabe und Göhren – bestimmt und die den eigentümlichen Charme dieser Bäder mitbegründet.

Kein Haus gleicht dem anderen. Ein bisschen Barock ziert das eine, ein frischer Hauch von Jugendstil umgibt das andere Gebäude. Hier spielen klassizistische Formen auf die Antike an, dort stellen sich romantische Spielarten zur Schau. Man findet Backstein neben Fachwerk, weiß getünchten Mauerputz und Fassadenvorbauten aus Holz und Glas. Immer wieder fallen die Gebälkkonstruktionen der verglasten Veranden ins Auge, deren Zwischenräume oft mit preziösem Zierwerk und arabeskenartig durchbrochenen Holzverkleidungen ausgefüllt sind. Selten haben die Baumeister, deren Können ebenso unterschiedlich war wie die Regionen, aus denen sie kamen, an Schmuckformen gespart, die stellenweise wie Naschwerk eines Zuckerbäckers an den Fassaden haften.

Blickfang in diesem Ensemble ist das 1908 in seiner heutigen Form gebaute Kurhaus: eine imposante Zweiflügelanlage mit abgestufter Terrasse und einem davor angelegten Kurplatz. Wie sein Vorgängerbau vor fast hundert Jahren bildet es den Mittelpunkt des geselligen Lebens an der Strandpromenade.

Ähnlich wie Binz, erlebte der benachbarte Ort Sellin gegen Ende des 19. Jahrhunderts den Wandel von einem bescheidenen Fischer-Bauern-Dorf zu einem mondänen Seebad. In dieser Zeit entstand auch die Wilhelmstraße, die sich mit ihren neuerdings liebevoll restaurierten Villen und Logierhäusern, Cafés und Läden als eine Prachtmeile schönster Bäderarchitektur präsentiert. Sie läuft geradewegs auf das Hochufer zu und endet dort an einer kleinen Aussichtsplattform. Was für ein Panorama, das sich von diesem Platz zwischen Meer und Himmel öffnet! Man schaut über die Seebrücke tief unten und lässt den Blick über die Weite der Ostsee bis hin zu den Kreidefelsen der Halbinsel Jasmund schweifen. Seit ihrer Einweihung im April 1998 gehört die 400 Meter lange Landungspier zu den Glanzpunkten der Seebäder Rügens. Die besondere Attraktion ist ein Pavillon, der bei einsetzender Dunkelheit, angestrahlt und von Lichterketten umrahmt, wie ein kleines Märchenschloss über dem Wasser zu schweben scheint. Die verspielt wirkende Architektur, bei der zahlreiche Türmchen, Giebelchen und Dachaufsätze besondere Akzente setzen, ist dem historischen Vorbild nachempfunden, das einst an gleicher Stelle stand und in den zwanziger Jahren des vergangenen Jahrhunderts durch ein Feuer zerstört wurde.

Fischerei in Binz: „Nix ist mehr los"

Die Entwicklung des Tourismus hat nicht nur das Siedlungsbild und den einstigen Charakter der Bauern-Fischer-Dörfer verändert, sie brachte auch einen Wandel des traditionellen wirtschaftlichen Lebens mit sich. Der Bauer ging nicht mehr hinter dem Pflug, sondern begann, Gäste zu bewirten oder seinen Lebensunterhalt als Bademeister zu verdienen. Nach einem vorübergehenden Aufblühen der Berufsfischerei legten nun immer weniger Fischer ihre Netze aus und stellten stattdessen Strandkörbe auf. So manches Fischerboot wurde von seinem angestammten Platz verdrängt oder vermoderte, weil sein Besitzer einer anderen Beschäftigung nachging.

Der Binzer Stadtchronist Reinhardt Jager hat die Betrachtungen eines 88jährigen aufgezeichnet, der über die Fischerei vergangener Jahrzehnte plauderte:

„Ich bin 1905 in Binz geboren und hier auch aufgewachsen. Als Kfz-Schlosser habe ich gearbeitet und als Taxifahrer. Und fünfzehn Jahre auch

Dicht gedrängt in einem Boot: Der illustren Gesellschaft auf dem Dampfer der Linie Göhren-Sellin-Binz gefällt es. Doch solches Vergnügen war damals – die Aufnahme stammt von 1914 – kein Amüsement für kleine Leute. Rund 95 Prozent aller Gäste in Binz gehörten dem Großbürgertum an, waren Industrielle, Bankiers, Kaufleute oder höhere Beamte.

als Fischer. Ein verdammt harter Beruf, will ich dir sagen. Als ich so'n Bengel von fünfzehn Jahren war, gab es noch keine Motorboote. Da wurde gesegelt oder gerudert. Motorboote kamen erst in den dreißiger Jahren auf. Es gab insgesamt vier Reusenkompanien. Jede hatte acht bis zehn Mitglieder und drei Boote. Schöne große Boote waren das! Den Kompanien gab man Namen. Die hießen die ‚Roten', der ‚Köster' und die ‚Türken'. Die ‚Roten' hatten ihre Liegeplätze vor dem Kurhaus Prora, die anderen am Seeschloss.

Gefischt wurden Hering, Aal, Steinbutt, Flunder, Lachs und Ostseemakrele. Vom Kurhaus Prora bis Mukran fing man Lachs. Man stellte zwei Netze auf. Nach zwölf bis zwanzig Metern kamen wieder zwei und immer so weiter. Was denkst du, was da Lachs gefangen wurde. Heute gibt es den ja kaum noch bei uns, und das ist sehr schade. Aber auch der Aal wurde vor Mukran gefangen. Da ist das Wasser tiefer als vor Binz. Drei Reusen haben sie dort gesetzt. Und was haben die dort Aal rausgeholt. An manchem Tag zweihundertfünfzig Zentner und armdicke Tiere dazwischen. Das war ein dolles Gewimmel!

Die Fische kaufte Fischhändler Köhn auf. Der vom Haus „Karin". Der hatte eine eigene große Räucherei. Der Aal wurde in Quatzen in Seedorf aufbewahrt. Weißt du, was 'ne Quatze ist? Das ist ein Kahn ohne Motor, dessen Rumpf durchlöchert ist, sodass ständig frisches Wasser in ihn hineinfließen kann. Nach und nach wurde der Aal dann nach Binz geholt, mit Salmiaklösung entschleimt und anschließend geräuchert. Den Hering nahm man vor dem Räuchern aus; man kehlte ihn. Heute ist ja noch immer die ganze Küt drin. Das mag ich überhaupt nicht. Köhn hatte eigene Lastwagen, mit denen er die Fische dann nach Berlin bringen ließ. Im Frühjahr und im Herbst waren die Fänge oft so groß, dass sie nicht alle in Binz verarbeitet werden konnten. Dann kamen Kühlwagen aus Berlin und holten die Fische ab. Eingesalzen wurde nur für den eigenen Bedarf und dann kurz vor dem Ablaichen der Heringe. Auch die lütten Leute holten sich welche vom Strand. Und immer natürlich schöne große Burschen, solche mit griesem Rücken. Das sind die fettesten. Das musst du dir merken! Die mit dem blauen Rücken sind nix wert. Wer schwer arbeiten muss, der will auch feiern. Da gab es zum Beispiel den Fischerverein, der war bannig groß. Vorsitzender war Otto Brüdgam und später Wilhelm Haase. Du weißt schon, dick Willem Haas. Und wenn der seinen Fischermaskenball feierte, was denkst du, was da los war. Da gab es immer Schacht. Das war'n so richtige rabatze Hun'n. Tja, damals war noch was los mit der Fischerei. Heute ist das alles vorbei. Nix ist mehr los. Und das tut mir leid!"

Der Koloss von Rügen: Prora

Die flache Landbrücke der „Schmalen Heide" verbindet die Granitz mit Jasmund und riegelt den Kleinen Jasmunder Bodden von der Ostsee ab. An seiner Meerseite erstreckt sich ein Bilderbuchstrand, der von Binz bis Neu-Mukran, also fast bis nach Sassnitz reicht: ein flacher, von einem Dünengürtel gesäumter, blütenweißer Sandstreifen, auf dem die Brandung mit sanftem Wellenschlag ausrollt. Dahinter schließen sich lockere Kiefernwaldungen an. Ein Traumstrand – so denkt man, wie auf den Abbildungen mancher Prospekte, die für südliche Reiseziele werben!

Doch mitten in diesem Badeparadies liegt der berühmteste und umstrittenste Bau Rügens, ein gigantisches Monument, ein knapp fünf Kilometer langes Betonmassiv, mit dem düstere Erinnerungen an die Nazi-Vergangenheit verbunden sind. Hier sollte nach den Plänen der NS-Organisation „Kraft durch Freude" (KdF) eine Ferienanlage für den Massenurlaub entstehen. Unter dem Motto des Führers, „den deutschen Arbeiter zu einem gleichberechtigten Volksgenossen zu machen", wurde 1936 mit dem Bau des monströsen Projekts begonnen: Die im Stil der funktionalen Moderne geplante Anlage sollte in sechsgeschossigen Blocks 10 000 Zimmer – jedes mit Blick auf das Meer – für 20 000 Gäste bereitstellen. Ferner waren großangelegte Gesellschaftsräume vorgesehen sowie Kinos, Restaurants, Heilbäder und Kindergärten. Das Vorhaben galt damals als etwas revolutionär Neuartiges und fand internationale Beachtung: Während der Pariser Weltausstellung 1937 wurde ein Modell der beabsichtigten Anlage mit einem Grand Prix ausgezeichnet. Als 1939 der Krieg ausbrach, mussten die Arbeiten eingestellt werden. Zurück blieb ein Rohbau, der nach dem Krieg allmählich in Trümmer zerfiel. Versuche der Roten Armee, einen Teil der Anlage zu sprengen, scheiterten. Anfang der fünfziger Jahre bauten Soldaten der kasernierten Volkspolizei unter enormen Anstrengungen die Häuser um. Aus der verhinderten Ferienstadt entstand ein militärisches Objekt für die später nachfolgende Nationale Volksarmee. Nach der Wende, als die Soldaten wieder ausgezogen waren, stellte sich die Frage nach der künftigen Verwendung dieses Betonmassivs. Abreißen forderten die einen, denn „hinter jeder Säule", so das Argument eines Vertreters dieser Gruppe, „steht der böse Geist". Andere setzten sich dafür ein, dass es erhalten bleiben und als historisches Mahnmal ein „Ort der Begegnung" werden sollte. Wiederum andere wünschten sich eine Umgestaltung zwecks kultureller und kommerzieller Nutzung sowie Schaffung von Wohnraum.

Derzeit wird der Koloss von Rügen, wie man die nationalsozialistische Immobilie gerne nennt, von verschiedenen Einrichtungen genutzt. Doch nach wie vor fehlt ein tragfähiges wirtschaftliches Konzept für den Gesamtkomplex.

Organisation des Massentourismus oder Größenwahn? Nach den Plänen der Nationalsozialisten sollte am Strand von Prora auf einer Länge von fünf Kilometern eine KdF („Kraft-durch-Freude")-Anlage entstehen – eine Ferienfabrik mit 10 000 Zimmern für 20 000 Gäste. Das gigantische Projekt wurde nicht zu Ende geführt. Heute denkt man darüber nach, wie der unvollendete Gebäudekoloss sinnvoll genutzt werden kann.

Zu den wertvollsten Alleebäumen Rügens gehören die Rosskastanien bei Lancken-Granitz. Sie wurden auf Veranlassung des Fürsten von Putbus angepflanzt, zu dessen Besitztümern dieser Landesteil gehörte. Von der Allee reicht der Blick über Wiesen und Felder zum dicht bewaldeten Bergrücken der Granitz, auf dessen höchster Erhebung das herrschaftliche Jagdschloss thront.

Auf solchen Straßen zu wandern oder zu fahren ist wie eine Zeitreise. Diese prächtige Kastanienallee mit ihrem vom Moosbelag grünlich schimmernden Kopfsteinpflaster genießt den Schutz als Naturdenkmal und kann über jeden modernen Verkehr erhaben sein. Sie zweigt bei Lancken-Granitz von der Bundesstraße ab und führt in die Waldungen der Granitz.

Auf dem 107 Meter hohen Tempelberg zwischen den Seebädern Binz und Sellin steht das Jagdschloss Granitz. Aus der Ferne betrachtet, bietet es einen märchenhaften Anblick. Von nahem beeindruckt die Wucht seiner Mauern und zinnenbewehrten Türme. Der Bau entstand in den Jahren ab 1836 nach Plänen des Berliner Architekten Johann Gottfried Steinmeyer. Karl Friedrich Schinkel entwarf den mächtigen, 38 Meter hohen Mittelturm. Bauherr war – man ahnt es bereits – Fürst Wilhelm Malte I. von Putbus.

Strand, Dünen und dahinter der repräsentative Bau des Kurhauses in einer Zeile alter Strandvillen: So sieht man Binz von seiner Seeseite. Die imposante Zweiflügelanlage mit einer abgestuften Terrasse besteht in ihrer heutigen Form seit 1908 und erinnert an die erste Blütezeit des Ostseebades.

nz

In Binz, wie auch in den anderen traditionellen Seebädern Rügens, entzücken die filigranen Ornamente der Bäderarchitektur. Frisch restauriert erstrahlen sie jetzt wieder in der ursprünglichen Pracht und erinnern an die Zeit der wilhelminischen Ära.

Romantischer Winkel in Binz: Die Fassade dieser alten Villa lässt die Gestaltungsfreude ahnen, mit der die Baumeister vor rund hundert Jahren ans Werk gingen, um das einstige Fischer- und Bauerndorf in einen mondänen Badeort zu verwandeln. Binz übernahm bald die führende Rolle unter den rügenschen Seebädern.

Gegen Ende des 19. Jahrhunderts, als Sellin begann, sich von einem bescheidenen Fischer-Bauern-Dorf zu einem mondänen Badeort zu entwickeln, entstand auch die Wilhelmstraße mit vielen Villen und Logierhäusern im Stil der Bäderarchitektur (links).

Hier entlang bis zum Hochufer zu flanieren und dann die Himmelsleiter zur Seebrücke hinabzusteigen, ist für viele Gäste des Seebadeortes ein reizvolles Urlaubvergnügen.

Eine landschaftliche Besonderheit sind die Feuersteinfelder inmitten eines Kiefernwaldes auf der Schmalen Heide. Sie wurden vor 3500 bis 4000 Jahren, als der Ostseewasserspiegel noch 1 bis 1,5 Meter höher lag, durch mehrere Sturmfluten aufgeschüttet und bilden seitdem einen Geröllfächer aus 14 parallel liegenden, etwa zwei Kilometer langen Steinwällen. Mit der Zeit hat sich darauf das sparsame Pflanzenkleid einer Heidelandschaft mit Wacholderbäumen, Heidekraut, Heckenrosen, Birken, Stechpalmen, Birken, Weißbuchen, Ahorn- und Wildapfelbäumen ausgebreitet – um nur einige der vorkommenden Arten zu nennen.

„Dat Mönike Guedt“ – Mönchgut

Wer von der Granitz in Richtung Süden weiterfährt, kommt am Ortsrand von Baabe an eine historische Grenze, die der heute noch sichtbare Mönchgraben markiert und die einst das weltliche Rügen vom geistlichen trennte. Hinter diesem eineinhalb Kilometer langen, vermutlich noch aus slawischer Zeit stammenden Wallgraben, der sich an der schmalsten Stelle zwischen dem Selliner See und der Ostsee erstreckt, liegt das Mönchgut, eine Landschaft, deren Name Geschichte ist.

Ursprünglich war das Gebiet in die Ländereien Reddevitz und Zicker aufgeteilt. Den nördlichen Teil, das Land Reddevitz, verlieh Fürst Jaromar II. 1252 an das Zisterzienserkloster von Eldena bei Greifswald. Als rund hundert Jahre später auch der südliche Teil, das Land Zicker, in den klösterlichen Besitz kam, nannte man das gesamte Gebiet südlich des Mönchgrabens „dat Mönike Guedt“, woraus der Name Mönchgut hervorging. Seit die Mönche hier das Sagen hatten, verlief die Entwicklung ziemlich isoliert von der Außenwelt. Abgeschieden vom rügischen Mutterland, konnten die geistlichen Herren ein ungestörtes, den Regeln ihres Ordens gemäßes Leben führen. Für die Förderung der Landwirtschaft holten sie sich niedersächsische Bauern ins Land; sie legten Dörfer an, pflanzten Hopfen und Flachs und praktizierten eine auf Selbstversorgung ausgerichtete Wirtschaftsweise. Denn es war ihnen wichtig, von den weltlichen Besitzungen unabhängig zu sein.

Nach Einführung der Reformation 1535 wurde das Mönchgut säkularisiert und einer herzoglichen Domäne unterstellt. Mit dem Westfälischen Frieden am Ende des Dreißigjährigen Kriegs fiel es zusammen mit ganz Vorpommern an Schweden, zu dem es bis 1815 gehörte.

Auch die Bauern und Fischer waren lange Zeit nur auf sich gestellt und mussten sich um alles Lebensnotwendige selbst kümmern, einschließlich der „ärztlichen“ Versorgung. So kam es, dass sie auch ein Geschick in der Heilkunst des Besprechens entwickelten. Wer die Methode beherrschte, so die Überlieferung, musste vor seinem Tode die geheimen Formeln an eine Vertrauensperson weitergeben.

Fast jede Familie in den Dörfern von Zicker hatte ihr eigenes kleines Boot, das in der Regel eigenhändig oder, falls nötig, mit der Hilfe eines geschickteren Nachbarn gezimmert wurde.

Bei solch einem zurückgezogenen und von äußeren Einflüssen abgesonderten Leben entwickelte die Mönchguter Bevölkerung kulturelle Eigenheiten, die sich von denen des rügischen Hauptlandes deutlich unterschieden. Sprache, Kleidung und Sitten der Bewohner waren noch im 19. Jahrhundert so traditionsverbunden, dass zeitgenössische Reiseschriftsteller sie als „unverkennbare Spuren des Altertums“ bezeichneten. Dagegen mutet der von Friedrich Rellstab 1797 beschriebene Brauch des Werbens einer Frau um einen Bräutigam, die sogenannte „Freywerberey“, doch eigentlich gar nicht so rückständig an. Sie war allerdings nur dann gestattet, wenn der bäuerliche Hof an eine Tochter vererbt werden musste, weil es keinen Sohn gab, der die Hinterlassenschaft hätte antreten können. „Niemand darf heyrathen“, so schrieb Rellstab, „der nicht ein eignes Gehöfte hat. Nun fällt hin und

Die ehemalige landschaftsgebundene Bauweise auf dem Mönchgut nach Art eines niedersächsischen Hallenhauses ist auch heute noch mit einzelnen Beispielen vertreten. Das Bauernhaus in Göhren, das die historische Aufnahme abbildet, bot unter einem Dach Raum für Mensch, Tier und Ernteerzeugnisse.

wieder eins an einen weiblichen Erben. Diese Erbin kann nun so gut werben wie ein Erbe, und dies heißt hier nach der Kunstsprache ‚Jagen‘. Auf folgende Art bewerkstelligt sie diese Jagd. Die Heyrathslustige sucht sich unter den unverheyratheten Mannspersonen einen aus, den sie zum glücklichen Besitzer ihrer Person und ihrer Güter machen will, und schickt alsdenn bey Nacht und Nebel Freywerber aus. Denen Freywerbern wird nun zur Antwort gegeben: Man wolle es überlegen, bittet um Bedenkzeit, und bescheidet sie in einigen Tagen wieder, wo sie alsdann eine bestimmte Antwort erhalten. Fällt diese nun verneinend aus, wie wohl geschieht, so hüllt das begehrte Männchen, den dem Mädchen gegebenen Korb hübsch in süße Worten ein. Als z. B.: Er habe nichts wider die werthe Person, habe aber noch nicht Lust zur Heyrath, aber sey bereits anderwärts verplempert, u. d. m. Solch empfangener Korb thut der Dame dann auch weiter nichts, weder am Ruf noch am Herzen: Sie ‚jägt‘ weiter, bis sie gute Jagd macht. Trifft der Fall eine Wittwe, so darf solche nicht eher wieder heyrathen, als nach vollendetem Trauerjahr. Indessen würde aber die Wirthschaft leiden. Sie geht also zum zeitigen

Die Mönchguter Tracht unterschied sich ganz und gar von der volkstümlichen Bekleidung anderer Inselregionen. Sie wurde noch bis Anfang des 20. Jahrhunderts getragen und erinnert an die Zeit, als dieser Landesteil noch zum klösterlichen Territorium gehörte. Bei der Männerkleidung fällt besonders die weiße Pluderhose auf, die sicherlich nicht nur bequem den Körper umspielte, sondern auch für den Volkstanz „Schüddeldebüx“ bestens geeignet war.

Pächter der Herrschaft und sagt ihm, auf wen sie ihr noch thränendes Auge gerichtet habe. Der Herr lässt das Ziel ihrer Wünsche zu sich kommen, sondirt ihn, ob er bey der zur gehörigen Zeit angestellten Jagd der Wittwe sich werde gern einfangen lassen. Verspricht er dies, so zieht der Erwählte sogleich ein und versieht die Wirthschaft, und muthmaßlich auch die betrübte Wittwe, um wenigstens eins der von Thränen noch trüben Augen, mit hochzeitlichem Glanze zu füllen, bis beyde Augen mit vollem Anstande von Hochzeitsfreuden zeugen können.“

Heute ist die Zeit des „fröhlichen Jagens“ längst vorbei. Die Annäherung an das andere Geschlecht folgt Regeln, die entweder überall gleich oder nirgends vorhanden sind, egal, ob man anbandelt, den Hof oder Avancen macht, erobert, ködert, ein Herz gewinnt, jemanden anmacht, anbaggert oder „eine Schnecke angräbt“. Nur: Man „jägt“ nicht mehr.

Von den traditionellen Besonderheiten hat die Mönchguter Tracht recht lange überlebt. Diese Kleidung, die an die niedersächsischen Einwanderer erinnert, wurde erst unter dem Einfluss des Badetourismus Ende des 19. Jahrhunderts allmählich zurückgedrängt. Heute findet man sie nur noch in den Truhen einiger weniger Familien oder in den volkskundlichen Abteilungen der Museen. Die Männer trugen eine weiße bauschige und dreiviertellange Hose, die so weit geschnitten war, dass sie bei dem traditionellen Volkstanz „Schüddeldebüx“ so richtig pluderte, dazu eine kurze schwarze Jacke mit hochstehendem Kragen und eine rote Weste. Für die Frauen war eine hohe, nach hinten spitz zulaufende Mütze, unter der eine weitere, ebenso gestaltete Kopfbedeckung aus Leinen hervorragte, typisch. Sie trugen Röcke, die weit vom Körper abgehalten wurden. Ihr wertvollster Bekleidungsschmuck aber war ein wollenes, mit vielen Perlen besetztes Brusttuch. So sehr der Bekleidungsstil von dem in den Nachbarregionen abwich, so verschiedenartig waren die Ausführungen der Tracht, je nachdem, wer sie bei welcher Gelegenheit trug.

Jahrhundertelang lebten die Mönchguter hauptsächlich von der Landwirtschaft und der küstennahen Fischerei. Aber auch die Seefahrt und der Lotsendienst begründeten manche Existenz, während das Sammeln angeschwemmten Treibguts, etwa Holz als Bau- und Brennstoff oder Seegras zur Verwendung als Polstermaterial, für alle eine wichtige Rolle spielte. Das Fischer-Bauerntum war besonders für das Gebiet von Zicker typisch. Als das Mönchgut 1815 dem König von Preußen unterstellt wurde – die Leibeigenschaft war in den Jahren zuvor aufgehoben worden –, bekam jeder Fischerbauer ein kleines Stück Land, das groß genug war, um zwei oder drei Kühe zu halten und von den Erträgen zu leben, falls der Fischfang nicht genügend einbrachte. Da der Besitz von bescheidener Größe war, blieb er auch nach 1945 von der Bodenreform verschont, im Gegensatz zu den großen Gütern im nördlichen Teil der Halbinsel, im Lande Reddevitz. Dort wurde der Großgrundbesitz aufgelöst und an Neubauern aufgeteilt.

Einen enormen Auftrieb erfuhr die Mönchguter Küsten- und Boddenfischerei im 19. Jahrhundert mit der Einführung der Reusenkompanien, also der Bildung von Arbeitskommunen, denen jeweils etwa vier bis acht Fischer angehörten. Denn das Setzen und Einholen von Großnetzen, wie etwa der Kammerreusen, konnte nur in gemeinsamer Arbeit ausgeführt werden. Auch die gemeinschaftliche Nutzung der sehr aufwendigen und kostspieligen Arbeitsgeräte ließ solche zweckgebundenen Zusammenschlüsse sinnvoll erscheinen. Die Haupterträge lieferten die Fänge des Frühjahrsherings und des Herbstaals. Zwischen Frühjahr und Sommer fischte man vor allem Barsch, Flunder, Zander, Hecht und Plötzen, während im Winter dem Lachs, der Flunder und dem Dorsch nachgestellt wurde. Auch heute ist es nicht anders. Immer noch spielt der Hering als „Brotfisch" die wichtigste Rolle. Zweimal jährlich – im Frühjahr und im Herbst – ziehen Heringsschwärme während ihrer Laichwanderungen aus den nördlichen Meeren, vor allem aus dem Skagerrak und Kattegat, an die Küste Rügens, um in den geschützten und seichten Boddengewässern ihre Eier abzulegen. Ideale Laichbedingungen bietet vor allem der Greifswalder Bodden. Das Wasser hat eine günstige Temperatur, und es gibt genügend Seegras sowie Steine, an denen der Rogen haften kann.

Für den Mönchguter Fischfang sind besonders die Frühjahrslaicher von Bedeutung. Sie machen rund 70 Prozent der gesamten Fangerträge aus. Etwa Mitte Februar tauchen die ersten Heringsschwärme auf. Nach dem Ablaichen haben sie es sehr eilig, recht bald wieder das offene Meer zu erreichen. Mit großer Geschwindigkeit ziehen dann die Schwärme an der Boddenküste Mönchguts entlang und schwenken am Thiessower Haken in die Ostsee ab. Das ist die Zeit, in der die Reusenfischer besonders fette Beute machen; Netzfischer hingegen nutzen besonders die Zeit, wenn der Laichvorgang begonnen hat. Man nimmt an, dass bei jeder Laichwanderung etwa zehn Prozent der Schwärme abgefischt werden.

Nach wie vor sind die Heringsvorkommen reichlich, so die Meinung der einheimischen Fischer. Doch die, die ihnen nachstellen, werden weniger. Gab es zu DDR-Zeiten noch etwa 600 Fischer auf dem Mönchgut, so ist ihre Zahl mittlerweile auf ein paar Dutzend zusammengeschrumpft. Die Fischerei ist hier zum Aussterben verurteilt. Veränderte Marktbedingungen nach der Wiedervereinigung und die Neuorganisation der einstigen Fischerkompanien haben viele Familien gezwungen, ihr Auskommen im Tourismusgeschäft oder in anderen Berufszweigen zu suchen. Jenen, die weiterhin vom Fischfang leben, machen neuerdings Bestandsregulierungen und Fangquotenkürzungen, die zur Erholung der Fischbestände in der Ostsee verordnet wurden, zu schaffen.

Göhren – Seebad und Museumsort

Als vor rund hundert Jahren auch der Fremdenverkehr als Erwerbsquelle hinzukam, brach eine neue Zeit an, mit der sich das Gesicht selbst der kleinsten und entlegensten Mönchguter Dörfer wandelte. Am auffälligsten haben sich die Veränderungen in den größeren Badeorten wie Baabe und Göhren niedergeschlagen. Aber selbst

Zu der traditionellen Bekleidung der Mönchguter Frau gehörten ein weiter, faltenreicher Rock mit einer Schürze sowie das wollene, mit farbigen Perlen besetzte Brusttuch. Als Kopfbedeckung trug sie eine leinene Mütze, über die eine weitere, nach hinten kegelförmig zugespitzte und mit Wolle ausgestopfte Außenmütze gestülpt war.

in dem durch die Bäderarchitektur bestimmten Ortsbild von Göhren findet man immer noch die Zeugnisse der althergebrachten bäuerlichen und maritimen Bauweise. So blieben hier noch drei traditionelle Gebäude erhalten, die denkmalpflegerisch betreut und museal genutzt werden. Das eine ist das Heimatmuseum, ein rohrgedecktes Haus aus der ersten Hälfte des 19. Jahrhunderts, in dem einst Bauern, Fischer, Schiffer und Lotsen lebten. Zu seiner Schausammlung gehört auch eine original eingerichtete Mönchguter Bauernstube. In seiner Nachbarschaft liegt der Museumshof. Diese bäuerliche Hofanlage mit Wohnhaus, Stallscheune und Geräteschuppen stammt in ihrer jetzigen Bebauung aus dem 18./19. Jahrhundert und gibt einen sehr anschaulichen Einblick in die für heutige Verhältnisse archaisch anmutenden Arbeitsweisen eines Mönchguter Bauernhofes der Vergangenheit. Ein weiteres Zeugnis der früheren Bau- und Wohnkultur stellt das „Rookhuus" (Rauchhaus) dar, ein schornsteinloses Fischer-Bauernhaus, das im Zuckerhutstil mit einem hohen, spitzen und schmalfirstigen Manteldach sowie Rauchlöchern über dem offenen Herd gebaut wurde. Es entspricht dem Typ eines kleinen niederdeutschen Hallenhauses, in dem Mensch, Tier und Gerät unter einem Dach untergebracht waren.

Das Ostseebad Göhren auf einer historischen Postkarte. Von sämtlichen Ortschaften des Mönchguts hatte Göhren seit der Entwicklung des Badewesens vor etwa hundert Jahren den größten Zuwachs an Einwohnern. Damit änderte sich auch das ursprüngliche Siedlungsbild. Die bäuerlich-maritim bestimmte Wohnweise wurde mehr und mehr durch einen Baustil verdrängt, der sich nach den Belangen des Fremdenverkehrs richtete.

Middelhagen und die heilige Katharina

In der Nachbargemeinde Middelhagen gehört das ehemalige Küster- und Schulgebäude ebenfalls zum Mönchguter Museen-Ensemble. In dem hübschen rohrgedeckten Lehmfachwerk- und Backsteingebäude vor der Kirche wird neben einer Lehrerwohnung der Unterrichtsraum einer einklassigen Volksschule mit Schulbänken aus der Zeit von 1824 gezeigt. Die Utensilien vergangener Schultage, wie Schiefertafel und Rohrstock, geben Einblick in das Schülerleben zu Ur- und Urgroßvaters Zeiten.

Die Ortschaft Middelhagen entstand durch die Aufteilung der einst von den Mönchen noch vor 1300 angelegten Siedlung Hagen in Grotenhagen (Philippshagen), Kleinhagen und Middelhagen. Um den Fischern und Bauern die christliche Botschaft näherzubringen, hatten die Ordensleute zunächst in Grotenhagen eine Kapelle errichtet, die aber in der ersten Hälfte des 15. Jahrhunderts durch eine Kirche in Middelhagen ersetzt wurde. Dieses der heiligen Katharina von Alexandria geweihte Gotteshaus ist heute noch der ganze Stolz der Gemeinde, vor allem wegen seines um 1480 geschnitzten Altarschreins, der vermutlich nicht nur der älteste noch erhalten gebliebene Holzaltar Rügens ist, sondern auch zu den schönsten Stücken dieser Zeit gehört. Die szenischen Darstellungen erzählen aus dem Leben der Heiligen, die im Jahre 307 durch Enthauptung den Märtyrertod erlitt. Seit ihrer Kanonisation zählt sie zu den 14 Nothelfern. Wie oft mag man sie in der Vergangenheit schon angefleht haben, wenn Fischer und Seeleute auf dem Meer in Gefahr gerieten, wenn Sturmfluten hereinbrachen oder das Land durch Kriege bedroht wurde?

Am Fuße des Bakenbergs – Groß Zicker

Noch älteren Ursprungs als St. Katharina in Middelhagen ist die kleine gotische Kirche in Groß Zicker, die vor rund 600 Jahren erbaut wurde. Sie entstand bereits um 1380, zwei Jahrzehnte nachdem die Mönche des Klosters Eldena die Gemeinde einschließlich des gesamten südlichen Inselteils von der Familie Bonow gekauft hatten. An gleicher Stelle stand zuvor eine Kapelle, vermutlich ein Provisorium, bis ein soliderer Bau seiner würdigen Bestimmung zugeführt werden konnte.

Der Innenraum der Kirche wirkt in seinem geringen Ausmaß fast familiär. Er vermittelt den Eindruck, dass er für eine Gemeinschaft geschaffen wurde, die ein über den gemeinsamen Glauben hinausgehendes Zusammengehörigkeitsgefühl verbindet. Die wichtigsten Einrichtungsgegenstände wie Altar, Taufstein und Kanzel setzen im Chorraum, der oben mit einem Kreuzrippengewölbe abgeschlossen ist, die blickführenden Akzente. Zu den ältesten Ausstattungsstücken gehörten neben dem Sakramentsschrein und einem Altarkreuz aus dem 15. Jahrhundert sowie der 1653 hergestellten Kanzel die Buntscheiben in den Chorfenstern. Diese kleinen, runden und mit bildlichen Darstellungen bemalten Scheiben stammen aus der Zeit um 1600 und wurden vermutlich aus den Niederlanden mitgebracht. Sie sind Votivgaben von einigen Bauern, Fischern, Schiffern und Handwerkern aus den Zickerschen Dörfern, die sich zum Teil mit Namen oder Hausmarke darauf verewigt haben. Aus Sicherheitsgründen musste man die Scheiben leider ausbauen. Sie werden jetzt im Pfarrhaus unter Verschluss gehalten.

Während die Kirche etwas außerhalb der Ortschaft steht, ist das Pfarrhaus in das Dorfgefüge eingebunden. Von einem hübschen Garten umgeben, in dem sommers meterhohe Stockrosen blühen, macht der saubere Backsteinbau einen schmucken Eindruck. Einen weniger erfreulichen Eindruck hingegen scheint sein Vorgängerbau gemacht zu haben. Ein im Heimatkalender von 1908 erschienener Aufsatz berichtet recht amüsant über die Situation der Pfarre von Groß Zicker, als diese im Februar 1760 von einer neuen Pastorenfamilie bezogen wurde. Da die Gemeinde zuvor ein Jahr lang keinen Seelsorger hatte, war das ohnehin schon alte und baufällige Wohnhaus äußerlich verwahrlost. An einigen Stellen fehlte der Lehm im Fachwerk, sodass Wind und Wetter ungehindert eindringen konnten. Was den neuen Hausherrn, Pastor Johann Leonhard Vahl, aber besonders verwunderte, war ein starkes Tau, das sich unterhalb des Daches um das Haus schlang und dessen Ende an einem kräftigen Birnbaum angebunden war. Da er sich die Bedeutung dieses Seils nicht erklären konnte, fragte er seinen Knecht, was dieses Tau solle, ob es vielleicht eine Wäscheleine sei. Dieser antwortete ihm in pommerschem Platt und mit gelassenem Ausdruck, als handele es sich um das Selbstverständlichste in aller Welt: „Ach nä, Herr, dat's blots von wäen den Storm. Dat olle Hus is all'n bäten wackelig, und dorüm heww' ick't mit'n Strick an den Bärenboom anbunnen. Nu steiht's liker noch 'ne Wiel.“ Es muss sehr gemütlich gewesen sein, unter solchem Dach zu wohnen!

Ein hübsches Zuhause hatte auch die Witwe eines Pfarrers in dem sogenannten Pfarrwitwenhaus. Solche Häuser gab es in verschiedenen Orten. Sie waren eine zweckvolle soziale Einrichtung der kirchlichen Gemeinde, die der mittellosen Pastorenfrau nach dem Tode ihres Mannes ein Heim bot und sie mit dem Lebensnotwendigen versorgte. Anlass für den Bau des Pfarrwitwenhauses in Groß Zicker war 1718 der Tod von Pastor Johannes Cadow. Der Verstorbene hatte eine Frau und vier Kinder hinterlassen, die, nachdem das Pfarrhaus durch die nachfolgende Pastorenfamilie besetzt war, eine eigene Wohnung brauchten. Fünf Jahre später konnte die Witwe das 1723 fertiggestellte Haus beziehen. Auch die Frau des zuvor erwähnten Pastors Vahl hat, nachdem ihr Mann verstorben war, dort gewohnt. Sie war die letzte Pfarrwitwe in diesem Haus. Nach ihrem Tode diente das Anwesen vorübergehend als Schule, bis die preußische Regierung dafür sorgte, dass Groß Zicker 1830 ein eigenes Schulhaus bekam.

Die Unterhaltssicherung einer Pfarrwitwe ließ sich aber auch auf andere Weise regeln: So war etwa die Neubesetzung einer durch den Tod des Pastors freigewordenen Pfarrstelle mitunter an die Bedingung geknüpft, dass der noch ledige Amtsnachfolger die Frau seines Vorgängers ehelichen musste. Es soll schon vorgekommen sein, dass eine Pfarrwitwe aufgrund dieser Gepflogenheit zu drei Pastorengatten gekommen ist.

Durch seine außergewöhnliche Form tritt das Pfarrwitwenhaus von Groß Zicker aus der Reihe recht schmucker rohrgedeckter Häuschen, die die gepflasterte Hauptstraße säumen, besonders hervor. Es ist einer der ältesten Wohnbauten auf Rügen und ein besonders schönes Beispiel für die rügische Variante eines niederdeutschen Hallenhauses in der Form eines Zuckerhuts. Ausgestattet mit einem Wohnteil, zu dem zwei Stuben gehörten, zwei Kammern, die zeitweilig auch als Wohnräume dienten, einer Küche, einem Kuh- und Hühnerstall sowie einer Wohn- und Wirtschaftsdiele, war der Raum groß genug, dass auch zwei Witwen zur gleichen Zeit das Haus bewohnen konnten.

Im Rücken der Ortschaft erstreckt sich eine Hügelkette, die mit dem Bakenberg die stolze Höhe von etwas

Ein Bauer aus Gager pflügt auf diesem 1930 entstandenen Foto seinen Acker. Jahrhundertelang bildete die Landwirtschaft neben der Fischerei die Lebensgrundlage der Mönchguter Bevölkerung. Heute bestreiten nur noch wenige ihre Existenz als Bauern oder Fischer.

mehr als 66 Metern erreicht. Die Bezeichnung stammt noch aus der Zeit, als man auf den küstennahen Hügeln Leuchtbaken errichtete, in denen nachts Pechfeuer brannten. Von Grümbke ist überliefert, dass die Einheimischen in früherer Zeit dort einen oder mehrere Stapel Holz anzündeten, um mit dieser feurigen Telegrafie ihren Nachbarn eine Botschaft zu übermitteln. Als Nachrichtenstation hat der Berg heute keine Bedeutung mehr, desto mehr aber als ein Ort des Ausblicks, wie man ihn sich nicht schöner wünschen kann. Keine andere Stelle des Mönchguts trägt den maritimen Charakter seiner Landschaft übersichtlicher und ansprechender zur Schau als dieser freiliegende Bergrücken. Die der offenen See zugewandte Küste bildet mit weit geschwungenen Bögen einen ziemlich gleichmäßigen Verlauf, der nur durch zwei, drei in das Meer hineinragende Landvorsprünge, wie das Nordperd bei Göhren, den Lobber Ort oder das Südperd bei Thiessow, unterbrochen wird. Ganz anders zeigt sich die gegenüberliegende, dem Greifswalder Bodden zugekehrte Seite. Dort ist die See durch mehrere Landzungen, -haken und -spitzen in zahlreiche blaue Flächen zerschnitten. Land und Meer wechseln in unregelmäßigem Rhythmus, doch sie ergänzen sich und bilden eine große feierliche Einheit. „Nur ein Gestade gibt es auf der ganzen Welt“, schrieb der Wahl-Rügener Max Dreyer (1862–1946) in einer seiner Erzählungen über die Halbinsel Mönchgut, „das diesem ähnlich ist, so zerklüftet, mit so wunderbar wechselnden weichen und scharf gerissenen Linien, und eben solche Zwiesprache hält mit dem Himmelslicht: die griechische Küste.“

Blick von den Höhen bei Alt Reddevitz über die Having-Bucht. Die Halbinsel Mönchgut ist beispielhaft für die Vielfalt der rügenschen Landschaft. Gleichmäßig geschwungene Bögen bilden die Küstenlinie zur offenen See; tief gelappt und durch lange Landfortsätze gegliedert zeigt sich die Boddenseite. Es gibt Rohr- und Salzwiesen, sandige und vermoorte Gebietsstreifen sowie langgestreckte Höhenzüge mit Trockenrasen und Heidevegetation.

Hügel an Hügel reiht sich um den Zentralkamm der Gagerschen Höhen, die hier am Zickerberg bis auf 66 Meter emporsteigen. Wäre das Meer nicht immer in der Nähe – man könnte sich in eine Mittelgebirgsregion versetzt fühlen. Die tiefstehende Abendsonne hebt die Strukturen dieser buckligen Stauchmoränenlandschaft besonders deutlich hervor.

Steil und steinig ist die Kliffküste des Zickerschen Höfts. Streckenweise gibt es aber auch sandige Abschnitte, die zum Baden einladen. Am „Nonnenloch“ – so genannt, weil sich hier nach alter Sage (oder in der Fantasie der Bevölkerung?) Bergener Nonnen mit Eldenaer Mönchen heimlich getroffen haben sollen – liegen zahlreiche Geschiebeblöcke verstreut, die zum Teil aus rötlich schimmerndem Granit bestehen.

Zur nächsten Ausfahrt bereit liegt das kleine Fischerboot am Strand von Thiessow. Jahrhundertelang bestand die traditionelle Wirtschaft der Mönchguter Bevölkerung aus bäuerlicher und maritimer Beschäftigung. Zur letzteren gehörte hauptsächlich die Fischerei. Heute bietet sie allerdings kaum noch eine reelle Existenzgrundlage. Derzeit gibt es auf dem Mönchgut nur noch wenige Berufsfischer.

Blick vom Bakenberg (66,6 Meter) auf die Ortschaft Groß Zicker und den Greifswalder Bodden. An den Südhängen blühen gelbe Lupinen, die als Futter für eine Schafherde angepflanzt wurden.

Wenn im Frühjahr der Hering aus den Gewässern von Skagerrak und Kattegat zum Laichen in den Greifswalder Bodden zieht, machen die Fischer fette Beute. Fast täglich fahren sie dann vor Sonnenaufgang zu den Fanggründen und holen die Netze ein, die einen Tag zuvor gesetzt wurden.
Auch für diesen Netzfischer aus Groß Zicker hat sich die Ausfahrt gelohnt: Eineinhalb Tonnen Hering sind ihm an diesem Morgen ins Netz gegangen.

Die Kirche von Middelhagen auf der Halbinsel Mönchgut wurde in der ersten Hälfte des 15. Jahrhunderts von den Eldenaer Mönchen gebaut und der heiligen Katharina geweiht (links). Von dem schlichten Backsteinbau war auch Adolph von Menzel angetan, der die Kirche 1851 in seinem Skizzenblock festhielt.

Ein künstlerisches Kleinod der Middelhagener Kirche ist der um 1480 geschnitzte Altarschrein (unten). Die szenischen Darstellungen erzählen aus dem Leben der Katharina von Alexandria, die im Jahre 307 den Märtyrertod erlitt. Der Mittelschrein zeigt die Heilige mit Krone und kostbarem Gewand als Insignien ihrer königlichen Herkunft. Das Schwert in der rechten und ein Rad in der linken Hand verweisen auf die Art der Hinrichtung: Da der Versuch, sie zu rädern nicht gelang, enthauptete man sie.

Das Schiffsmodell vor der Orgel (oben) – es zeigt die Brigg „Perth" von 1842 – ist ein Geschenk von Mönchguter Lotsenschiffern, die ihren Dienst vor der Riffküste am Nordperd verrichteten.

Alles unter einem Dach: Wohnstube, Küche, Ställe und Scheune. So war das Pfarrwitwenhaus in Groß Zicker angelegt. Es ist heute einer der ältesten noch erhaltenen Profanbauten Rügens und ein schönes Beispiel für die rügische Variante eines niederdeutschen Hallenhauses. Wegen der typischen Form des tief heruntergezogenen rohrgedeckten Vollwalmdachs mit schmalem First wird die Bauart auch als „Zuckerhut“-Typ bezeichnet.

Das Mönchguter Heimatmuseum in Göhren (links). In diesem rohrgedeckten Haus, das in der ersten Hälfte des 19. Jahrhunderts errichtet wurde, wohnten einst Fischerbauern, Schiffer und Lotsen. Der Schiffsanker auf dem Vorplatz gehörte zu einem außergewöhnlichen „Fang“, den zwei Fischkutter der ehemaligen Fischereiproduktionsgenossenschaft (FPG) „Mönchgut“ zwischen Kap Arkona und Bornholm mit ihrem Grundschleppnetz machten. Er stammt vermutlich aus dem 18./19. Jahrhundert, der Blütezeit der Großsegelschifffahrt. Zu den Freilichtanlagen des Mönchguter Museums gehören ein Hallenhaus in Middelhagen (oben) sowie das „Rookhuus“ in Göhren, letzteres ein schornsteinloses Rauchhaus vom Zuckerhut-Typ. Die untere Abbildung zeigt dessen Arbeits- und Geräteraum.

Nordperd – so heißt die markante, weit in das Meer vorspringende Landspitze, die den Strand von Göhren in einen nördlichen und einen südlichen Abschnitt teilt (links).

Ein Erlebnis nur für Frühaufsteher: der sommerliche Sonnenaufgang hinter der Seebrücke von Göhren (oben).

Sommer, Sonne, Sand und Meer. Wie auch in den anderen Seeorten, herrscht am Ostseestrand von Göhren ein buntes Badeleben (links). Der fünf Kilometer lange, von Buchen- und Kiefernwaldungen umgebene feinsandige Strand macht den Ort zu einer beliebten und recht belebten Sommerfrische. Die Anbindung an das Streckennetz der rügenschen Schmalspurbahn brachte dem Seebad schon Ende des 19. Jahrhunderts einen enormen Aufschwung des Fremdenverkehrs.

Blick auf die Landspitze des Reddevitzer Höfts. „Nur ein Gestade gibt es auf der ganzen Welt“, schrieb Max Dreyer in einer Erzählung über das Mönchgut, „das diesem ähnlich ist, so zerklüftet, mit so wunderbar wechselnden weichen und scharf gerissenen Linien, und eben solche Zwiesprache hält mit dem Himmelslicht: die griechische Küste.“

Auf der Heringsstraße zum Kap Arkona

Die Straße von Jasmund über die Schmale Heide zu der Halbinsel Wittow war im Mittelalter eine der wichtigsten Handelsrouten auf Rügen. Auf diesem Weg gelangte der Hering, der in der „groten Vitte“ südlich vom Kap Arkona an Land gebracht wurde, nach Süden. Auch heute stellt sie eine lebensnotwendige Verkehrsader dar, zumal sie die einzige durchgehende Landverbindung zu Rügens hohem Norden ist.

Von Sagard nach Bobbin

Wer hier an einem Frühlingstag entlangkommt, sieht üppig grüne Saaten und blühende Rapsfelder, die sich links der Straße sanft zum Großen Jasmunder Bodden senken. Drüben, auf der anderen Seite der Wasserfläche, steigt das Ufer zu den Banzelvitzer Bergen empor, die sich als heller bläulicher Schatten vom Ätherblau des Himmels absetzen. Wer sich in dieses Landschaftsbild noch weiter vertiefen möchte, dem bietet der Tempelberg, ein 60 Meter hoher Hügel bei Bobbin, die beste Aussicht. Von seinem Plateau, zu dem ein paar Treppenstufen hinaufführen, schaut man auf eine fein abgestufte Wasserterrasse, die vom Spykerschen See, dem Bodden und der Meeresbucht der Tromper Wiek gebildet wird.

Bobbin liegt sehr hübsch am Hang eines Hügels, nicht weit vom Spykerschen See entfernt. Der eigentliche Reiz der kleinen Ortschaft besteht aber in der alten Feldsteinkirche. Dieses um 1400 errichtete Gotteshaus hatte bereits einen Vorgängerbau, der in einer Urkunde von 1250 als „ecclesia de Babyn“ erwähnt wurde und zum Besitz des Klosters von Bergen gehörte. Der Ortsname geht auf das slawische Wort „baba“ zurück und bedeutet Großmutter. Großmütterlich wirken auch die Fachwerkhäuser aus der ersten Hälfte des 19. Jahrhunderts, von denen einige noch schöne alte Haustüren haben. Sie scharen sich um den Heidberg, auf dem sehr malerisch, von Kastanien umstellt, die Kirche thront.

Schon kurze Zeit nach ihrem Bau muss sie eine besondere Bedeutung gehabt haben, denn 1401 verlieh Papst Bonifaz IX. ihren Besuchern und Wohltätern einen Ablass zeitlicher Sündenstrafen. Das hieß nach katholischer Lehre, dass derjenige, der die Kirche von Bobbin zum Beispiel mit einer Schenkung bedachte, nach dem Tode auf eine Abkürzung seiner Bußzeit im Fegefeuer hoffen durfte. Folglich muss der Herr von Schloss Spyker, Graf Carl Gustav von Wrangel, eine Menge auf dem Kerbholz gehabt haben. Denn der schwedische Feldmarschall, dem das Patronat der Kirche in der zweiten Hälfte des 17. Jahrhunderts oblag, tat sich als einer der großherzigsten Spender hervor. Er stiftete den mit Gemäldetafeln und barockem Zierwerk reich geschmückten Altar sowie die kunstvoll gearbeitete Kanzel. Auch die Patronatsempore an der rechten Chorwand mit den aufgemalten Wappen der Familien von Putbus, von Wrangel und von Lauterbach ist eine Stiftung des spendablen Grafen. In dieser rundum geschlossenen Loge aus Eichenholz und mit bleiverglasten Fenstern pflegte er dem sonntäglichen Gottesdienst beizuwohnen.

Nach Wrangels Tod setzte der nachfolgende Patron der Kirche, Graf von Brahe, die Gönnerschaft seines Vorgängers fort. Er stiftete ein knapp drei Quadratmeter großes Ölgemälde von Abraham Jansz van Diepenbeeck (gest. 1675), das die Enthauptung Johannes’ des Täufers zum Motiv hat. Es zeigt das abgetrennte Haupt des Bußpredigers sowie Herodias, die ihm

die Zunge herauszureißen versucht. Das Bild muss in seiner Art so abnorm gewirkt haben, dass es von seinem ursprünglichen Platz verbannt wurde. Denn die Dame, über deren Kopf es gehangen hatte, sei jeden Sonntag davon krank geworden. So jedenfalls liest man bei Elizabeth von Arnim, die diese Anekdote in einem Gespräch mit dem damaligen Pastor von Bobbin erfahren hat.

In neuerer Zeit hat das Bild wiederum seinen Platz gewechselt, und wie es scheint – für immer. Es wurde nämlich 1976 gestohlen. Ob die Diebe, bevor sie das Bild aus dem Rahmen schnitten, gewusst hatten, was auf der Rückseite des Bildes geschrieben steht? Dort konnte man eine Inschrift von 1700 lesen, die mit einer Verwünschung abschloss: „Gott wird dieselbigen strafen so dieses der Kirchen zu entwenden suchen, es möge unter welchem Vorwand es auch iehmalen sey könte, geschehen.“ Ob sich der Fluch erfüllt hat, wird man vermutlich nie erfahren. Bedauerli-

Für das Gemälde „Frau am Meer“ (um 1818) wählte Caspar David Friedrich den Blick auf die Steilküste von Kap Arkona. Unbeeindruckt von der Italiensehnsucht seiner Zeitgenossen, spürte der Maler viele Motive in der norddeutschen Heimat auf, die ihm bei seiner Neigung für das Mystische einen Reichtum an Anregungen bot.

cherweise existiert von dem Gemälde keine Kopie, nicht einmal eine Fotografie ist auffindbar.

Zu den ältesten Ausstattungsstücken gehört das steinerne Taufbecken. Es ist noch älter als die Kirche und hat wahrscheinlich schon in deren Vorgängerbau gestanden. Auf den ersten Blick fällt seine enorme Größe auf: Es misst einen Umfang von zweieinhalb Metern. Da die Täuflinge in früherer Zeit noch vollständig in das Wasser getaucht wurden, musste auch das Becken ein entsprechend größeres Volumen haben. Nicht immer im Laufe seiner langen Geschichte hat das altehrwürdige Gefäß nur einem heiligen Zweck gedient. So wird erzählt, dass während der französischen Besetzung der damalige Pfarrpächter das Taufbecken zum Pökeln eines geschlachteten Schweines verwendete. Später schien man den Taufstein ganz aus den Augen verloren zu haben, denn irgendwann fand man ihn in Sassnitz als Blumenschale in einem Garten.

Schloss Spyker

Von Bobbin schaut man auf Schloss Spyker herab, unter dessen Herrschaft der Ort zeitweise gestanden hat. Was die Lage der beiden betrifft, so hätte man eher erwartet, dass sich die Schlossherren auf dem Berg angesiedelt hätten, um ihre Untertanen im Blick zu haben. Aber Bobbin ist sehr wahrscheinlich früher gegründet worden als Spyker und hatte somit die freie Wahl des Wohnplatzes. Für die Ortschaft, die überdies erst im 16. Jahrhundert an die Herren von Spyker fiel, war es nützlich, so nahe wie möglich an der alten Heringsstraße zu liegen. Schon damals gab es dort einen Krug und eine Schmiede, wo die Fuhrleute eine Rast einlegen oder, falls nötig, Reparaturen an ihren Gespannen vornehmen lassen konnten.

Das Schloss – ein dreigeschossiger, rot gestrichener Bau mit vier runden Ecktürmen – fügt sich anmutig in das Landschaftsbild grüner Felder und blauer Wasserflächen. Es liegt sehr hübsch etwas abseits der Straße nach Wittow am Ufer des Spykerschen Sees. Über die Zeit seiner Gründung, ebenso wie über die frühesten Besitzverhältnisse, gibt es keine konkreten Hinweise. Die ersten nachweislichen Eigentümer von Spyker waren im 14. Jahrhundert Angehörige der Stralsunder Patrizierfamilie von Külpen. Ihr folgte 1435 die Adelsfamilie von Jasmund, die den Besitz durch den Erwerb zahlreicher landesherrlicher Güter erweiterte und zu einer „Herrschaft" machte. Nachdem dieser Zweig 1649 ausgestorben war, erhielt der schwedische Feldmarschall Graf Carl Gustav von Wrangel, der das nach dem Dreißigjährigen Krieg an Schweden gefallene Vorpommern regierte, Spyker zum Lehen. Der neue Hausherr widmete sich als erstes der Umgestaltung des kastellartigen Gebäudes. Er ließ zu den bereits vorhandenen beiden Ecktürmen zwei weitere hinzufügen, setzte allen eine welsche Haube auf und errichtete an der Eingangsfassade einen Treppenturm. Wenn es stimmt, wie man sich zu Grümbkes Zeiten erzählte, dass der Graf Fundamentsteine auf dem Rugard ausgraben und auf dem Wasserwege nach Jasmund transportieren ließ, dann sind in dem Mauerwerk von Spyker Reste der alten Slawenburg verarbeitet. Diese Vorstellung ist jedenfalls angenehmer

Den Blick von Bobbin mit der Pfarrkirche St. Paul auf das Schloss Spyker und den Großen Jasmunder Bodden lithografierte E. Sanne 1844. Von der damaligen Bausubstanz der Ortschaft sind heute noch einige der schlichten Fachwerkhäuser mit Krüppelwalmdach erhalten.

als jene, dass in den Fundamenten der Türme Bauopfer – eine Sau mit ihren Ferkeln, eine Henne mit ein paar Küken und ein lebendes Kind – eingemauert wurden, wie eine mündlich überlieferte Sage glauben machen will. Unter dem vierten Turm soll eine Kapsel mit den damals gültigen Geldstücken und zahlreichen, die Baugeschichte betreffenden Papieren eingeschlossen sein.

Im Rahmen der von Wrangel vorgenommenen baulichen Veränderungen am Schloss wurden die Decken der Räume mit künstlerisch sehr wertvollen Stuckarbeiten geschmückt, die heute noch größtenteils erhalten sind. Die reichsten Stuckverzierungen findet man in den Räumen des ersten Obergeschosses. Dort sind zwischen floralen Ornamenten und Tierdarstellungen thematische Motive in plastischen Dekorationen behandelt. Eine Decke zeigt in bildhaften Symbolen die vier Jahreszeiten, eine andere ist mit Perseus und Andromeda sowie allegorischen Bildnissen der vier Elemente dekoriert. Aus der griechischen Mythologie stammt auch das Motiv einer dritten Zimmerdecke. Diese zeigt das Urteil des Paris bei der Wahl zwischen den Göttinnen Athena, Hera und Aphrodite.

Graf von Wrangel starb 1676 mit 63 Jahren. Über die Ursache seines Todes tauchten sehr bald allerlei Gerüchte auf. So wurde etwa gemunkelt, er sei in seinem Schloss in der Nacht zum 24. Juni durch ein geheimes Kommando hingerichtet worden, weil er das schwedische Heer in der Schlacht von Fehrbellin (1675) nicht angeführt hatte, aus der die Preußen als Sieger hervorgegangen waren.

Für seine Verdienste als Feldmarschall im Dreißigjährigen Krieg erhielt Carl Gustav von Wrangel (1613–1676), den der zeitgenössische Kupferstich darstellt, die Herrschaft Spyker von der schwedischen Krone zum Lehen. Dort lebte er bis zu seinem mysteriösen Tod.

Nach Wrangels Tod ging das Spykersche Erbe zunächst an dessen Tochter, die mit einem Angehörigen des Hauses von Putbus verheiratet war, und später an die gräfliche Familie von Brahe. 1815 wechselte die Herrschaft abermals; durch Verkauf kam der Besitz an das Haus von Putbus, das ihn bis zur Enteignung 1945 behielt. Nach dem Zweiten Weltkrieg wurde das Schloss zu einem Ferienheim des Freien Deutschen Gewerkschaftsbunds (FDGB) umfunktioniert, in dem ab 1968 jährlich zirka 1400 Werktätige ihren Urlaub verbringen konnten. Heute präsentiert sich Schloss Spyker als ein Hotel mit ansprechendem Ambiente.

Die Schaabe

Gleich hinter Glowe beginnt die Schaabe, ein schmaler und flacher, nehrungsartiger Landstreifen, der eine Brücke von Jasmund nach Wittow schlägt und den Großen Jasmunder Bodden von der offenen See trennt. Geologisch gesehen ist sie ein sehr junges Gebilde, das sich erst in der Nacheiszeit durch angeschwemmtes Land allmählich entwickelt hat. Vor 200 Jahren noch war sie fast vollständig baumlos, „eine dürre Sandsteppe, nur hier und da mit wenigen Grashalmen bedeckt", wie Rellstab schrieb. Bei stürmischem Wetter, wenn die Ostseewellen hoch auf den Strand zurollten, kam es dann häufiger vor, dass die Strecke überspült und der Weg zeitweilig unpassierbar war. Erst 1860 begann man, den zwölf Kilometer langen und bis zu zwei Kilometer breiten Dünenstreifen mit Kiefern und stellenweise auch mit Birken aufzuforsten. Heute ist die Landzunge vollständig bewaldet, sodass man von der Straße weder das Meer noch den Bodden sehen kann. An der dem Meer zugewandten Seite bildet die Bucht der Tromper Wiek mit ihrem ausgedehnten Sandstrand zwischen Glowe und Juliusruh ein naturbelassenes Badeparadies, das bislang noch ohne infrastrukturelle Einrichtungen auskommt.

Mehrere Male hat man in der Vergangenheit geplant, die Schaabe im Rahmen eines Kriegshafen-Projekts zu durchbrechen, um Schiffen die Durchfahrt vom Großen Jasmunder Bodden ins offene Meer zu ermöglichen. Den ersten Versuch unternahm Mitte des 19. Jahrhunderts die preußische Kriegsmarine, die an den Banzelvitzer Bergen einen Hafen einrichten wollte. Nachdem die Bauarbeiten bereits begonnen hatten, wurde das Vorhaben zugunsten des Ausbaus des Kieler Hafens abgebrochen. Auch der zweite Anlauf kurz vor Ausbruch des Zweiten Weltkriegs scheiterte. Den vorerst letzten Versuch, einen Marine-Stützpunkt im Jasmunder Bodden anzulegen, nahmen 1952 die Militärs der DDR in Angriff. Der Kanaldurchstich sollte östlich von Glowe erfolgen. Für die Durchführung des Projekts waren 5000 Arbeiter, darunter viele Strafgefangene, zusammengezogen worden. Es dauerte ein Jahr, dann kam das überraschende Ende. Die politische Entwicklung im Zusammenhang mit den Protestaktionen des 17. Juni 1953 hatte das Politbüro zu einem neuen Kurs gezwungen, der unter anderem vorsah, die Produktion der Schwerindustrie zugunsten der Nahrungsmittel- und Konsumgüterherstellung einzuschränken. Unter diesen Voraussetzungen musste auch das „Projekt Rügenhafen" abgebrochen werden.

Halbinsel Wittow

Bei Juliusruh endet die Schaabe. Die Ortschaft ist ein sehr beliebter Badeort, dessen Bild von hübschen Strandpensionen, aber auch von der modernen Zweckarchitektur des Fremdenverkehrs bestimmt wird. Eine kleine Oase etwas abseits vom Strand ist der Park, den Ende des 18. Jahrhunderts Julius von der Lancken anlegen ließ. Ein Gedenkstein erinnert an ihn. Ursprünglich war der westliche Teil im strengen französischen Stil und die östliche Hälfte als Landschaftspark nach englischem Vorbild gestaltet worden. Von der ursprünglichen Anlage sind heute noch die Lindenallee der Hauptachse sowie der quadratische, von einem Wassergraben umzogene Mittelplatz mit den Hainbuchenhecken erhalten.

Rügens nördlichster Inselkern, die Halbinsel Wittow, stellt sich als ein flaches, nahezu waldloses Gebiet dar. Die natürliche Fruchtbarkeit und die sorgfältige Bearbeitung des Bodens über viele Jahrhunderte haben ein ertragreiches Ackerland geschaffen, das im Sommer, wenn die Felder reifen, wie ein endlos ausgerollter Flickenteppich wirkt. Über die Herkunft des Namens bestehen verschiedene Meinungen; die einen führen ihn auf den heiligen Vitus zurück, andere hingegen leiten ihn von der Bezeichnung „Wittau“ ab, was soviel wie „weiße Aue“ heißt. Wo auch immer der tatsächliche Ursprung des Wortes liegen mag, in jedem Fall bedeutet Wittow auch „windiges Land“, denn hier brausen die Ostseestürme ungebremst mit voller Stärke über die Halbinsel hinweg. Viele der Alleebäume an den Landstraßen haben hier das gebeugte Aussehen von sogenannten „Windflüchtern“.

Wie schon gesagt, nahm von Wittow die mittelalterliche Heringsstraße ihren Ausgang. Dort, wo sie sich gabelte, um mit dem einen Strang über die Schaabe und dem anderen über die Wittower Fähre nach Süden zu führen, liegt Altenkirchen. Der Name des Orts weist auf dessen Kirche hin, die bereits 1314 in einer urkundlichen Eintragung als „Antiqua Ecclesia“ erwähnt wurde. Ihr Grundstein wurde um 1200 gelegt, kurz nachdem man mit dem Bau der Bergener Marienkirche begonnen hatte. So wie diese steht das Gotteshaus von Altenkirchen also in enger Beziehung zu den Anfängen der Christianisierung Rügens, die mit der Zerstörung der slawischen Tempelburg Arkona eingeleitet worden war. Wie der Geschichtsschreiber Saxo berichtete, soll 1168 aus den Trümmern des Swantevit-Heiligtums zunächst ein provisorisches Kirchlein errichtet worden sein. Die Vermutung, dass der Standort dieses hölzernen Baus Altenkirchen gewesen ist, konnte jedoch bislang nicht nachgewiesen werden.

Wie in Bergen, so ist in der Pfarrkirche von Altenkirchen ein Granitfindling mit der Reliefdarstellung eines Mannes eingemauert, der mit beiden Händen ein großes Trinkhorn an seine Brust drückt. Er trägt eine slawische Tracht mit langem Taillenrock sowie spitzer Mütze und hat einen Knebelbart. Dieser Bildstein

Der Strand des Fischerdorfes Vitt in einer Darstellung von 1850. Hier fanden in mittelalterlicher Zeit große Heringsmärkte statt. Der angelandete Fisch wurde an Ort und Stelle gesalzen, verpackt und verladen. Aus der „groten Vitte", wie man den Fischhandelsplatz nannte, ist schließlich die heutige Ortschaft Vitt hervorgegangen.

wurde im 14. oder 15. Jahrhundert beim Umbau der Kirche innerhalb der Vorhalle des südlichen Außenschiffs in das Mauerwerk eingefügt. Man nimmt an, dass der Stein von einer slawischen Begräbnisstelle stammt, die an diesem Platz gelegen haben soll. Die neuere Forschung sieht in ihm allerdings den Grabstein des Ranenfürsten Tezlaw, des Bruders von Jaromar.

Von der reichen Innenausstattung sei hier nur auf den Taufstein vor dem Altar hingewiesen, der aus Gotland stammt und um 1250 geschaffen wurde. An seinem Beckenrand treten vier Gesichter hervor, die die vier Ströme des Paradieses symbolisieren. An der Südseite der Kirche schließt ein kleiner Friedhof an mit zahlreichen Grabwangen in Stelenform. Darunter befinden sich etliche Steine, die mit Symbolen der Seefahrt geschmückt sind. Sie deuten darauf hin, dass hier Schiffer und Kapitäne bestattet wurden. Von den Stelen zieht eine ganz besonders die Aufmerksamkeit auf sich. Es ist der Stein mit der eingemeißelten Inschrift: „Hier ruhet in Gott Ludwig Gotthard Kosegarten weiland Pastor zu Altenkirchen".

Vitt – die „grote Vitte"

Von Altenkirchen ist es nicht weit zu den Ufern der nördlichsten Rügenküste. Eine mit Eschen gesäumte Straße führt schnurgerade nach Putgarten und weiter zum Kap Arkona. In der weitgehend waldlosen und baumarmen Gegend fallen solche Alleen besonders ins Auge. Sie bilden die markanten Linien in einer Landschaft, die sonst nur wenige Orientierungspunkte bietet. Für den automobilen Reisenden ist Putgarten Endstation. Wer Arkona oder Vitt besuchen möchte, geht von hier aus zu Fuß weiter oder steigt in die „Arkonabahn“ um.

Versteckt in einer Uferschlucht der fast 50 Meter hohen Steilküste südlich von Arkona liegt das malerische Fischerdorf Vitt. Grüne Anhöhen umschließen das Idyll von 13 eng zusammengedrängt stehenden Häuschen, die überwiegend mit Schilfrohr gedeckt sind. Nur nach Osten hin öffnet sich die Schlucht und gibt den Blick frei auf das Meer und die entfernt liegende Kreideküste von Jasmund. Der Ortsname ist von dem Wort „Vitte“ abgeleitet, das nach mittelalterlichen Chroniken „Fischplatz“ oder „Lagerplatz für Kaufleute“ bedeutet. Solche Einrichtungen entstanden vornehmlich dort, wo Fisch angelandet wurde und wo es die Uferbeschaffenheit zuließ, das Fanggut an Ort und Stelle zu verarbeiten sowie Hütten für die Fischer und Kaufleute zu errichten. Überall an Rügens Küsten, auf Wittow, Jasmund und Mönchgut, gab es diese Handelsplätze, wo der angelandete Hering gesalzen und verladen wurde. Allein auf Wittow sind fünf Vitten historisch belegt. Die bedeutendste von allen aber war die „grote Vitte“, das heutige Vitt. Dort wurden bereits zur Zeit, als die slawische Tempelburg von Arkona noch existierte, Heringsmärkte abgehalten. In seiner Slawenchronik aus dem 12. Jahrhundert erwähnte der Chronist Helmold von Bosau einen Handelsplatz nahe Arkona, wo während der Heringssaison hanseatische Kaufleute ankerten, um den in großen Mengen angelandeten Fisch aufzunehmen. „Im November nämlich“, so schrieb er, „wenn der Wind stärker weht, werden daselbst viele Heringe gefangen, und den Kaufleuten steht dann der Zutritt frei, wenn sie vorher dem Landesgotte den gebührenden Zins dargebracht hatten“.

Nachdem Arkona erobert und Rügen in die christliche Welt eingebunden worden war, nahm die Bedeutung der Vitten rasch zu. Damals lag das rügensche Fischgeschäft in den Händen auswärtiger Kaufleute. Zuerst waren es die Lübecker, die 1224 durch den slawischen Fürsten Wizlaw I. das Privileg erworben hatten, das Monopol über den Fischhandel auszuüben. Später, als sie sich anderen Märkten zuwandten, kamen die Stralsunder in den Genuss dieses Vorrechts. Da der Heringsfang nur zu bestimmten Zeiten im Jahr betrieben wurde, blieben auch die Vitten hauptsächlich saisonbedingte Einrichtungen. Das schloss aber nicht aus, dass einzelne Fischer dort auch ihren ständigen Wohnsitz hatten, vor allem dann, wenn der Standort günstig lag und die nahen Gewässer gute Fänge über das ganze Jahr versprachen.

Anders als die meisten Fischhandelsplätze hat sich die große Vitte mit der Zeit zu einem Fischerdorf entwickelt, dessen Bewohner ausschließlich vom Fischfang lebten. So war es noch in jüngster Vergangenheit. Heute sind es nur noch ein paar Fischer, die mit kleineren Booten in den küstennahen

Gewässern dem Hering, Aal oder Dorsch nachstellen. Die Fänge kommen nicht mehr auf die großen Märkte, sie reichen gerade noch zur Selbstversorgung und für den Verkauf am Strand an die Besucher. Mittlerweile hat sich das Dorf, das von der UNESCO als schutzwürdig klassifiziert wurde, auf den Fremdenverkehr eingestellt. Während der Sommermonate reißt der Besucherstrom nicht ab, der sich täglich in die kleine Uferschlucht ergießt.

Ganz gleich, aus welcher Richtung man sich der Ortschaft nähert, schon von fern erkennt man die achteckige Uferkapelle, die der Pfarrer Kosegarten Anfang des 19. Jahrhunderts am oberen Uferrand errichten ließ. Seit alters war es nämlich Sitte, dass in der Heringsfangzeit, wenn die Fischer keine Zeit hatten, in das acht Kilometer entfernte Altenkirchen zum Gottesdienst zu kommen, der Pfarrer nach Vitt kam, um ihnen das Wort Gottes unter freiem Himmel zu verkünden. Währenddessen hatte man das Meer stets im Blick, und wenn die Heringsschwärme kamen, wurde das Ritual mit einem raschen Segen für den Fang beendet, woraufhin die Fischer zu ihren Booten eilten. Häufiger kam es vor, dass die Uferpredigten durch das plötzliche Aufziehen einer Schlechtwetterfront gestört wurden und die Gemeinde in eine kleine baufällige Hütte flüchten musste, um dort den Gottesdienst fortzusetzen. So war recht bald der Plan gefasst, diese provisorische Notunterkunft durch eine richtige Kapelle zu ersetzen. Da die Uferpredigten Kosegartens über die Grenzen Rügens hinaus schon sehr bald bekannt geworden waren, gingen für das geplante Bethaus von überall Spenden ein. Über den Verlauf des Baus und seine Ausschmückung durch ein Bild von Philipp Otto Runge wurde bereits in einem vorangegangenen Kapitel ausführlich berichtet.

Arkona – Rügens Nordkap

Der Weg von Vitt nach Arkona dauert nicht länger als zwanzig Minuten zu Fuß. Es ist schön, auf diesem Pfad entlang der Abbruchkante des Hochufers zu gehen: rechts der Blick über die unermessliche Wasserfläche zur Küste Jasmunds und voran die steil abfallenden Felsen des Kaps mit dem slawischen Wall und den beiden Leuchttürmen. „Arkona ist ein rechter Gegensatz zu Stubbenkammer“, schrieb Carl Gustav Carus, „ebenso breit und weit und öde als diese hoch, bewaldet und in den Formen unterbrochen ist. Diese lange Linie seltsam verbrochener Kreidewände, zum Teil mit unzähligen Schwalbennestern bedeckt, der breite hallende Strand mit seinem unendlichen Feuersteingeröll und die weite stahlgraue Fläche der See: es machte mir alles den eigentümlichen Eindruck echter und ungestörter Urnatur.“

Es scheint nur allzu verständlich, dass die slawischen Vorfahren diesen Ort für die Errichtung eines ihrer wichtigsten Heiligtümer westlich der Oder gewählt hatten. Die Tempelburg lag 40 Meter hoch über der Ostsee und war zum Land hin von einem bis zu 13 Meter hohen Wall geschützt, der heute noch recht gut erhalten ist. Bei archäologischen Ausgrabungen im Jahre 1921 stieß man auf die Reste eines steinernen Fundaments, auf dem Säulen oder Pfeiler gestanden haben könnten. Nach neueren Überlegungen aufgrund der damaligen Ergebnisse dürften diese Grundmauern nicht für die als Pfahlbau beschriebene Tempelanlage bestimmt gewesen sein. Der Gedanke, dass hier ein noch älteres Bauwerk, etwa in Gestalt einer romanischen Basilika, also eines christlichen Gotteshauses, gestanden haben könnte, ist äußerst spannend und lässt die Geschichte dieses Ortes in einem noch geheimnisvolleren Licht erscheinen. Doch wird sich die Vermutung durch weitere Forschungen kaum bestätigen lassen, da der größte Teil dieser alten Anlagen bereits dem Meer zum Opfer gefallen ist.

Wenige Meter vom Wall entfernt steht der Torso eines 1927 gebauten Peilturms der Kriegsmarine. Er wurde restauriert und dient heute als Aussichtspunkt und Ausstellungszentrum. Zu den Exponaten gehören Münzen, Waffen und Tongefäße, die man bei Ausgrabungen am Slawenwall gefunden hat. Die beherrschende Architektur auf Kap Arkona aber sind zwei Leuchttürme. Der kleinere von beiden, ein etwa 19 Meter hoher viereckiger Backsteinbau, wurde in den Jahren 1826/27 nach Entwürfen von Schinkel gebaut. Die Leuchtkraft der parabolischen Scheinwerfer mit 17 Rüböllampen reichte etwa acht Seemeilen weit. Nach 75 Jahren ununterbrochener Betriebsdauer wurde die Einrichtung stillgelegt und durch ein leistungsfähigeres Leuchtfeuer ersetzt, das von einem 35 Meter hohen Turm bis zu 23 Seemeilen weit strahlt.

Zur Sicherheit des Seewegs um Rügens Nordkap, wo gefährliche Untiefen schon manchem Schiff zum Verhängnis geworden sind, wurde zwischen 1826 und 1827 dieser Leuchtturm nach Entwürfen von Schinkel gebaut. Zuvor stand an gleicher Stelle eine hölzerne Feuerbake, die mit glühenden Kohlen bei Tag und Nacht Orientierung bot (Kupferstich von Johann Friedrich Rosmäsler, 1835).

Raps- und Getreidefelder, Wiesen und schattige Haine bilden auf der südlichen Abflachung von Jasmund ein bezauberndes Landschaftsmosaik. Sanft senken sich die Höhen der Halbinsel zum Großen Jasmunder Bodden ab. In jüngerer Vergangenheit wurde hier noch Kreide abgebaut. Heute gehören die stillgelegten Gruben bei Quoltitz zum Nationalpark Jasmund.

Zum Bilderschmuck der Bobbiner Kirche gehört auch ein um 1670 angefertigtes Monumentalgemälde, das die Abendmahlsszene der Jünger von Emmaus darstellt (oben). Den entsprechenden Bibeltext hat der Maler, dessen Name nicht bekannt ist, am unteren Bildrand vermerkt: „Ach bleib bey uns Herr Jesu Christ, weil es nun Abend worden ist."

Ihre wertvolle Ausstattung verdankt die Kirche vor allem dem Grafen Carl Gustav von Wrangel, der das Patronat der Kirche in der zweiten Hälfte des 17. Jahrhunderts innehatte. Er stiftete den Altar sowie die reich ornamentierte Kanzel und die Patronatsloge (unten).

Ländlich und maritim – vor allem aber traumhaft schön ist die Lage der Pfarrkirche von Bobbin (rechts). Sie nimmt den Platz auf einem Hügel ein und blickt über die umliegenden Felder zum Spykerschen See, dessen Wasser sich hier im Gegenlicht des Sonnenuntergangs spiegelt. Die Ortschaft, die in mittelalterlicher Zeit zum Besitz des Bergener Klosters gehörte, hat sich entlang der um den Kirchhügel führenden Straße ausgebreitet.

Mit seinen rot gestrichenen Mauern und Türmen fügt sich das Schloss Spyker sehr malerisch in die Landschaft gelber Rapsfelder, grüner Wiesen und blauer Wasserflächen ein. Von den Schlossherren, die hier in der langen Geschichte des Hauses residierten, war Graf Carl Gustav von Wrangel die populärste Persönlichkeit. Für seine Verdienste als schwedischer Feldmarschall im Dreißigjährigen Krieg hatte er diesen Besitz zum Lehen erhalten. Durch zahlreiche An- und Umbauten gab er dem Schloss sein heutiges Aussehen.

Zu den Veränderungen, die Graf Wrangel an Schloss Spyker vornahm, gehörte auch die Ausschmückung der Zimmerdecken mit wertvollen Stuckarbeiten, die größtenteils noch vorhanden sind. Auf einer der Decken sind die vier Jahreszeiten symbolisch dargestellt.

In einer Uferschlucht der Steilküste südlich von Arkona liegt verträumt das Fischerdörfchen Vitt mit seinen eng zusammenstehenden Häusern, die fast alle mit einem Rohrdach gedeckt sind. In mittelalterlicher Zeit befand sich hier ein großer Heringshafen, wo der Fisch angelandet, gesalzen und verladen wurde. Heute gehen in dem denkmalgeschützten Dorf nur noch drei Familien der Berufsfischerei nach.

Die Uferkapelle von Vitt erinnert an einen schönen Brauch aus der Vergangenheit: Wenn die Fischer während der Heringsfangzeit zu beschäftigt waren, den Sonntagsgottesdienst im acht Kilometer entfernt liegenden Altenkirchen aufzusuchen, kam der Pfarrer zu ihnen, um das Wort Gottes – ursprünglich im Freien – zu verkünden. Um die Uferpredigten von den Launen des Wetters unabhängig zu machen, ließ der Pfarrer Kosegarten auf hohem Kliffrand über der Ortschaft diese achteckige Kapelle errichten.

Abendstimmung in der Bucht der Tromper Wiek bei Glowe. Hier beginnt die Schaabe, ein nehrungsartiger, mit Kiefern bewachsener Dünenstreifen, der die Halbinseln Jasmund und Wittow miteinander verbindet. An seiner seewärts gelegenen Seite erstreckt sich über die Länge von etwa zwölf Kilometern ein unverbauter, naturbelassener Badestrand.

Der um 1200 begonnene Bau der Altenkirchener Pfarrkirche war im Stil einer dreischiffigen romanischen Basilika angelegt. Erst später, im Zuge einer Erweiterung der Kirche, versah man sie mit einem gotischen Kreuzrippengewölbe. Ältestes Ausstattungsstück ist ein um 1250 auf Gotland geschaffener Taufstein.

Die Pfarrkirche von Altenkirchen ist neben St. Marien in Bergen das älteste noch erhaltene Gotteshaus Rügens. Ihre Nähe zu der einstigen Tempelburg von Arkona, wo die Slawen ihren Gott Swantevit verehrt hatten, bringt sie in enge Verbindung mit der Christianisierung der Insel. An der Südseite der Kirche schließt sich ein kleiner Friedhof an, auf dem auch das Grab Gotthard Ludwig Kosegartens liegt, der hier im Jahre 1818 die letzte Ruhestätte fand.

Am Kliffrand von Kap Arkona, Rügens nördlichstem Zipfel, stehen zwei Leuchttürme unterschiedlicher Generationen: Den kleineren von beiden, den etwas über 19 Meter hohen viereckigen Backsteinbau, entwarf Karl Friedrich Schinkel – natürlich im klassizistischen Stil. Nach 75 Jahren Betriebsdauer wurde das Leuchtfeuer 1901/1902 durch eine leistungsfähigere Einrichtung ersetzt.

Wo die Rügenslawen ihren letzten Kampf führten: die Steilküste von Kap Arkona. Dort stand die heidnische Burg mit dem Tempel des Swantevit. „Sie liegt hoch auf einem Felsenkap und ist im Osten, Süden und Norden durch die natürlichen Steilhänge geschützt, deren Höhenrand ein Geschützpfeil unten vom Meere her nicht erreichen kann“, schrieb der dänische Chronist Saxo Grammaticus. Heute erinnert nur noch der bis zu 13 Meter hohe Wall an das slawische Bollwerk, das 1168 durch die Dänen erobert wurde. Nebenan ein Relikt aus jüngerer Vergangenheit: der 1927 gebaute Peilturm der Kriegsmarine.

Flaches Land und viel Himmel – Westrügen

Vom großen Reisestrom, der über die Bundesstraße Stralsund-Sassnitz fließt, zweigt nur ein dünnes Rinnsal in die westlich gelegenen Landstriche des Inselkerns ab. Gebietsweise, wie etwa auf Ummanz, in Schaprode oder am Großen Jasmunder Bodden, hat der Tourismus zwar Fuß gefasst, doch die meisten der bäuerlichen Ortschaften sind – vor allem wenn sie nicht unmittelbar an der Küste liegen – vom Fremdenverkehr noch weitgehend unberührt. Viele, die hier des Wegs kommen, sind nur Durchreisende zu den Fährverbindungen nach Hiddensee oder nach Wittow.

Dabei hat auch dieser Inselteil seine Reize, die zu entdecken allerdings eine feinere Art von Landschaftssinn voraussetzt. Man braucht nur wenige Kilometer von den beiden Hauptverkehrswegen nach links oder rechts abzubiegen, um – vom touristischen Standpunkt aus betrachtet – das Gefühl zu haben, noch unerforschtes Terrain zu betreten. Dort gibt es winzige Dörfer und Weiler, die so verträumt daliegen, als hätte die Zeit sie vergessen. Man sieht Störche, die noch ungestört auf den Dächern der Häuser brüten und trifft auf Ruinen ehemaliger Herrenhäuser, die jetzt, von Efeu und wucherndem Grün umringt, demonstrieren, dass auch der Zerfall seinen Zauber hat. Man wird auf bronzezeitliche Hügelgräber stoßen, kleine Dorfkirchen mit großen Kunstwerken finden und alte Rittergüter sehen, die der Poesie einer versunkenen Zeit zu entstammen scheinen. Aber auch in den größeren Ortschaften, etwa Gingst, Trent oder Schaprode, gibt es Staunenswertes zu entdecken.

Das Land ist fast vollständig flach, nur zum Ufer des Großen Jasmunder Boddens hin gibt es seine Ebenmäßigkeit auf und wirft Falten wie ein lose hingeworfenes Gewand. Fast immer wird der Blick über Wiesen und weite Fluren zum Horizont gezogen, über dem sich ein hoher Himmel wölbt.

Ein altes Seeräubernest – Ralswiek

In der äußeren südlichen Bucht des Großen Jasmunder Boddens, flankiert von den Waldungen der Schwarzen Berge, liegt Ralswiek. Nach neueren Erkenntnissen kann die Ortschaft auf eine Geschichte von über tausend Jahren zurückblicken. Die Archäologen staunten nicht schlecht, als sie hier 1963 in einem nahen Forst auf ein Gräberfeld von rund 400 Grabhügeln stießen. Aus den ausgegrabenen Resten der dazugehörigen Siedlung schlossen die Wissenschaftler, dass Ralswiek bereits in frühgeschichtlicher Zeit die Bedeutung eines zentralen Ortes im Stammesgebiet der Ranen gehabt haben muss. Zu einer der ganz besonderen Entdeckungen gehörten einige Jahre später die Funde einiger Schiffswracks aus der Zeit um 950 n. Chr. Die ursprünglich sieben bis zehn Meter langen, aus Eichenholz gezimmerten Boote hatten geklinkerte Außenplanken, die mit geschnitzten Holznägeln befestigt waren. Im Rahmen weiterer Ausgrabungen förderte man auch einen Silberschatz mit wertvollen arabischen Münzen aus dem 5. bis 9. Jahrhundert zutage. Der Gedanke, dass Ralswiek bereits um 800 n. Chr. Handel mit vorderasiatischen und auch nordafrikanischen Kulturen getrieben hat, lässt die Ortschaft heute in einem besonderen Licht erscheinen.

Die gegenwärtige Bekanntheit verdankt Ralswiek allerdings weniger

Niemand weiß, wie Klaus Störtebeker ausgesehen hat, und doch wurde das hier abgebildete Porträt aufgrund einer falschen Behauptung seines Urhebers zur berühmtesten Darstellung des legendären Seeräubers. In Wirklichkeit aber zeigt der Kupferstich aus dem 16. Jahrhundert einen gewissen Kunz von der Rosen, der Hofnarr unter Maximilian I. war.

Zwei starke Typen (links): Die Anführer der Vitalienbrüder, Klaus Störtebeker und Goedeke Michels, hier dargestellt von Sascha Gluth (rechts im Bild) und Dietmar Lahaine auf der Freilichtbühne der Rügener Störtebeker Festspiele in Ralswiek.

seiner frühgeschichtlichen Bedeutung als den Klaus-Störtebeker-Festspielen, die nach einer dramatischen Ballade von Kurt Barthel erstmals 1959 vor dem Ralswieker Schloss aufgeführt wurden. Die Kulissen der Naturbühne bestanden aus imitierten mittelalterlichen Häuserfassaden der Hansestädte. Auch das Boddengewässer im Hintergrund war in das Theatergeschehen mit einbezogen. Mit einer turbulenten Seeschlacht fand dort das Stück seinen Höhepunkt. Am 8. August 1981 fand der letzte Auftritt des damaligen Ensembles statt.

Mit diesen Aufführungen wurde ein Stück der rügenschen Geschichte lebendig. Wie der Volksmund erzählt, soll der legendäre Seepirat Klaus Störtebeker auf der Insel geboren sein, und zwar in Ruschvitz. Nachdem er sich als Knecht auf einem Gutshof gegen die Ungerechtigkeit und Boshaftigkeit seines Herrn zur Wehr gesetzt hatte, schloss er sich den „Likedeelern" an. Diese verschworene Gemeinschaft raubeiniger Gesellen mit scheinbar sensibel ausgeprägtem Sozialempfinden hatte es sich zum Gebot gemacht, den durch Piraterie erbeuteten Besitz der Reichen an die Bedürftigen – und natürlich auch unter sich selbst – zu verteilen. Überall auf Rügen sind Orte bekannt, die den „Gleichteilern" einst als Versteck ihrer Beute gedient haben sollen. Auch Ralswiek, so erzählt man sich, sei ein Unterschlupf Störtebekers und seiner Gefolgsleute gewesen. Aber nicht allein aus diesem Grunde hat man hier die Ballade der „Likedeeler" gespielt. Man hätte sich für diese Darbietung mit Massenchören und lyrischen Passagen, mit Tanz und Reiterei, Fechtkämpfen und Liebesszenen und mit dem Finale der großen Seeschlacht keinen besseren Ort vorstellen können als diesen von stattlichen Kastanien umschlossenen Winkel zwischen einem alten Schloss und dem Strandufer des Boddens.

Diese Überlegungen haben Intendant Peter Hick, der Ende der 1980er Jahre die Karl-May-Festspiele in Bad Segeberg leitete, dazu veranlasst, die Naturbühne unter großem persönlichen Einsatz zu reaktivieren. Im vierten Jahr der Wiedervereinigung war es dann soweit. Ein neues Ensemble mit etwa 120 Mitwirkenden trat auf die umgestaltete Freilichtbühne. Wieder wurden die Klingen gekreuzt, kämpften gute gegen böse Piraten, donnerten die Kanonen und gingen Koggen in Flammen auf. Und am Schluss gab es ein großartiges Feuerwerk. Die Aufführung war erfolgreich und wurde in den folgenden Jahren mit stets wechselnden Inszenierungen und neuen Legenden aus dem Leben der Freibeuter fortgesetzt. Mittlerweile gehört das jährlich im Juli und August in Ralswiek stattfindende Störtebekerspektakel zu Deutschlands beliebtesten und erfolgreichsten Sommerfestspielen.

Als Seeräubernest muss Ralswiek schon lange Zeit vor Störtebeker ein beliebter Flecken gewesen sein. Wie aus mehreren Überlieferungen hervorgeht, hatte noch in der slawischen Zeit, also vor 1168, eine gewisse Familie Raleke, deren Namen man mit Raubzügen zu Lande und zur See in Verbindung brachte, hier eines ihrer Verstecke gehabt. Nach der Eroberung Rügens durch die Dänen war der Ort Sitz eines bischöflichen Vertreters von Roskilde, der von allen Pfarreien und Landbesitzungen einen jährlichen Tribut an Getreide einzog, den sogenannten Bischofsroggen. Der mit diesem Amt Beauftragte musste viel herumreisen. Bei einer solchen Reise, so erzählte Grümbke eine zu seiner Zeit verbreitete Geschichte, soll ihm in einem Dorf bei Gingst ein Wagenrad zerbrochen und die Peitsche abhanden gekommen sein. Da nun die Dorfbewohner beides ersetzt hatten, seien sie von der Zahlung des Bischofsroggens zwar befreit worden, hätten dafür aber jährlich ein neues Wagenrad wie auch eine Peitsche an den Ralswieker Hof abliefern müssen.

In der nachfolgenden Zeit wechselten die Herren des Gutes Ralswiek mehrere Male. Gegen Ende des 19. Jahrhunderts übernahm Graf Douglas, ein Unternehmer und Politiker aus Aschersleben, den ehemals bischöflichen Besitz und ließ hinter dem alten Propsteigebäude auf dem ansteigenden Gelände ein weiteres Herrenhaus im Stil eines Loire-Schlösschens bauen.

Das alte Propsteigebäude von Ralswiek in einer Darstellung um 1860. Zur Zeit der dänischen Herrschaft wohnte hier ein Vertreter des Bischofs von Roskilde, der von den Inselbewohnern eine Pacht, den sogenannten Bischofsroggen, einzog. Das mittelalterliche Gutshaus wurde 1890 abgerissen und durch ein neues mit gleicher Giebelgestaltung ersetzt.

Gingst

An der alten rügenschen Handelsstraße, die von Altefähr über Rothenkirchen, Trent und die Wittower Fähre nach Arkona führte, liegt die Ortschaft Gingst. Das hübsche Angerdorf mit rund 1400 Einwohnern bildet das Siedlungszentrum in einem durchweg bäuerlichen Umfeld. Schon von Weitem bietet es einen erfreulichen Anblick. Man schaut über das flache Vorland mit saftigen Wiesen und Getreidefeldern und erblickt zunächst den mächtigen, von einer glockenförmigen Haube abgeschlossenen Turm der Pfarrkirche St. Jakobi.

Der Ort wurde erstmals 1232 erwähnt. Schon damals muss es recht vergnüglich gewesen sein, dort zu leben, denn es gab bereits einen Krug, der sich offensichtlich eines großen Zulaufs erfreute und darum auch gut bei Kasse war. Wie nämlich aus einer urkundlichen Eintragung hervorgeht, fiel von dieser Gastwirtschaft eine Zuwendung für die Kapelle in Garz ab. In den folgenden Jahrhunderten vermehrte sich die Zahl der Krüge in dem Maße, wie das Ansehen des Ortes und das seiner Gewerbetreibenden stieg. Bereits im 16. Jahrhundert hatten sich hier die ersten Garn- und Leinenwebereien angesiedelt. An der Entwicklung der Handwerksbetriebe war der örtliche Pastor, Präpositus Johann Gottlieb Picht, maßgeblich beteiligt. Auf seine Initiative wurde 1779 die Innung der Damastweber gegründet, deren Kunst bald im ganzen Land und auch in Pommern hoch geschätzt war. „Sie verfertigen die feinsten Tafelgedecke in Damast und Drell“, schrieb Grümbke anerkennend, „und keine Zeichnung von Ranken, Kanten, Blumenbuketts, Arabesken und anderen Schnörkeleien (…) ist ihnen zu künstlich und schwierig, sie wissen sie mit der größten Genauigkeit der Leinwand einzuweben.“

Pastor Picht, von dem Predigten „Über die Tugend“ und „Vom Wert der Zufriedenheit“ überliefert sind, war nicht nur um das Seelenheil seiner Gemeinde, sondern auch um deren äußeres Wohlergehen bemüht. Bei der schwedischen Regierung hatte er sich dafür eingesetzt, dass die Leibeigenschaft im Bereich der Pfarrbesitzungen von Gingst bereits 1774 aufgehoben wurde, also 32 Jahre früher als in den übrigen Gebieten Schwedisch-Vorpommerns. Dieser Schritt begünstigte das wirtschaftliche Wachstum des Orts.

Seine blühende Entwicklung verdankte Gingst damals vor allem den Handwerkskünsten. Nicht nur Weber, auch Schneider, Schuhmacher, Glaser, Töpfer, Böttcher, Stellmacher und viele andere waren hier in Zünften vertreten. In den historischen Handwerkerstuben ist heute ein Museum eingerichtet, das einen Einblick in die kleinbäuerlichen und handwerklichen Betriebe vom 18. bis zum Beginn des 20. Jahrhunderts gibt. Zu dem aus drei reetgedeckten Gebäuden bestehenden Komplex gehört auch ein Kossatenhaus, das sogenannte „Efeuhaus“.

Marktplatz in Gingst mit der Pfarrkirche St. Jakobi (Lithografie von Albert Grell, um 1840). Die Größe dieses langgestreckten Angers lässt ahnen, welche Bedeutung die hier stattgefundenen Märkte gehabt haben müssen. Im 14. Jahrhundert allerdings hatte der Ort aufgrund eines Priestermordes sein Marktrecht verloren.

Den Mittelpunkt der Ortschaft bildet auch heute noch der langgestreckte Anger, auf dem eine Gruppe von Bäumen die Stelle markiert, an der sich noch bis 1920 der Dorfteich befand. An seiner Ostseite liegt die Pfarrkirche St. Jakobi. Der erste Eindruck wird ganz von ihrer kolossalen Größe und der Wuchtigkeit des blockhaften Vierkantturms beherrscht. Nach St. Marien von Bergen ist sie das größte Gotteshaus Rügens. Für eine Landkirche mögen die beträchtlichen Ausmaße ungewöhnlich erscheinen, vor allem wenn man bedenkt, dass zur Zeit ihrer Gründung die Gemeinde noch recht klein war. Als man um 1300 mit dem Bau begann, gab es aber noch kein abgeschlossenes Konzept ihrer endgültigen Gestalt. Zuerst entstand der Chor, ein Jahrhundert später wurde das Langhaus angefügt, und erst nach 1450 kam der Turm hinzu, der anfangs nicht vorgesehen war. Nach verschiedenen baulichen Umgestaltungen und Erneuerungen erhielt die Kirche schließlich ihr heutiges Aussehen.

Hat man das Äußere des gotischen Backsteinbaus auf sich wirken lassen und betritt dann das Innere der Kirche durch das kleine südliche Seitenportal, ist man zunächst einmal überrascht, eine barocke Ausgestaltung vorzufinden, die die mystische Wirkung der gotischen Architektur wieder abschwächt. Sie entstand im Zuge der Instandsetzung nach der verheerenden Brandkatastrophe von 1726, bei der die mittelalterliche Einrichtung zerstört worden war. Vor dem Hintergrund der in schlichtem Weiß getünchten Mauern treten der Altar, die Beichtstühle und die Kanzel mit ihrem üppigen barocken Schmuckwerk besonders hervor. Diese Ausstattungsstücke werden noch zusätzlich akzentuiert durch Draperien mit Quasten und Behängen, die an den entsprechenden Wandstellen aufgemalt sind. Zu den ganz besonderen Kunstwerken dieser Kirche gehört die von Christian Kindt aus Stralsund 1790 gebaute Orgel. Sie ist im Wesentlichen noch original erhalten. Der prachtvolle, mit reichen, muschelartigen Ornamenten geschmückte Prospekt – ein Werk des Stralsunders Nathanael Freese – bietet einen überaus reizvollen Anblick. Über dem Mittelturm „schwebt“ eine Wolke, die von zwei Posaunenengeln mit beweglichen, vom Spieltisch aus zu bedienenden Armen flankiert wird.

Ein kurzer Blick sei noch dem parkähnlich angelegten Friedhof gegönnt, der die Kirche umgibt. An der äußeren Chorwand findet man unter den Grabsteinen auch eine mittelalterliche Mordwange. Damals soll es üblich gewesen sein, solche Steine als Sühne für den Mord an einem Geistlichen aufzustellen. Dieser Stein hier erinnert an den ersten Pastor, den die Pfarrgemeinde hatte und der von einem Adligen mit einem Bierkrug erschlagen wurde. Was war geschehen? Keine Kneipenschlägerei, nein, der Geistliche hatte den edlen Mann, der bei der Kirche offensichtlich in der Kreide stand, lediglich ermahnt, seine Schulden zu bezahlen. Mit dem Setzen des Steins war die Tat allerdings längst nicht gesühnt, denn der Mord hatte für das Gemeinwohl der Ortschaft schlimme Konsequenzen: Sie verlor daraufhin das Marktrecht und somit eine ihrer vitalen Einrichtungen. Von der ursprünglichen Inschrift auf der Mordwange ist nichts mehr zu sehen, sie wurde abgetragen und durch eine andere ersetzt.

Ummanz

Vor der westlichen Küste, nicht weit von Gingst entfernt, liegt die Wald- und Wieseninsel Ummanz. Seit 1901 ist sie mit Rügen durch eine 250 Meter lange Boddenbrücke verbunden, die nach Umbauten in jüngerer Zeit auch zweispurig befahren werden kann. Der Verkehr, der über sie hinwegrollt, hält sich aber immer noch in Grenzen, und so hat man Ruhe, den Blick links und rechts über die spiegelnden Wasserflächen mit ihren gemütlich schaukelnden Fischerbooten wandern zu lassen. Die Luft riecht fischig von den Netzen, die hier über dem Brückengeländer zum Trocknen aufgespannt sind.

Gleich hinter der Brücke liegt Waase, ein kleines Fischerdorf mit hübschen Fachwerkhäusern. Sein ganzer Stolz ist die spätgotische Backsteinkirche, die, so vermutet man, ab Mitte des 15. Jahrhunderts in verschiedenen Bauphasen entstanden ist.

Der äußere Bau lässt keineswegs erahnen, was man in seinem Innenraum erblickt. Dieser birgt ein kostbares Kunstwerk, das man in einer solch kleinen Dorfkirche niemals erwarten würde. Es ist ein gotischer Schnitzaltar, der um 1520 in einer Antwerpener Werkstatt hergestellt wurde. Ursprünglich gehörte er zum Besitz der Stralsunder Nikolaikirche, die ihn aber – vermutlich um Platz für einen neuen Altar zu schaffen – nach Waase verkaufte. Der in sechs Gehäuse unterteilte Schrein zeigt in figurenreicher Darstellung drei Szenen der Passionsgeschichte Christi sowie Ereignisse aus dem Leben des heiligen Thomas Becket (um 1118–1170): seine Weihe zum Erzbischof von Canterbury, seine Ermordung durch Anhänger König Heinrichs II. von England sowie dessen Schwur, an dem Verbrechen unschuldig zu sein. Das Auge wird nicht müde, sich durch das Gedränge der Figuren zu tasten, von der jede einzelne vollplastisch ausgebildet ist und durch eine eigene Körpersprache und Mimik ihre Beziehung zu dem dargestellten Geschehen deutlich macht.

Das Altarkunstwerk zieht so sehr die Aufmerksamkeit auf sich, dass mitunter übersehen wird, dass das Kirchlein in der Gesamtheit seiner Ausstattung eine kleine Schatzkammer ist. Besondere Beachtung verdienen vor allem auch die Malereien im Chor und in den Bogenfeldern, die Eichenholzkanzel von 1572 mit den kunstvollen Einlegearbeiten, ein Kruzifix aus der Zeit um 1500 sowie der Bronzeleuchter aus dem 15. Jahrhundert und zwei Kronleuchter.

Waase ist der einzige Ort auf Ummanz mit einem dörflichen Gefüge. Sonst gibt es auf der knapp 20 Quadratkilometer großen Insel bis auf ein paar kleinere Weiler so gut

Detail des Antwerpener Altarschreins in der Kirche von Waase. Das Relief zeigt eine Szene aus der Geschichte um Thomas Becket, den Erzbischof von Canterbury. Dieser hatte die kirchliche Unabhängigkeit gegenüber König Heinrich II. vertreten und war daraufhin von dessen Anhängern ermordet worden. Die Darstellung bezieht sich auf dieses Ereignis.

wie keine Bebauung. Die dünne Besiedlung ist ein Grund dafür, dass sich die Natur hier wohl fühlt und ein kleines Paradies erhalten blieb. Die Südspitze und zwei kleinere Abschnitte im nördlichen Bereich sind als Teil des Nationalparks „Vorpommersche Boddenlandschaft“ streng geschützt. Am Freesenort und dem davor gelegenen Inselchen Heuwiese brüten zahlreiche, zum Teil auch für das südliche Ostseegebiet äußerst seltene Küstenvogelarten, wie etwa die Pfeifente und die Raubseeschwalbe. Sogar die Schwarzkopfmöwe ist dort als Brutvogel gesichtet worden. Jährlich ab September fallen aus Skandinavien und Nordosteuropa Zigtausende von Gänsen, Enten und Kranichen ein, die hier für die Dauer von etwa zwei Monaten eine Rast einlegen, bevor sie zu ihren Überwinterungsquartieren weiterziehen. Die flachen Gewässer der Udarser Wiek werden dabei als Ruhe- und Schlafplätze aufgesucht.

Der Tourismus hat sich nur in begrenztem Maße auf Ummanz angesiedelt und konzentriert sich vor allem auf die Campinganlage von Suhrendorf, die in einem Kiefernwäldchen am Weststrand der Insel liegt. Wunderschön ist der Blick von hier über den Bodden zur Insel Hiddensee, vor allem bei Sonnenuntergang. Geht man ein Stück auf dem Deich in nördlicher Richtung, kommt recht bald am gegenüberliegenden Ufer der Udarser Wiek ein Dachtürmchen mit schlankem Helm in Sicht. Es gehört zur Kirche von Schaprode und ist schon seit jeher ein sicheres Orientierungszeichen für Seeleute, Fischer und Schiffsreisende.

Schaprode

In allen Hafenorten der Welt, auch wenn sie noch so klein sind, herrscht eine ähnliche Atmosphäre, die gemischt ist aus den Stimmungen gelöster Heiterkeit und gespannter Erwartung derer, die eine Reise unternehmen. So ist es auch in Schaprode, obwohl die Fahrt bloß über das seichte Boddengewässer zur viereinhalb Kilometer entfernt liegenden Insel Hiddensee geht. Wenn an manchen Sommertagen bis zu 3000 Besucher in der kleinen Ortschaft eintreffen, um einen Tagesausflug auf das „söte Länneken“ zu unternehmen, dann herrscht hier eine quirlige Betriebsamkeit, wie man sie nur von großen Fährhäfen her kennt. Die Einschiffung läuft aber reibungslos, nachdem man die Abwicklung dem vermehrten Verkehr angepasst hat. Neue und größere Schiffe sowie mehrere Wassertaxis befördern mittlerweile jährlich eine halbe Million Besucher zur Nachbarinsel. Viele erinnern sich noch an die Zeit – sie liegt nur wenige Jahre zurück – als vor dem Ablegen der Boote die Schlange wartender Menschen am Kai, die bereits einen Fahrschein in der Hand hielten, immer länger wurde. Dann wurde abgezählt. Bei hundert war Schluss; dann fiel das Eisengitter der Reling ins Schloss. Erleichterte Gesichter bei den einen, enttäuschte Mienen bei den anderen. Den Zurückgewiesenen blieb nichts anderes übrig, als auf das nächste Fährschiff zu warten. Zum Glück gab es ja – und gibt es immer noch – Keils Gaststätte, die bereits zu einer Institution geworden ist. Für Künstler und Prominente, die früher nach Hiddensee reisten, galt es als „Muss“, bei Keil gewesen zu sein. Unter den Gästen waren auch Asta Nielsen, Gret Palucca oder Walter Felsenstein. Vielleicht haben sie gleich neben dem Eingang an dem runden Tisch in der

Ecke gesessen, wo an der Wand dahinter ihre Bilder und Autogramme hängen.

Der Hauch von weiter Welt, den man in Schaprode zu spüren bekommt, rührt nicht nur von der Geschäftigkeit des heutigen Fährverkehrs her, er weht vor allem aus der Vergangenheit herüber. Im 17. und 18. Jahrhundert war der Ort der bedeutendste Hafen für die rügische Segelschiffahrt. Mit ihren Galeassen, Brigantinen und Schonern befuhren Kapitäne aus Schaprode die Meere der Nord- und Ostsee und des Atlantik. Ihre Reisen gingen nach Skandinavien, ins Baltikum, nach England, Frankreich und Portugal. Die Seefahrt brachte einen soliden Wohlstand, der sich auch darin äußerte, dass im Jahre 1720 sechs Schiffer Glasmalereien für die Kirche stifteten. Ein Jahrhundert später wurde es wieder ruhiger auf dem Schaproder Strom, die Blütezeit der heimischen Schiffahrt war vorüber. Mittlerweile hatten Breege und Wiek die führende Rolle als Hafenorte auf Rügen übernommen. Der letzte Schaproder Schiffer starb im Jahre 1915.

Die Heimkehr von einer großen Reise und das Eintreffen im heimatlichen Hafen war für die Seeleute immer ein besonderes Erlebnis. Hiddensee-Reisende kennen das Gefühl, nach Schaprode zurückzukehren, wenn sich das Schiff der Einfahrt in den Schaproder Strom nähert und alle Passagiere auf Deck stehen, um das Einlaufen Meter für Meter mitzuerleben. Der Dichter Karl Lappe (1793–1843) hat es in seinem Schaprode-Hymnus beschrieben:

„Nun fahren wir den Strom hinein
Auf der verengten Welle.
Die Seefahrt soll vollendet seyn,
Wir sind sogleich zur Stelle:
Schaprode, Insel Oehe!

Nun fahren wir den Strom hinein
Zur freundlichen Schaprode.
Es strahlen grün die Häuserreihn
Geschmückt nach Schiffermode.“

Die Pfarrkirche St. Johannes von Schaprode gehört zu den schönsten Gotteshäusern auf Rügen. Ihre ältesten noch erhaltenen Bauteile, wie der romanische Chor und Abschnitte der Ostwand, stammen aus der frühesten Bauphase, die in der ersten Hälfte des 13. Jahrhunderts begann. In ihrer Ausstattung erweist sich die Kirche als eine Schatzkammer mit künstlerisch wertvollen Arbeiten aus verschiedenen Jahrhunderten.

Die flache, nur stellenweise leicht gewellte Grundmoränenlandschaft im Westen des zentralen Inselkerns erhebt sich nur wenige Meter über den Meeresspiegel. Schön und zweckvoll: Im Sommer sind manche Felder von den blauvioletten Blüten einer landwirtschaftlichen Kulturpflanze, der Phacelia, überzogen, die den Boden mit Nährstoffen anreichern soll.

Herrenhaus im Stil eines Loire-Schlösschens: Das von einem hübschen Park umgebene Ralswieker Schloss liegt auf einer Uferanhöhe des Großen Jasmunder Boddens (oben). Es wurde gegen Ende des 19. Jahrhunderts von Graf Douglas, einem Unternehmer aus Aschersleben, gebaut und dient heute als Hotel.

Verschiedene Orte auf Rügen werden mit Klaus Störtebeker in Verbindung gebracht. Auch bei Ralswiek soll der legendäre Freibeuterführer einen Schlupfwinkel gehabt haben.

So ist es kein Zufall, dass man dort auf einer Freilichtbühne, in die auch das Boddenufer mit einbezogen ist, die Störtebeker-Spiele aufführt (rechts). Das jährlich stattfindende Theaterspektakel ist mittlerweile Deutschlands beliebtestes und erfolgreichstes Sommerfestival.

Einen kuscheligen Winkel hatten sich die Herren dieses einstigen Adelsgutes von Liddow als Wohnsitz ausgesucht. Der Chronist Wackenroder schrieb 1732 in einem zeitgenössischen Bericht, dass es „einer der plaisirlichsten Höfe in Rügen [ist], weil es mit Holtz und Fischerei versehen, und einen gar angenehmen Prospect vorstellt.“

Flaches Land, darüber ein hoher Himmel, und nichts stellt sich dem Blick in den Weg. So präsentiert sich das charakteristische Landschaftsbild im westlichen Inselteil um Gingst. Aus welcher Richtung man sich der Ortschaft auch nähert – schon von Weitem fällt der mächtige, von einer glockenförmigen Haube abgeschlossene Turm der Pfarrkirche St. Jakobi ins Auge.

Du sollst lieben
Gott
Friede
auf
Erden!
Ps: 150
Halleluja! Lobet den HERRN in Seinem Heiligthum
Lobet Ihn in der Veste Seiner Macht, Lobet Ihn in Seinen
Thaten, Lobet Ihn in Seiner großen Herrlichkeit. Lobet Ihn
mit Posaunen – Alles was Odem hat lobe den Herrn
Halleluja!
IOAN: THEOPH: PICHT PRO
DEL: & EXC: MDCCLXXXVIII

Die spätbarocke Orgel der Pfarrkirche St. Jakobi in Gingst gehört zu den bedeutenden Kunstwerken rügischer Kirchen (links). Sie stammt aus der Werkstatt von Christian Kindt aus Stralsund, der sie 1790 baute. Der prachtvolle, reich dekorierte Prospekt hingegen wurde von dem ebenfalls aus Stralsund stammenden Nathanael Freese geschaffen.

Eine schmuckvoll gestaltete Holztür mit bunt bemaltem Schnitzwerk ziert die ehemalige Wohnstätte eines Kätners (oben). Zusammen mit den Gingster Handwerkerstuben bildet das Haus eine kleine Museumsanlage.

Über zweihundertfünfzig Jahre alt ist das hübsche Pfarrhaus von Gingst (oben). Hier wohnte zwischen 1769 und 1808 der bekannte Pastor und Präpositus Johann Gottlieb Picht, der sich bei der schwedischen Regierung dafür eingesetzt hatte, dass in seiner Gemeinde die Leibeigenschaft bereits 1774 – also 32 Jahre früher als im übrigen Rügen – abgeschafft wurde.

Weidenreihe am Ufer des Liddower Stroms (links). Die Gegend um Neuenkirchen ist ein beschauliches Fleckchen Erde, das abseits der vielbegangenen Wege der Rügentouristen liegt.

Zeugen der ländlichen Historie sind die alten Schlösser und Herrenhäuser. Einige davon, wie das Landhaus von Klein Kubbelkow (oben), dienen heute als Hotel oder Pension. Im Innern erinnern Details, etwa die Freitreppe, Stukkaturen, Fenster und Parkettböden, an die Bauzeit vor rund hundert Jahren.

Ein herrschaftliches Anwesen bewohnte auch die Familie von Platen, die Anfang des 19. Jahrhunderts das Gut Kapelle übernommen hatte (unten). Ihr Wappen schmückt die Außenwand des Treppenturms.

Große Kunst in einer kleinen Inselkirche: Der gotische Schnitzaltar, um 1520 in einer Antwerpener Werkstatt hergestellt, ist das kostbarste Stück der Ausstattung von St. Marien in Waase. Ursprünglich gehörte er zum Inventar der Stralsunder Nikolaikirche. Die Hanseaten scheinen aber an diesem Altar kein allzu großes Gefallen gehabt zu haben, denn sie verkauften ihn für wenig Geld an die kleine Pfarrei auf der Insel Ummanz.
Der Schrein zeigt im oberen Teil Szenen der Passionsgeschichte Christi und darunter drei Ereignisse aus dem Leben des heiligen Thomas Becket, der Erzbischof von Canterbury war und von Anhängern König Heinrichs II. ermordet wurde. Die Tafelbilder der geöffneten Flügel beziehen sich – mit Ausnahme des linken oberen – auf die Evangelien.

Lange Zeit galt die der Westküste Rügens vorgelagerte Insel Ummanz als „eines der Enden dieser Welt“. Eine Brücke, die 1901 gebaut wurde, holte sie allmählich aus der Isolation heraus. Das Foto zeigt den Blick von der Insel auf das stille Boddengewässer.

Literaturverzeichnis

Adler, Fritz: Westpommern, Neuvorpommern und Rügen. In: Deutsche Lande, deutsche Kunst, hrsg. von Burkhard Meier. Berlin 1927

Arndt, Ernst Moritz: Erinnerungen aus dem äußeren Leben. Leipzig 1840

Arndt, Ernst Moritz: Rügen-Märchen. Hrsg. von Erich Gülzow. Karlsruhe 1931

Arndt, Ernst Moritz: Veränderungen der bäuerlichen und herrschaftlichen Verhältnisse in dem vormaligen schwedischen Pommern und Rügen vom Jahr 1806 bis zum Jahr 1816. Als Anhang zu „Geschichte der Leibeigenschaft in Pommern und auf Rügen". Berlin 1817

Arnim, Mary A. von: Elizabeth auf Rügen: Ein Reiseroman / Elizabeth von Arnim. Frankfurt 1989

Baier, Rudolf (Hrsg.): Vorgeschichtliche Gräber auf Rügen und in Neuvorpommern. Aufzeichnungen Friedrich von Hagenows aus dessen hinterlassenen Papieren. Greifswald 1904

Barthold, Friedrich Wilhelm: Geschichte von Pommern und Rügen. Hamburg 1839

Bock, Sabine / Helms, Thomas: Schlösser und Herrenhäuser auf Rügen. Bremen 1993

Buske, Norbert: Die Kirche in Altenkirchen und die Kapelle von Vitt. Berlin 1988

Carus, Carl Gustav: Lebenserinnerungen und Denkwürdigkeiten. Bd. 1 u. 2. Nach der zweibändigen Originalausgabe von 1865/66 neu herausgegeben von Elmar Jansen. Weimar 1966

Carus, Carl Gustav: Friedrich der Landschaftsmaler. Fragmente aus seinen nachgelassenen Papieren. Nachdruck eines Aufsatzes von 1840 und eines Sonderdrucks 1841. Dresden 1931

Credner, Rudolf: Rügen. Eine Inselstudie. Stuttgart 1893

Dost, Hellmuth: Rügen. Die grüne Insel und ihre Naturschutzgebiete. Wittenberg-Lutherstadt 1965

Einem, Herbert von: Caspar David Friedrich. Berlin 1938

Ernst-Moritz-Arndt-Gesellschaft (Hrsg.): Stätten des Wirkens von Ernst Moritz Arndt. Hefte der Ernst-Moritz-Arndt-Gesellschaft 1/1992

Erster Rügenscher Kunstverein (Hrsg.): Klostergalerie Rambin. Ohne Ort und Jahr

Ewe, Herbert: Rügen. Rostock 1980

Fabricius, Carl Gustav: Urkunden zur Geschichte des Fürstenthumes Rügen. Stralsund 1841

Fiege, Gertrud: Caspar David Friedrich. Hamburg 1977

Gemeinde Binz (Hrsg.): Festschrift 675 Jahre Binz. Darin: Beiträge von Reinhardt Jager, Martin Klette und Herbert Holst. Binz 1993

Gensel, Julius: Friedrich Preller d. Ä. Bielefeld und Leipzig 1904

Gemeindeverwaltung Schaprode (Hrsg.): 800 Jahre Schaprode. Festschrift von 1993

Grümbke, Johann Jacob: Streifzüge durch das Rügenland. 1805. Neuausgabe hrsg. von Albert Burkhardt. Leipzig 1988

Heimats-Kalender 1908 für den Kreis Rügen: Reprint hrsg. von Rügen Druck Putbus und Landratsamt Rügen 1993. Darin die Beiträge „Zur Erinnerung an die unglücklichen Zeiten der Kreishauptstadt Rügens vor 100 Jahren", „Der Rugard mit dem Arndtturm", sowie von E. Steurich: „Eine Pfarrinstitution vor 150 Jahren".

Heimatverband Garz e.V. (Hrsg.): Garz. Festschrift zur Erwähnung der Stadt vor 675 Jahren. Darin die Beiträge von Herbert Hampel („Überblick zur Stadtgeschichte" und „Geld aus Chicago für ein Stift in Garz"), Peter Herfert („Höfe, Burgen und Tempel der Rugianer"), Ute Lembke („Die Garzer Kindereinrichtung im Wandel der Zeit"), Heino Putbrese („Von Land und Leuten um die alte Stadt Garz") und Sylvia Schultz („Das Ernst-Moritz-Arndt-Museum"). Garz 1994

Holz, Martin: Drei Versuche, einen Kriegshafen im Jasmunder Bodden zu bauen, und ihr Scheitern. In: Rügen – Impressionen, Informationen, Visitenkarten. Heft 6. Herausgegeben von der Kreisvolkshochschule Rügen. Bergen 1996

Jahn, Ulrich (Hrsg.): Volkssagen aus Pommern und Rügen. Stettin 1886

Jünemann, K. / Kieper, K. / Nickel, L.: Die Rügenschen Kleinbahnen. Berlin und Ahrensfelde 1983

Knupp, Christiane: Norddeutsche Künstlerkolonie II. Rügen, Vilm, Hiddensee. Begleitheft zur Ausstellung im Altonaer Museum. Hamburg 1977

Kosegarten, Gotthard Ludwig Theobul: Briefe eines Schiffbrüchigen. 1794. Neu hrsg. und kommentiert von Katharina Coblenz. Bremen 1994

Kramm, Hermann J.: Rügen, Ökonomisch-geographische Exkursion. Gotha / Leipzig 1968

Lehmann, Heinz (Hrsg.): Rügen, Sagen und Geschichten. Schwerin 1990

Lehmann, Heinz / Meyer, Renate: Rügen. Wissenswertes in Kürze von Arkona bis Zudar. Schwerin 1974

Ließmann, Marina und Karl-Heinz.: Sagenumwobenes Schloß Spyker. Gedanken um und über Schloß Spyker. Selbstverlag

Lohse, Bruno: Jakob Philipp Hackert. Emsdetten 1936

Meisner, Heinrich / Geerds, Robert (Hrsg.): Ernst Moritz Arndt. Ein Lebensbild in Briefen. Berlin 1898

Mönchguter Museum / Rat d. Gemeinde Göhren (Hrsg.): Mönchgut. Eine Landschaftsstudie. Teil 1–3. Darin: Beiträge von Ruth Bahls, Wolfgang Rudolph und Walter Stark. Göhren/Greifswald 1990

Nationalparkamt Mecklenburg-Vorpommern (Hrsg.): National- & Naturparkführer Mecklenburg-Vorpommern. Schwerin 1992

Nernst, Karl: Karl Nernst's Wanderungen durch Rügen. Hrsg. von Ludwig Theobul Kosegarten, Nachdruck der Ausgabe von 1800 in einer Neubearbeitung durch Heinz Jüpner. Peenemünde 1994

Nestler, Helmut: Die Fossilien der Rügener Schreibkreide. Lutherstadt Wittenberg 1975

Ohle, Walter / Baier, Gerd: Die Kunstdenkmale des Kreises Rügen. Leipzig 1963

Peesch, Reinhard: Die Fischerkommünen auf Rügen und Hiddensee. Berlin 1961

Petzsch, Wilhelm: Rügens Hünengräber und die ältesten Kulturen der Insel. Bergen 1938

Reinicke, Rolf: Nationalpark Jasmund. Insel Rügen. Rostock 1993

Rellstab, Johann Carl: Ausflucht nach der Insel Rügen durch Mecklenburg und Pommern. Nach der Ausgabe Berlin 1797 neu hrsg. und mit einem Nachwort versehen von Wolfgang Griep. Bremen 1993

Rudolph, Wolfgang: Die Insel Rügen. Hrsg. von Käthe Miethe. Rostock 1953

Rügener Mitglieder des Verbandes der Journalisten der DDR: Naturschutzgebiete und Naturdenkmale der Inseln Rügen und Hiddensee. Putbus 1989

Runge, Philipp Otto: Hinterlassene Schriften von Philipp Otto Runge, herausgegeben von dessen ältestem Bruder (Johann Daniel Runge), Bd. 1 u. 2. Hamburg 1840–1841

Schlosser, Irmgard: Gingst/Rügen, St. Jakobi. PEDA-Kunstführer, Nr. 121/ 1994. Passau 1994

Schlosser, Irmgard: Waase/Ummanz, St. Marien. PEDA-Kunstführer, Nr. 318/1995. Passau 1995

Schmidt, Konrad: Entdeckungen auf Rügen und Hiddensee. Leipzig 1976

Schuchhardt, Carl: Arkona, Rethra, Vineta. Berlin 1926

Vogel, Gerd-Helge / Lichtnau, Bernfried: Rügen als Künstlerinsel von der Romantik bis zur Gegenwart. Fischerhude 1993

Wehrmann, Martin: Geschichte der Insel Rügen, Teil 1 u. 2. Hrsg. von Fritz Adler und Martin Wehrmann. Greifswald 1922

Register

Bibliografische Information der Deutschen Bibliothek
Die Deutsche Bibliothek verzeichnet diese Publikation in der Deutschen Nationalbibliografie; detaillierte bibliografische Daten sind im Internet über http://dnb.ddb.de abrufbar.

ISBN 978-3-8319-0360-3

2., aktualisierte Auflage 2009

Text und Bildlegenden: Georg Jung, Hamburg
Lektorat: Anja Borck, Dirk Brietzke, Hamburg
Satz: KCS GmbH, Buchholz / Hamburg
Lithografie: Lithotec Oltmanns, Hamburg
Druck: Girzig + Gottschalk, Bremen
Bindung: S. R. Büge, Celle

Bildnachweis:
Fotos: Georg Jung, Hamburg
außer:
Bildarchiv Preußischer Kulturbesitz, Berlin: S. 38, 44, 47, 48, 69, 70, 71, 76, 77, 105, 122, 158, 159, 198, 199, 223, 226, 247 o.re.
Staatliche Museen zu Berlin – Preußischer Kulturbesitz, Nationalgalerie, Foto: Jörg P. Anders: S. 99
Kurverwaltung Ostseebad Binz, Binz: S. 177
Ernst-Moritz-Arndt-Museum, Garz/Rügen: S. 151
Heimatmuseum Göhren, Göhren, Foto: Volkmar Herre, Stralsund: S. 203
Alfred Gottwald, Berlin: S. 103
Inge und Horst Juchheim, Garz: S. 145
Sammlung Wulf Krentzien, Sassnitz: S. 160, 161
Kulturhistorisches Museum der Hansestadt Stralsund, Stralsund: S. 37
Lichtbildnerei Ebel-Löffler, Vitte/Hiddensee: S. 78 li.
Sächsische Landesbibliothek – Staats- und Universitätsbibliothek Dresden, Dezernat Deutsche Fotothek / Foto: Meister: S. 180
Stiftung Pommern, Kiel, Foto: Horst Rothaug: S. 7
Stadtarchiv der Hansestadt Stralsund, Stralsund: S. 50, 61, 89, 93, 101, 104, 121, 143, 149, 152, 157, 183, 200, 225, 228, 231, 248, 249, 253
Ullstein Bilderdienst, Berlin: S. 14, 46, 49, 51, 52, 78 re., 179, 181
aus: Gensel, Julius: Friedrich Preller d.Ä., Bielefeld und Leipzig 1904: S. 57
aus: Der Holsteinische Tourist oder Wegweiser für Fußreisende in der Umgebung von Hamburg, Hamburg 1833: S. 39, 41
aus: Schuchhardt, Carl: Arkona, Rethra, Vineta, Berlin 1926: S. 42

Georg Jung
geb. 1945 im Sudetenland, lebt als freier Reiseschriftsteller und Fotograf in Hamburg. Zahlreiche Veröffentlichungen von Reiseberichten, Bildbänden und Fotokunstkalendern. Im Ellert & Richter Verlag sind von ihm „Rostock und Warnemünde“, „Usedom“ und „Das Riesengebirge“ sowie die Bildreisen „Der Darß, Fischland und Zingst“, „Mecklenburg-Vorpommern“, „Auf den Spuren von Johann Sebastian Bach“, „Mark Brandenburg – Auf den Spuren von Theodor Fontane“, „Der Harz“, „Die Elbe“, „Elbsandsteingebirge“ und „Der Weg der Jakobspilger“ erschienen.

Der Autor dankt an dieser Stelle allen, die ihn bei seinen Recherchen zu diesem Buch unterstützt haben. Besonders hilfreich waren die Informationen der Kurverwaltungen in Binz und Sellin sowie die Auskünfte von Heino Putbrese aus Garz, Pastor Rudolf Schwerendt aus Gingst, Pastor Uli Brandt aus Bobbin, Rolf Reeckmann aus Liddow, Dr. Bodo Noack vom Umweltamt in Bergen, Wolfgang Görtz aus Groß Zicker, dem Ernst-Moritz-Arndt-Museum in Garz sowie dessen ehemaligem Mitarbeiter Walter Schulz.
Der Ortschronist von Binz, Reinhardt Jager, gestattete uns freundlicherweise den Nachdruck des in der Festschrift „675 Jahre Binz“ veröffentlichten Aufsatzes „Ein Achtundachtzigjähriger plaudert über Fischerei vergangener Jahrzehnte“.